Über die Autorin

Dagmar de Sauvage, Dr. phil., geboren 1971 in der Schweiz. Da diese ihr bald zu eng wurde, setzte sie ihre philosophisch-lebenswissenschaftlichen Studien im großen Buch der Welt, vornehmlich in Paris und Berlin, fort. Nach einigen systematischen Abhandlungen zu philosophischen Kernfragen habilitiert sie sich gegenwärtig mit einer interdisziplinären Arbeit: Jede qualifizierte und konstruktive Kritik bestehender (akademischer) Strukturen wie die vorliegende erfordert nicht nur den kühl-distanzierten Blick eines Außenseiters, sondern auch akkurate Kenntnisse von innen. Trotz Platons Verdikt, jeder könne sich im idealen Staat nur auf eines ganz verstehen, oszilliert Dagmar de Sauvage seit ihrem Doppelstudium zwischen Wissenschaft (Philosophie) und Kunst (Musik) – eine Gratwanderung mit noch gänzlich offenem Ausgang.

Dagmar de Sauvage

Krise der Philosophie

im Zeitalter wissenschaftlich-technischer Rationalität

rowohlts enzyklopädie
im Rowohlt Taschenbuch Verlag

rowohlts enzyklopädie
Herausgegeben von Burghard König

Originalausgabe
Veröffentlicht im Rowohlt Taschenbuch Verlag GmbH,
Reinbek bei Hamburg, Mai 2002

Umschlaggestaltung any.way, Walter Hellmann
Satz aus Minion PostScript, PageMaker bei
Pinkuin Satz und Datentechnik, Berlin
Druck und Bindung Clausen & Bosse, Leck
Printed in Germany
ISBN 3 499 55646 4

Die Schreibweise entspricht
den Regeln der neuen Rechtschreibung.

Inhalt

«Ich liebe Den, der über sich selber hinaus schaffen will und so zu Grunde geht.»
Friedrich Nietzsche: Also sprach Zarathustra, 83

Präludium

Am Anfang des Heute stand das Internet. Alles ist nun verknüpft, verfügbar gemacht, allzeit abrufbar in jeder nur denkbaren Kombination. Ein jeder kann sich immer und überall einschalten, partizipieren, mitmischen, neue Fäden spannen. Alltägliche Besorgungen wie auch gewichtige Geschäfte werden spielend elektronisch abgewickelt im kybernetischen Raum unzählbarer Daten und Dateien, die unsere neue Welt bevölkern, in der man zu allen Angeboten der Bedürfnisbefriedigung an jedem Ort und zu jedem Zeitpunkt leichter Hand Zugang hat. Während die Umwelt bis vor kurzem aus Dingen wie Bäumen, Häusern und Maschinen bestand, werden wir mehr und mehr mit den Undingen «Informationen» konfrontiert, deren Sichtbarkeit sich auf unseren Bildschirm beschränkt, bis dass wir uns vorwiegend in einem virtuellen Raum bewegen, der überflutet wird von Autobahnen mit sinnvollen und sinnlosen Daten zum beliebigen Abrufen, Reproduzieren, Konjugieren, Neueinspeisen. Schlägt man wahllos eine Tageszeitung auf bzw. lädt sie zeitgerecht aus dem Netz herunter, wimmelt es von www-Angeboten: sei es die erste Trauerfeier in einem Krematorium der niederländischen Stadt Utrecht, die live im Internet übertragen wird, sei es www.voyeurdorm.com, wo Schaulustige für 34 Dollar Gebühr im Monat sechs angebliche College-Girls in einem Haus in Rampa (Florida) dank 34 eingebauter Kameras Tag und Nacht observieren können – ohne dass gemäß dem Werbeslogan der Betreiber einer «etwas dafür kann, wenn er sie mal nackt erwischt» (Berliner Tagesspiegel vom 16. 7. 1999)! Kommt man irgendwo nicht ganz klar oder nicht mehr weiter, heißt es unverzüglich: Geh doch mal ins Internet!

Inter-net, die unentwegt expandierende universelle Vernetzung, ist somit das Ende, sozusagen das frenetische Finale oder die frivole Vollendung des Sündenfalls, das heißt der menschlichen Selbsterhebung. Der Traum des Menschen, mehr zu sein als er selbst, sein Verlangen nach göttlichem Wissen, Omnipräsenz und Allmacht scheint schamlosheiter in Erfüllung gegangen zu sein.[1] Angesichts der unverkennbaren Parallelen eines «als ortsunabhängig, als instantiell, als nicht materiell, als reiner Geist, als nicht sterblich und als ‹ludus globi›» gekennzeichneten Gottes zu den Signaturen des Cyberspace ohne Anspruch auf wirkliche Realität im herkömmlichen Sinn eröffnet Barloewen programmatisch: «Diese Analogie zwischen der Figur Gottes und dem virtuellen Raum kann auf der Suche nach alten und neuen Formen der Metaphysik und Transzendenz als Leitfaden dienen» (1998, 11). Statt länger auf das Paradies mit vollkommener und ewig währender Glückseligkeit nach dem Abstreifen aller irdisch-materiellen Hüllen zu aspirieren, klickt man sich flugs ins Netz, dringt in den Cyberspace der reinen immateriellen Sphäre des göttlichen Geistes ein. Mit der unaufhaltbaren Ausbreitung der Informationstechnologien entpuppt sich der neue Himmel der Menschen als ein gänzlich «digitalisierter, durchblitzt von Informationen, die, von Satelliten vielfach reflektiert, von der einen zur anderen Seite des Planeten zucken; Sternschnuppen, die erneut auf die Haltung und das Verhalten einwirken: Der digitale Himmel über mir, die virtuelle Lebenskunst in mir», lautet das neue nachkantische Motto des Heute (Schmid 1998, 134). – Aufgepasst nur, dass man sich, kühnerhaben, niemals im Netz des gespeicherten Allwissens verstrickt oder verliert und so der Rede von der Antiquiertheit des Menschen aufsitzt; dass man nicht durch voreilig-falschen Knopfdruck den Absturz des menschlich-göttlichen, mikroelektronischen informellen Universums zeitigt!

Gönnt man sich allerdings in der hektischen Ära des technischen Zeitalters beim Internet-Surfen eine kurze Besinnungspause am siebten Tag, drängt sich folgender Eindruck auf: Weit entfernt, dass man, auf der Akme des ambitionierten Weltverknüpfens angelangt, vermeintlich den einstigen göttlichen Standpunkt okkupierend, Einheit und Sinnerfüllung erschaut, schlagen einem Fragmente, Diskrepanzen, Paralogismen ins Gesicht. Trotz Sozialprogrammierung und televisionären Sozialisierungsprozessen, trotz Mehrfachcodierung und Komplexitätssteigerung aller Zeichensysteme und dem viel versprechenden Auftakt transversaler ästhetischer Vernunft zerfallen die großen verbindlichen Metaerzählungen in tausend inkommensurable Narrationsstücke, gehen zwischenmenschliche Beziehungen schneller in die Brüche, als sie geknüpft werden, sind intersubjektive Welt-Zugangsweisen splittrig geworden. Obgleich sämtliche Bereiche der Alltagswirklichkeit ungeahnte Dimensionen annehmen und nichts mehr als schlicht gegeben, sondern als unendlich gestaltbar, revidierbar, machbar gilt, scheinen wir uns in den immer neu eröffneten Möglichkeitsräumen immer weniger zurechtzufinden und wohl zu fühlen. Inmitten zunehmender Flexibilisierung und Entgrenzung will man erst eine andere Beziehung zu seinem Partner, dann einen anderen Partner, dann ein anderes Geschlecht und überhaupt eine andere Identität, und man driftet schließlich am Leitfaden der anthropologischen Zentralfrage «Wer oder was ist der Mensch?» in bedrohliche Untiefen ab, weil man partout nicht mehr weiß, wer oder was man eigentlich ist oder sein will.

Wagt man also den Blick hinter die sich wie ein Lauffeuer verbreitenden und vermehrenden, äußerst subjektreagiblen Glückskulissen des Cyberspace als Projektionsflächen für unsere Gefühle, Wünsche und Phantasien, überraschen die grassierende Unsicherheit, die hohe Enttäuschungsquote, die verheerende Undeutlichkeit des Selbst für sich selbst (vgl. Schulze 1995, Kapitel 1.4 f.). Laut einer Umfrage der Online-Ausgabe von PC-Welt verzichten 44 Prozent der Befragten zugunsten des Internet-Surfens auf Schlaf, 18 Prozent telefonieren seltener, und 17 Prozent bekennen frank und frei, dass sie infolge der Online-Faszination soziale Kontakte sukzessive reduzieren (vgl. Berliner Tagesspiegel vom 16.7.1999: «Internet-Surfen macht doch einsam»). Zwischen den scheinbar alles weltweit verbindenden und stabilisierenden Netzfäden leuchten mithin da und dort folgende Fundamentalfragen auf: Ist die Online-Kommunikation nicht grundsätzlich so kurz und gehetzt, dass man etwas sagt, ohne eigentlich etwas zu sagen; ist die Flexibilität dank

Internet nicht so vollkommen, dass man im rapiden Wechsel überall zerstreut und zugleich nirgends ist? Sind wir nicht konfrontiert mit einer «neuen religiösen Unübersichtlichkeit», mit einer vollkommen an den traditionellen Kirchen und Konfessionen vorbeigehenden Renaissance des Mystischen in Form New-Age-artiger «religiöser Therapieunternehmungen» wie Heaven's Gate oder Scientology, weil es in einer mobilen und einsamen vernetzten Industriegesellschaft immer weniger gelingt, sich selbst zu lokalisieren und lebensweltlich zu verankern wie ehemals im Raum-Zeit-Koordinatensystem herkömmlicher Realität (vgl. Barloewen 1998, 61–68 und 168–173)?

1 Philosophie als Spiegel ihrer Zeit

Hegels renommiertes Diktum «Was vernünftig ist, das ist wirklich; und was wirklich ist, das ist vernünftig» (1986, 24) wird in unserer Welt der Auflösung, ohne Zusammenhang und vernunftmäßig erfassbare Einheit, doppelt Lügen gestraft. Als augenfällig verfehlt erweist sich zum einen aus historischer Distanz Hegels implizite These, der zufolge der Weltprozess qua Selbstentfaltung des Geistes zu seiner Zeit gleichsam einen vernünftigen geschichtlichen End- und Ruhezustand erreicht hätte, sodass der Philosoph diesen in kontemplativer Betrachtung lediglich zu Bewusstsein zu bringen hätte. Angesichts der großen Unvernunft des 20. und beginnenden 21. Jahrhunderts wurde zum Zweiten in prinzipieller systematischer Hinsicht der Glaube an eine weltgeschichtliche Vernunft als solche erschüttert. Nach dem Zusammenbruch der hegelschen metaphysischen Prämissen ist auch die von Hegel der Philosophie überantwortete Aufgabe hinfällig geworden: «Das *was ist* zu begreifen, ist die Aufgabe der Philosophie, denn das *was ist*, ist die Vernunft» (ebd., 26). Wenn die Zweifel an der Vernunft unserer Wirklichkeit, an der vernünftigen Selbstentfaltung des Geistes in der Weltgeschichte eine erhabene philosophische Kontemplation des Ist-Zustandes vereiteln, verschiebt sich zwangsläufig der Aufgabenbereich der Philosophie. Doch wohin? Eine mögliche Antwort sowohl auf die in Hegels Philosophie kulminierenden geistigen Höhenflüge des deutschen Idealismus wie auf den feuerbachschen Materialismus, der sich unkritisch am Sinnlich-Materiellen festklammert, fasste Marx in eine ebenso vertraute Formel: «Die Philosophen haben die Welt nur verschieden *interpretiert*; es kömmt darauf an, sie zu *verändern*» (1971, 341). Der Frage, was Philosophen heute tun oder denken könnten, nachdem die Welt sich als unvernünftig entpuppt hat und die Feier zum «Abschied vom Prinzipiellen» (Marquard 1991) langsam ihrem Ende entgegengehen dürfte, soll der vorliegende Essay gewidmet sein. Anstelle von griffigen Generalrezepten wird man allerdings mit Denkanstößen, Wegmarken, konstruktiven Hinweisen und Bauplänen vorlieb nehmen müssen.

Vorerst gilt indes zu bedenken, ob nicht ungeachtet dieser strittigen Prämissen Hegels Zusatz zu überzeugen vermag: «Was das Individuum betrifft, so ist ohnehin jedes ein *Sohn seiner Zeit*; so ist auch die Philosophie *ihre Zeit in Gedanken erfaßt*» (1986, 26). In der Philosophie, so ließe sich das elementare Fazit allgemein auslegen, zentriert und kristallisiert sich eine Zeit, indem die entscheidenden Anliegen oder Probleme, welche alles Tun und Denken der Menschen einer bestimmten Epoche antreibt und beherrscht, auf den Begriff gebracht werden. Geht man statt von einer angeblich vernünftigen Wirklichkeit von zentralen Anliegen und Problemen einer Zeit aus, stünde den gegenwärtigen Philosophen als Söhnen ihrer Zeit ein Übermaß davon zur Verfügung, was sie analysierend und klärend auf den Begriff bringen könnten. Weit davon entfernt aber, dass die aktuelle Philosophie in diesem Sinn «ihre Zeit in Gedanken erfasst» hätte, hat sie sich größtenteils von der gesellschaftlichen Wirklichkeit entfernt und vor den brennenden Zeit-Problemen Zuflucht gesucht im akademischen Elfenbeinturm. Während sich die Philosophen hier eine virtuose «Inkompetenzkompensationskompetenz» antrainieren (Marquard 1991, 29), wird die Philosophie seitens der Öffentlichkeit mit Irrelevanzvorwürfen überfallen und sieht sich von Zeit zu Zeit gezwungen, (zumindest formal) den Krisenzustand auszurufen. Dennoch steht die Philosophie ihrer Zeit nicht bezugslos gegenüber, sondern Hegel scheint mir mutatis mutandis Recht zu behalten: Wie ich im Folgenden aufzuzeichnen suche, ist der Philosoph sehr wohl ein Sohn seiner Zeit, ja geradezu ein Paradeexempel eines solchen Zeit-Sohnes, und die Philosophie gewissermaßen eine gedankliche Spiegelung ihrer Zeit. Sie ist dies aber, vereinfacht ausgedrückt, als ein direkter und ungewollter Spiegelreflex von Zeitströmungen, indem sie die Anliegen und Probleme ihrer Zeit nicht kritisch reflektiert, sondern unkritisch reproduziert. Aus diesem Grund scheinen mir eine Diagnose sowie entsprechende Therapieempfehlungen der grassierenden «Krise der Philosophie» nur mit ständigem Blick auf die «Zeit-Krise», die Schwierigkeiten unserer wissenschaftlich-technischen Zivilisation, möglich, deren Symptom, deren unreflektierter Spiegel sie darstellt. Wer bringt aber diese Zeitprobleme auf den Punkt, nachdem sich die Philosophen allmählich diesem diffizilen Unterfangen entzogen haben?

Um die Analogie der Krise der Philosophie zur Krise ihrer Zeit bzw. die Parallelität ihrer jeweiligen Krisenentwicklung zu verdeutlichen, kommt man tatsächlich nicht darum herum, bei vorphilosophischen Feuilletons, empirienahen psychologischen und soziologischen Zeitstudien Anleihen zu nehmen. Diese zum Teil stark simplifizierenden zeitkritischen Stellungnahmen von reinen Zeitungskolportagen bis hin zu philosophischen Versuchen, die Wirklichkeit auf den Begriff zu bringen, intendieren keineswegs eine ideologische Indoktrination des Lesers, sondern sollen immer wieder die Probleme unserer Zeit in den Vordergrund rücken. Ohne ihre Vergegenwärtigung kann weder die «Krise der Philosophie» in ihrer ganzen Tragweite verstanden noch geklärt werden, ob und in welcher Form überhaupt ein Bedarf an Philosophie vorhanden sei, wo und mit welchen methodischen Strategien eine Philosophie gegebenenfalls anzusetzen hätte. Solange die Debatte über Nutzen und Nachteil der Universitätsphilosophie als innerakademische Kontroverse geführt wird, lässt sich also weder die Relevanz der «Krise» der Philosophie noch diese selbst abschätzen: Angesichts des philosophischen «Text-Recyclings» in einem «geschlossenen akademischen Bücherkreislauf von Kollege zu Kollege» (vgl. das Pamphlet von Lütkehaus: «Vom fehlenden Nutzen der Universitätsphilosophie für das Leben», in: Die Zeit vom 25. 5. 2001) kann man getrost auf den Wert des Nutzlosen pochen (vgl. Früchtls Replik ebd., am 8. 6. 2001) und braucht nichts Illegitimes dabei zu ahnen, «dass die akademische Philosophie heute mehr mit den systematischen Problemen befasst ist als mit praktischer Lebenshilfe» (vgl. Beckermanns Schlichtungsversuch ebd., am 22. 6. 2001). Ob und warum gerade dieses Auseinanderdriften von philosophischer Theoriebildung und Welt- bzw. Lebensorientierung die öffentliche Rede von der «Krise der Philosophie» rechtfertigt, kann unter Ausblendung eines auf den gesamtgesellschaftlichen Kontext ausgeweiteten Untersuchungswinkels nicht erörtert werden. Auch die philosophieimmanenten Krisenfaktoren sollen indes nicht ausgeblendet werden, die man generell aus historischer Sicht in einer fortschreitenden Kompetenzreduktion (Kapitel 1.2), aus systematischer Warte in einem Qualitätsschwund infolge einer bloßen Vermehrung und Diversifikation des Wissens auf Kosten integrierter Ganzheit erblicken kann (Kapitel 2).

Auf der Ebene gesellschaftlicher Wirklichkeit kann die Zeit-Krise mit Hilfe des habermasschen Erklärungsschemas als «Kolonialisierung» der Lebenswelt durch die Subsysteme von Naturwissenschaft und Technik interpretiert werden: Die Verständigung über gemeinsame Handlungsorientierungen weicht nicht-normativer Koordination der Handlungsfolgen (Kapitel 3 und 7), und die sich scheinbar autonom und unaufhaltsam entwickelnde Technik im Verein mit der extremen Spezialisierung zeitigt einen Verlust an eigener Erfahrung und persönlichem Verantwortungsbewusstsein (Kapitel 4 und 5). Infolge der Übermacht wissenschaftlich-technischer Kriterien von Effizienz und Optimierung verlieren moralische Werte zusehends an Kraft, wobei die orientierungspraktischen Leerstellen durch den ironischen, hedonistisch-narzisstischen Habitus der Eventgesellschaft gefüllt werden (Kapitel 7.3). Analog zu dieser lebensweltlichen Kolonialisierung hat sich die Philosophie in der Konkurrenz zu den exakten Wissenschaften vom hermeneutischen Ideal des Verstehens komplexer Sinnzusammenhänge zu naturwissenschaftlichen Erklärungsmodellen, zur spezialistischen Diversifikation des Wissens, zu einem entpersönlichten «objektiven» Denken ohne jede Orientierungsfunktion drängen lassen (Kapitel 2 und 3). Aus Furcht vor angreifbaren Wertungen betreibt man neutrales Text-Recycling oder methodisch exakte Sprachanalyse, womit man dem instrumentell-technischen Denken vor dem moralisch-praktischen den Primat einräumt. Eine Schlüsselrolle zum Verständnis dieser parallelen Krisenentwicklung spielt augenscheinlich der Wandel unserer Denkschemata, Diskursformen und unserer Sprache, welche sowohl in Korrelation zu unserer durch technische und mediale Invasion gekennzeichneten Lebenswelt als auch zum Fortgang der Wissenschaften insgesamt steht (Kapitel 5.4 f. und 6.3 f.): Die Entfaltung der wissenschaftlich-technischen Rationalität auf Kosten der moralisch-praktischen wird einerseits durch die Grundordnung elektronischer Medien, durch bestimmte politische und betriebliche Strukturen sowie neuere Ausbildungs- und Forschungsstätten gefördert, wie andererseits die veränderten Wahrnehmungs-, Erlebnis- und Denkweisen solche Institutionen protegieren. Doch verlassen wir eilig diese abstrakte Sphäre und schauen uns das illustrative Analogon des zeitgenössischen Philosophen zum typischen Zeitgenossen an!

1.1 Der Zeitgenosse

Fokussieren wir unsere Aufmerksamkeit zunächst auf das postmoderne Subjekt als Sohn seiner Zeit. Freilich darf man sich dabei nicht von vornherein durch Foucaults poetische Prophetie betören lassen, mit der er seine Leser von *Die Ordnung der Dinge* entlässt und eine ganze Generation von Denkern in Verwirrung versetzt hat: «der Mensch verschwindet wie am Meeresufer ein Gesicht im Sand» (1971, 462). Gemeint ist nämlich mitnichten der alsbald verzweifelt bis triumphierend ausgerufene «Tod des Subjekts», sondern lediglich dessen Dezentrierung, also seine von den strukturalistischen Strömungen zutage geförderten Verflechtungszusammenhänge in öffentlichen Macht- und Diskursstrukturen gesellschaftlicher Wirklichkeit, postmoderner formuliert: seine vielfältigen Vernetzungsweisen im immateriellen Cyberspace. Gemäß Günter Anders' konziser Diagnose leidet der postmoderne Mensch, weil er, zerstreut in eine «Pluralität von Einzelfunktionen», dank der Allvernetzung jetzt überall und bei jedem zugleich sein kann und einer permanenten Simultan-Lieferung sowohl sachlich wie stimmungsmäßig disparater Elemente ausgesetzt ist, nachgerade unter einer *«künstlich erzeugten Schizophrenie»* (1994, 137): In Ermangelung eines organisierenden Prinzips falle der Mensch förmlich in seine einzelnen Funktionen auseinander und könne sich nur noch über Wasser halten, indem er akkurat dafür sorgt, dass jedes Organ unverwandt nicht so sehr «beschäftigt», sondern ganz einfach «besetzt» sei: «Kurz: Um gegen das Nichts abgedichtet zu sein, muss *jedes* Organ ‹besetzt› sein. Und ‹Besetztsein› ist als Beschreibung des Zustandes ungleich treffender als ‹Beschäftigtsein›» (ebd., 139).

Bei der exemplarischen Beobachtung eines Sonnenbadenden versuche man infolge dieses ununterbrochenen Organbesetzungszwangs daher vergeblich, dessen «eigentliche» Beschäftigung zu eruieren – wodurch Anders augenscheinlich mit der These vom «Tod des Subjekts» sympathisiert: «Wenn von ‹Subjekt› oder ‹Subjekten› hier überhaupt noch gesprochen werden kann, so bestehen diese lediglich in seinen Organen: in seinen Augen, die sich bei ihren Bildern; seinen Ohren, die sich bei ihrem Sportsmatch; seinen Kiefern, die sich bei ihrem gum aufhalten – kurz: seine Identität ist so gründlich desorganisiert, dass die Suche nach ‹ihm selbst› die Suche nach etwas Nichtexistentem wäre. *Zerstreut ist er also nicht nur […] über eine Vielzahl von Weltstellen; sondern in eine Pluralität von Einzelfunktionen*» (ebd., 138). Der postmoderne Mensch degeneriert mithin in seiner dezentriert-desorganisierten Betriebsamkeit nicht so sehr zum normierten Standard-Individuum, wie es die bisherigen Kulturkritiker hartnäckig monierten, sondern – horribile dictu – vom Individuum zum Divisum: «Bis heute hatte die Kulturkritik die Zerstörung des Menschen ausschließlich in dessen Standardisierung gesehen; also darin, dass dem in ein Serienwesen verwandelten Individuum eine nur noch numerische Individualität übrig gelassen wird. Selbst diese numerische Individualität ist nun also verspielt; der numerische Rest ist selbst noch einmal *‹dividiert›, das Individuum in ein ‹Divisum› verwandelt*, in eine Mehrzahl von Funktionen zerlegt. Weiter kann offenbar die Zerstörung des Menschen nicht gehen» (ebd., 141). Resultat dieser grassierenden Dividierung des Menschen, dieser künstlichen Schizophrenie, bildet das Syndrom der «Internet-Vergiftung» mit Symptomen schwerer Persönlichkeitsstörung wie «geistige Verwirrtheit, Halluzinationen und Wahnvorstellungen», von welcher laut neuerem Zeitungsbericht allein in Italien rund hundert Menschen betroffen sind (vgl. Aargauer Zeitung vom 3. 3. 1999 mit Rekurs auf die La Repubblica).

Infektionshintergrund der persönlichkeitsgefährdenden Internet-Vergiftung bildet ein ehemals zuverlässiger Raum-Zeit-Raster, der unseren Lebens- und Weltentwürfen einen Rahmen bot, sich aber unlängst auflöste in ein fortwährendes Fluktuieren von virtuellen Gegenständen und Personen, von Computersimulationen und medialen Projektionen. Obgleich der Mensch als genuin geschichtliches und zeitstiftendes Wesen den vektoriellen, an Vergangenheit und Zukunft ausgerichteten Charakter der gelebten Gegenwart im Grunde niemals gänzlich zu verleugnen vermag, wimmelt es im telekommunikativen, dezentrierten Cyberspace mit «einer sich ständig umstrukturierenden, routinelosen, kurzfristigen Ökonomie»[2] statt von Zeitgenossen von tendenziell im medialen Augenblick weilenden «Jetztgenossen». Manfred Geier eröffnet, «dass der Zuschauer seiner lebensweltlich differenzierten Orientierungen beraubt wird und zu einem ‹medialen Typ› mutiert, der durch seine tägliche televisionale Speise weltlos, beziehungslos und zerstreut gemacht wird. Er ist im strengen Sinn kein Zeitgenosse mehr, sondern nur noch ein ‹Jetztgenosse›, der sich durch die stets augenblickliche Medienpräsenz genährt fühlt, ohne wirklich satt zu sein» (1997, 221). Infolge der Interferenz der neuen Formen der Zeit- mit denjenigen der Arbeitsorganisation wird, wie der mit den amerikanischen Extremverhältnissen vertraute Soziologe Richard Sennett registriert, unter dem Motto «Nichts Langfristiges» das traditionelle Muster von Ausbildung und Beruf radikal transformiert: Während früher eine einzige Ausbildung für ein ganzes Berufsleben ausreichte und die traditionelle Karriere den Schritt für Schritt zu durchlaufenden Korridor von ein bis zwei Institutionen vorsah, müsse heute ein mit der postmodernen Kardinaltugend der Flexibilität ausgestatteter «junger Amerikaner mit mindestens zweijährigem Studium damit rechnen, in vierzig Arbeitsjahren wenigstens elfmal die Stelle zu wechseln und dabei seine Kenntnisbasis wenigstens dreimal auszutauschen» (Sennett 1998, 25).

Betreffs der Elimination des zweiten *principium individuationis*, des Raumes, versetzte diese die postmodernen medialen Jetztgenossen laut Anders unlängst in die – ebenso formidable wie prekäre – Lage, «in der sie, ubique simul, immer auch anderswo, keinen bestimmten Punkt mehr einnahmen, und sich niemals bei sich, niemals bei einer Sache, kurz: *nirgendwo* befanden» (1994, 136). Dieses «Nirgendwo» als Abwesenheit jedes subjektiven wie objektiven Brennpunkts im Internet-Zeitalter flüchtiger Vernetzungen und einander jagender Zusammenstellungen heterogenster Elemente lässt sich unter positiven Vorzeichen auch zum «Hier und Jetzt» ummünzen und sich somit gleichsam wieder auf die Zeitachse transponieren: Die meisten sind den Zustand, bei dem sie hier sitzend und sich dort aufhaltend überall zugleich sind, schon so gewohnt, «dass sie eigentlich schon gar nicht mehr wohnen, jedenfalls an keinem Platze, geschweige denn in einer Wohnung, sondern höchstens noch in ihrer unwohnlichen, jeden Augenblick wechselnden Zeitstelle: im *Jetzt*» (ebd., 225). Die räumlichen wie zeitlichen Tiefendimensionen werden getilgt im Überall-und-nirgends-Sein, die Differenzen zwischen gestern und morgen, Nähe und Ferne, Fremdem und Eigenem nivelliert und auf ein gleich-nahes, gleich-zeitiges, gleichgültig-belangloses «Jetzt» reduziert. Das in Fluss geratene zeitlich-räumliche Koordinatensystem unserer auf äußerste Flexibilität, Pluralität und rapiden Wechsel gestellten Postmoderne lässt uns aufgrund dessen keine langfristigen Ziele, keine kohärenten Lebenskonzeptionen mehr verfolgen, sodass zerstreute, kaum mehr in einer erzählbaren Geschichte zusammenhaltbare Narrationsfragmente übrig bleiben.

Als gravierendste Auswirkungen des künstlichen Cyberspace-Paradieses auf den in Einzelfunktionen und Narrationsfragmente zersplitterten postmodernen Menschen chargieren in philosophischen wie soziologischen Studien das Gespenst unbezüglicher Passivität sowie die für jene primär verantwortlich gemachte zunehmende Despektierung der empirischen Alltagswelt. Je mehr nämlich die Vorteile bequemerer Handhabbarkeit des medial Repräsentierten gegenüber der anstrengenden Wirklichkeit ans Tageslicht treten, desto weniger Wert wird dem Unterschied zwischen Realität und Simulakrum beigemessen – und dem Avancieren der mikroelektronischen Invasion ist weiterhin grünes Licht garantiert! «Wie weit die Bequemlichkeitsvorteile des Surrogats – die Vorteile einer bloß medialen Präsentation anstelle der anstrengenden Wirklichkeit – heute schon genutzt werden, zeige ein in den USA kommerziell vertriebener Artikel, das ‹Video-Baby›», rapportiert Wolfgang Welsch: «Es handelt sich um ein 8-Minuten-Band mit interaktiven

Komponenten. Der Benutzer hat sein Wunschbaby (Geburtszertifikat und Gesundheitsattest sind der Packung beigefügt) vor sich auf dem Bildschirm, kann sich dort also ungestört an ihm erfreuen und mit ihm auch kommunizieren. Es reagiert beispielsweise auf Sätze wie ‹Iss den Brei›, ‹Lächle Mami an› – und man kann sich denken: die Folgsamkeit dieses Kindes ist vollkommen. Am Ende der acht Minuten kann man es auch noch in den Schlaf singen» (1993, 16). Im französischen Radio (RFI International) wird soeben bekannt gegeben, wie viele Witwen sich bereits ihren neuen Freund mittels entsprechender Computerprogramme zusammenbasteln, auf dass er den realen verstorbenen Gatten bei weitem übertreffe. Neben der Simulation von Kindern und Ehemännern erfreut sich augenscheinlich gerade in Pariser Großstadthaushalten das tägliche Füttern seines persönlichen Simulations-Haustiers oder das regelmäßige Bestellen seines individuell komponierten Computer-Gärtchens größter Beliebtheit.

Ungeachtet dieser Rivalisierung der Taxierung von Realem und Simuliertem soll nach Meinung namhafter Zeitkritiker Passivität in der Logik der mikroelektronischen und massenmedialen Technologie selbst geradezu angelegt sein. «Passivitität liegt in der ‹Logik› dieser Technologie», postuliert Sennett (1983, 359). Vom Internet gilt mutmaßlich um ein Beträchtliches verschärft, was Sennett bezüglich der paradoxalen Wirkweise der Massenmedien registriert: Zwar steigern sie einerseits «das Wissen von dem, was in der Gesellschaft vor sich geht, erheblich, zugleich jedoch schränken sie die Fähigkeit, dieses Wissen in politisches Handeln umzusetzen, erheblich ein. Auf das, was der Fernseher verlautbart, kann man nichts erwidern, man kann ihn nur abstellen – eine unsichtbare Handlung» (ebd., 358). Diese soziologischen Einsichten mögen den Internet-Freak auf den ersten Blick merkwürdig vorsintflutlich anmuten, da sich das Aktivitätspotenzial beim Internet-Surfen zugegebenermaßen als unvergleichlich vielfältiger erweist. Der Effekt dieser erweiterten «Aktivität», die in unserem Leben Schritt für Schritt mehr Raum einnimmt, bleibt indes derselbe, nämlich die Konsolidierung der viel monierten postmodernen, welt- und beziehungslosen Indifferenz. Wie lässt sich diese erklären, wenn sich doch der Einzelne gemäß unseren präludierenden Gedanken per Mausklick überall einschalten, überall nicht nur partizipieren, sondern auch mitmischen kann? Existiert auch jenseits eines kulturpessimistischen Defätismus ein grundlegender struktureller Unterschied zwischen dem blitzschnellen Surfen zwischen simulierten Personen und Dingen, dem ungeduldigen Zapping in den übersättigten Programmangeboten und dem herkömmlichen, intentional auf ein als gut eingeschätztes Ziel gerichteten Handeln in Raum und Zeit?

Hauptverursacher postmoderner Indifferenz ist ohne Frage die Demokratisierung oder Nivellierung des Universums, in welchem nicht nur alles verknüpft und verbunden ist, sondern sämtliche handlungsleitenden Hierarchisierungen und Kontraste tendenziell liquidiert werden, bis dass auf den Jetztfenstern des Bildschirms Atomkrieg und Donald Duck, politische Information und Wellness-Werbung im entdifferenzierten Dazwischen verwischen und im Meer apathischer Gleichgültigkeit versinken. Da wir überall und zugleich nirgends sind, lösen sich inmitten der Ära der Netze, Kontaminationen und generellen Computerschaltungen alle Identitäten und Individualitäten «in den absoluten Gleichheiten entkörperlichter und dekontextualisierter Energiebündel und Signalkonstellationen» (Geier 1997, 225) auf, und jedes Mehr an virtueller Präsenz und simulatorischer Repräsentation bedeutet ein Weniger an lebenspraktischer Orientierung und Aktivitätspotenzial. «Denn die Info-Sintflut», expliziert Geier, «in der Wichtiges und Unwichtiges, Informationsschrott und Wissenswertes, Abbildung realer Sachverhalte und Simulation möglicher Welten vermischt sind, droht jeden Nutzer zu Tode zu informieren. Dem überforderten Bewusstsein, das sich nach allen Seiten hin öffnet, wird alles egal, wie dem Medium selbst, das nur in Bits und Bytes rechnet» (ebd.). Ein im Fahrwasser postmoderner Indifferenz Schwimmender ist dabei nicht eigentlich zur Passivität verdammt – die sich immer noch als Grenzfall von Aktivität deuten ließe –, sondern treibt im Grunde in einem «aktiv-passiv-neutralen Zwischendasein» dahin: «Die traditionelle Differenz von Aktivität und Passivität löst sich auf in eine mediale Zwischenexistenz, die weder agiert noch agiert wird, weder sich treiben lässt noch getrieben wird. Der mediale Mensch ist vielmehr ‹aktiv-passiv-neutral›» (ebd., 221).

Der aktiv-passiv neutrale Mensch ist ein Mensch, der potenziell immer «online» ist. Die Fäden des Netzwerks, in das er sich somit einspannt, werden kraft neuer Verbindungen, Websites und Kombinationsmöglichkeiten von Funktionen immer feiner und dichter: Man erledigt die Einkäufe am Fernsehbildschirm, die Bankgeschäfte und Bücherbestellungen per Mausklick. Je mehr sich unser Leben im virtuellen Raum elektronischer Systeme abspielt, desto größer wird die öffentliche Transparenz unseres Lebens, desto geringer aber der subjektive Raum des Privaten. Gefangen in den uns immer enger einschnürenden, zugleich immer neue ungeahnte Möglichkeiten der Effizienzsteigerung eröffnenden Netzwerken wird der letzte Rest von Intimität und Abgeschiedenheit durch Codes und Leitungen durchschnitten. Das Ideal eines sein eigenes Leben lebenden Individuums, die Vorstellung eines Privatlebens sowie das ganze traditionelle Figur-Grund-Modell eines singulären Subjekts vor dem Horizont der Gesellschaft sind Sven Birkerts zufolge vom Aussterben bedroht, die Türen und Wände unserer Behausungen verlieren jede Bedeutung. Denn «einer der zahlreichen in kaum merklichen Etappen voranschreitenden Transformationsprozesse unserer Epoche ist die Vernichtung des subjektiven Raums. Die physische und psychologische Distanz zwischen den Individuen ist seit mindestens einem Jahrhundert im Schrumpfen begriffen. Im Zuge dieses Vorgangs haben in dem Figur-Grund-Bild die Begrenzungslinien zu zerfließen begonnen. Der Tag wird kommen, an dem wir unser öffentliches wie unser privates Leben in so dichten Netzwerken, zwischen so vielen Kanälen sofort zugänglicher Informationen führen, dass es nahezu sinnlos ist, noch von individuellen Differenzierungen zwischen den Subjekten zu sprechen» (1997, 177 f.).

Nachdem die Grenzen unseres privaten Raums eingerissen und die Individualität der Subjekte in Frage gestellt wurden, scheint der Weg dafür geebnet, dass nun der Einheitstypus eines allseitig vernetzten «isolierten Massenmenschen» Gestalt annehmen könnte. Wenn heute ein Simulakrum oder ein «Brocken Welt» dank Internetzugriff von einer ganzen Menschenmasse gleichzeitig konsumiert werden kann, impliziert dies nämlich in keiner Weise ein Gemeinschaftserlebnis, sondern legt lediglich Zeugnis davon ab, dass man sich aufgrund desselben – zumeist werbemäßig formierten – Bedarfs mit demselben in Verbindung setzt. Ganz im Gegenteil wird, wie Anders nachweist, mittels des Prinzips der «Streuung», das sich die Anbieter hierbei zunutze machen, gerade der in raschem Wechsel das immer Neueste konsumierende «Massen-Eremit» produziert: «der Typ des Massen-Eremiten war entstanden, und in Millionen von Exemplaren sitzen sie nun, jeder vom anderen abgeschnitten, dennoch jeder dem anderen gleich, einsiedlerisch im Gehäus – nur eben nicht um der Welt zu entsagen, sondern um um Gottes willen keinen Brocken Welt in effigie zu versäumen» (1994, 102). Konnte Anders den TV-Apparat als «negativen Familientisch» bezeichnen, welcher der Familie anstelle eines gemeinsamen Mittelpunkts eher einen gemeinsamen Fluchtpunkt bietet, ließe sich per analogiam das Internet als «negatives Selbst», als Fluchtpunkt einer in Zerstreuung begriffenen, vor der eigenen Diffusion Zuflucht suchenden Individualität begreifen. Intensivieren aber nicht gerade die neuen Kommunikationsmittel das Gemeinschaftsleben, da doch jeder, selbstbewusst mit dem brandneuen Handy in der Hand, potenziell jederzeit mit jedem in Verbindung steht?

Auch über das Medium der elektronischen Kommunikation, so sind sich viele Soziologen und Medienwissenschaftler einig, kann schwerlich ein Gemeinschaftsgefühl zuwege gebracht werden. Denn was die Menschen der neuen Kommunikationsart verbindet, ist nicht mehr das auf Performanz statt Permutation basierende Gemeinschaftsgefühl, sondern die Oberflächlichkeit des Austauschs, welche nicht mehr zwei Kommunizierende liiert, sondern sämtliche Online-Benutzer assoziiert. Es ist mithin hier nicht nur das poppige Design des Handys wichtiger als die Wahl des – oft fingierten – Gesprächspartners, sondern in Sennetts Worten «der Akt der Kommunikation wichtiger als die mitgeteilten Fakten. Damit er stattfinden kann, muss das Spielfeld offen und für alle zugänglich sein. Sobald dies der Fall ist, wird die Teilnahme an neuen Ideen, Gerüchten und Spekulationen, die wenig mehr als Klatsch sind, zum Inhalt der Zusammenarbeit. Was man über die Konkurrenz hört, verleiht Mitteilungen Energie, harte Tatsachen schwächen die Energie des Austauschs. Tatsächlich neigt diese Art des Informationsaustauschs dazu, sich selbst zu erschöpfen» (1998, 144). Zusammenhalt erzielt man also allein durch das Faktum des Kommunizierens, ohne dass man sich um die Verständigung über – wie «harter» auch immer! – Tatsachen oder Konflikte zu bemühen brauchte, wenn sich nur alle strikt «auf die Oberfläche beschränken; geteilte Oberflächlichkeit hält Leute durch Vermeidung schwieriger, umstrittener und persönlicher Fragen zusammen» (ebd., 145).

Unübersehbar liegt hier ein Teufelskreis vor, welcher die neuen elektronischen Kommunikationsformen peu à peu zu unterminieren droht: Einerseits erfordert der allen und jedem zugängliche Kommunikationsmarkt eine geteilte Oberflächlichkeit, welche infolge fehlender substanzieller Verbindungen der Online-Kommunikation zu einer Vereinzelung der rund um die Uhr universal kommunikativen Subjekte führt, die ihre innere Leere absoluter Indifferenz selbstlegitimierenderweise der Außenwelt zum Vorwurf machen, welche authentisches Erleben und Handeln vereitle, zu dem sie längst nicht mehr fähig sind. Andererseits verliert sich zwangsläufig ein echtes Gemeinschaftsgefühl oder auch nur der praktische Sinn für gemeinsame Probleme, wo man erkannt hat, «dass flüchtige Formen von Gemeinsamkeit den Menschen nützlicher seien als langfristige Verbindungen» (ebd., 28) und die Arbeits-«Teams» in rasch wechselnden Konstellationen und auf der Basis distanziert-oberflächlicher Kooperationsbereitschaft von einem Auftrag zum nächsten eilen. Da das «Teamwork-‹Wir› einer flachen Gemeinschaft» (ebd., 202) mangels einer realen Verbindung zur Welt über nichts mehr verfügt, worüber sinnvollerweise gesprochen werden könnte, und sich angesichts des Fehlens anhaltender persönlicher Beziehungen, dauerhafter Absichten und kollektiver Ziele Öde ausbreitet, ist weder der Verflachung der neuen Medien noch der Vereinzelung der ausschließlich über Online-Kommunikation miteinander in Verbindung stehenden In- bzw. Dividuen Einhalt zu gebieten. «Das Andere fehlt und deshalb gibt es keinen Kontakt», resümiert Sennett: «Es gibt eine Geschichte, aber keine gemeinsame Erzählung der Schwierigkeiten und daher kein geteiltes Schicksal», d. h. keinen allgemein vertrauten Erzählrahmen (ebd., 202 und 203).

Wenn sich schließlich alles im künstlichen Cyberspace abspielt, erkaltet mithin nicht nur jedes Gemeinschaftsgefühl, sondern zunehmend kommt das fundamentale Sprachspiel für lebensweltliche Kommunikation und gemeinsame Geschichten wie auch jeder Raum einer verantwortlichen Begegnung zwischen zwei Personen abhanden, weil ein technisches Objekt prinzipiell nicht als Territorium fungieren kann (vgl. Barloewen 1998, 31). «Die elektronische Kommunikation», so heißt es bei Sennett untrüglich, «ist einer der Faktoren, die das öffentliche Leben zum Erliegen gebracht haben» (1983, 357). Wie man sich mit einem Blick auf die restlichen Faktoren auf gleicher Ebene überzeugen kann, wird der seit Aristoteles gern als sprachbegabtes und politisches Lebewesen definierte Mensch,[3] indem der allgemeine Siegeszug der mikroelektronischen Invasion den irreversiblen Rückzug aus der öffentlichen Welt konsolidiert, unzweideutig als solcher denunziert. Infolge der Perfektionierung elektronischer Techniken zur Aufzeichnung musikalischer Darbietungen und der damit etablierten horrenden Wertmaßstäbe ist – paradigmatisch und symptomatisch – nicht nur der Live-Auftritt zum riskanten Wagnis geworden, sondern auch der mühsame Gang in den enttäuschungsfreudigen Konzertsaal (vgl. ebd. 1998, 368 f.). Wer andererseits dem tageszeitlichen Aufruf nachkommt, die 11. Love-Parade per Internet zu erleben, hilft als «Solist des Massenkonsums» nicht nur mit, die erwarteten 200 Tonnen Müll in Grenzen zu halten, sondern kann auf seinem bequemen häuslichen Sessel im entgrenzten Privatraum sitzen bleiben! Der Appell mag indes das Gedankenexperiment provozieren, was denn von der politisch-apolitischen Pseudodemonstration übrig bliebe, wenn alle nur noch im Internet surfen. No problem: Die Love-Parade wird eben elektronisch simuliert!

Sennett legt allerdings zu Recht den Ton darauf, dass man das Aufkommen der elektronischen Hilfsmittel nicht allein für den fraglichen Rückzug aus der räumlich-zeitlichen Öffentlichkeit verantwortlich machen sollte, da die komplementären kulturellen Impulse, die Aufkommen und Rückzug stimulieren, tiefer liegen als das Insgesamt all dieser Faktoren: Es ist die Hinwendung zu narzisstischem Selbstgenuss und authentischem emotionalem Ausdruck, denen das gesellschaftliche Leben als Kontrastfolie entgegengesetzt wird (vgl. ebd., 358). Am imaginären Exempel der realen oder simulierten Love-Parade, die als Politikum seit jeher einen Zankapfel darstellt, ließe sich dies erhellen. «Das Politische an der Love-Parade ist», so lässt nämlich ein Jugendlicher in einem Presseinterview verlauten, «dass die Leute nicht zu irgendeinem Parteitag gehen, sondern zur Love-Parade» (Berliner Tagesspiegel vom 29.7.1999), und ein Schriftsteller beschreibt das Geschehen so: «*music is the key*. Purer Sex, Pumpguns entladen ihr Wasser auf Frauen und Männer, Geschöpfe der Lust hoch oben auf entfliehenden Wagen und immer wieder diese segnenden Gesten: Ihr seid gesehen, ihr seid für uns da – trinkt unseren Segen, trinkt unsere Schönheit, unsere Musik, das Wasser. *Enjoy yourself!*» (ebd., 31.7.1999) Damit scheint der Verifikation von Sennetts These entgegengearbeitet zu sein, denn es besteht hier kein Zweifel: Das Politische dabei ist, dass man sich nicht parteilich engagiert, sondern sich selbst genießt – und auch den anderen genießen lässt! Paraden, Festlichkeiten und sogar Messen mutieren in der Erlebnisgesellschaft zum kulturellen Spielmaterial, werden degradiert zu entdifferenziert-bedeutungsleeren Selbstbefriedigungsgeräten, zu beliebig anklickbaren, vollständig instrumentalisierten Projektionsflächen für das subjektive Fühlen und Erleben mit immer weniger überpersönlichem, gemeinschaftsbildendem Eigengehalt (vgl. Schulze 1999, 89 ff.).

Wollte man die kulturpessimistische Sichtweise auf die Spitze treiben, könnte man in Anbetracht dieses Rückzugs aus der realen öffentlichen Welt und der Flucht in narzisstischen Selbstgenuss Barloewens Statement zustimmen, dem zufolge der postmoderne Mensch «einem geschlossenen Kreislauf des Verstummens ausgesetzt ist» (1998, 31). Auch wenn wir unleugbar immer mehr Zeit schweigend vor dem Computer verbringen und einem entdifferenzierten medialen Dauerrauschen ausgesetzt sind, scheint Barloewens Beobachtung, das Schweigen arriviere zum «Normaltypus der sozialen Kommunikation»[4] schlechthin, mit der konträren kulturkritischen Diagnose einer «Art krankhafter Geschwätzigkeit» durchaus vereinbar – gemäß dem Motto: «Alle Mensch werden Schwätzer» (Geier 1997, 223). Denn es ist ein Schweigen, das seine Mitte verliert und keine stumme Beredsamkeit aus diesem Zentrum entfaltet, eine Geschwätzigkeit, die nichts mehr mit-zuteilen hat. So legt sich am Ende unseres kurzen Exkurses über den Sohn unserer Zeit, da er sich als unberedt schweigendes bzw. notorisch geschwätziges, einsames, entindividuiertes, aktiv-passiv neutrales, in seine einzelnen Funktionen zersplittertes narzisstisches Divisum entpuppte, das in Psychologie und Philosophie lebhaft zirkulierende Computermodell an, welches den uns interessierenden Zeitgenossen zuverlässig wissenschaftlich erfassbar und berechenbar zu machen verspricht. Die Gretchenfrage im neuen Millennium lautet nämlich, ob die Welt nicht von «philosophischen Zombies»[5] bevölkert wird, die sich im Verhalten in keiner Weise von lebenden und denkenden Wesen unterscheiden. Seit die unaufhaltsam an Boden und Macht gewinnende materialistische Bewusstseinsforschung lauthals proklamiert, dass materielle Vorgänge zur Erklärung unseres Erlebens und Verhaltens vollständig ausreichen, verzichtet man vermehrt darauf, bestimmte Hirnzustände mit Gefühlen, Erlebnissen oder der Empfindung «Ich» zu verbinden oder gar Absurditäten wie «Seele» oder «Freiheit des Geistes» zu postulieren. Obgleich indes die Neurophilosophie im Rahmen ihres kybernetischen Menschenbildes dramatische Fortschritte erzielt hinsichtlich der Simulation des menschlichen Gehirns durch den Computer, muss das Schreckbild eines mit Bewusstsein ausgestatteten Roboters mit Skepsis betrachtet werden: Während sich «intelligentes Verhalten» als flexible Anwendung eines Repertoires vorhandener Lösungsversuche relativ leicht mittels einfacher Nervennetze ohne Bewusstsein bewerkstelligen lässt, setzt die menschliche Fähigkeit, neuartige komplexe Probleme zu lösen, ein sich notwendig aus ungeheuren Vorräten individueller Erfahrung speisendes Reflektieren und schöpferisches Projektieren voraus (vgl. den Artikel «Den Hirngespinsten auf der Spur» im Berliner Tagesspiegel vom 10. 7. 1999).

1.2 Der zeitgenössische Philosoph

Nachdem sich somit tröstlicherweise der Verdacht erhärten ließ, dass sich das unberedt schweigende bzw. notorisch geschwätzige, einsamnarzisstische, entindividuierte, aktiv-passiv neutrale, in seine singulären Funktionen zersplitterte Dividum keineswegs durch einen Computer restlos substituieren lässt, gilt es jetzt zu prüfen, inwiefern der Philosoph tatsächlich in Anlehnung an das hegelsche Diktum als Sohn seiner Zeit auszuweisen ist. Zunächst und zumeist mag hierbei überraschen, dass sich die Philosophen im Allgemeinen weder durch die massiven Irrelevanzvorwürfe seitens des letzten Rests der verbleibenden Öffentlichkeit noch durch die Konjunktur feiernden Diskussionsrunden unter dem Slogan «Wozu Philosophie?», die längst als harmloser Spezialdiskurs zum akademischen Setting gehören, merklich irritieren lassen. Die Frage nach erkenntnistheoretischen oder ethischen weltanschaulichen Systemen als Basis unserer Weltsicht und Lebensführung zu stellen, wird vielmehr selbst in den eigenen Reihen stur als obsolet bis insolet taxiert, weil man im mikroelektronischen, künstlich konstituierten Netz das Subjekt wie das Objekt gänzlich aus den Augen verloren hat. Auch die ästhetische nach dem Schönen oder der Kunst provoziert Renitenz unter Philosophen unserer postmodernen Moderne, da jedes Trachten, Kunst von Nicht-Kunst zu sondern, aufgrund der Reklamation allgemein gültiger Kriterien als repressiv und als Relikt metaphysischen Denkens moniert wird. Hätte infolgedessen eine philosophiehistorische Arbeit nicht konsequenterweise neben dem «Ende der Geschichte» auch das «Ende der Philosophie» zu konstatieren? Müsste der zeitgenössische Philosoph nicht als letzten heroischen Akt doch immerhin den Gegenbeweis seiner eigenen Existenz erbringen?

Infolge der zunehmenden Beschleunigung, Temporalisierung und Fragmentierung des postmodernen Alltags wähnt man sich am «Ende der Geschichte», in der so genannten Posthistoire angelangt, wo die Philosophie in der Tat als kritisches Geschäft hinfällig geworden wäre: «Am Ende der Geschichte bedarf es des Philosophierens nicht mehr», resümiert Meyer in seiner einschlägigen Publikation *Ende der Geschichte?*, «höchstens der ‹Weisheit›, welche in emotionsloser Kontemplation agnosziert, was der Fall ist. Sie registriert; nichts kann sie mehr überraschen, denn es gibt die Überraschung nicht mehr» (1993, 13). Analog plädiert auch Rorty, nun allerdings unter fröhlich-frohlockenden postmodernistischen Vorzeichen, für das «Ende der Philosophie» nach der Verabschiedung jeglicher (Letzt-)Begründungsansprüche und hebt mit ironisch-spielerischer Heiterkeit dazu an, uns auf ein nachphilosophisches Zeitalter vorzubereiten. «Häufig spüre ich», rapportiert Putnam, «– vor allem bei Studenten – das Empfinden, die Preisgabe dieser Programme mit Totalanspruch bedeute das ‹Ende der Philosophie›. Richard Rorty hat sich sogar eifrig für die Anschauung eingesetzt, die Philosophie sei in gewissem Sinn an ihr Ende gelangt, und nun müssten wir uns auf ein nachphilosophisches Zeitalter gefasst machen» (1997, 83). «Das gegenwärtige Bemühen, Reichweite und Wahrheit der Philosophie zu reduzieren», bekräftigt Marcuse, «ist erschreckend, und die Philosophen selber verkünden die Bescheidenheit und Fruchtlosigkeit der Philosophie. Sie lässt die bestehende Wirklichkeit unberührt; sie verabscheut es, über sie hinauszugehen» (1970, 187). Ob bei diesem posthistorischen und postphilosophischen emotionslos-bescheidenen, unfruchtbaren Registrieren wirklich berechtigterweise von «Weisheit» gesprochen wird? Wo ist denn der platonische Eros, der leidenschaftliche Trieb zum Philosophieren geblieben? Bleibt allenfalls darüber zu debattieren übrig, ob die Intellektuellen von heute, d. h. die Philosophen des «Post», doch immerhin ein Grabmal meritieren (vgl. Lyotard 1985)?

Die folgenträchtig-kostspielige Frage nach dem Grabmal lässt sich leichter Hand liquidieren, wenn man den «Intellektuellen» von heute generell als Chimäre demaskiert, indem man ihn etwa gleich Foucault als «imaginierten Schuldigen» entblößt. «Intellektueller scheint mir ein seltsames Wort zu sein», bekennt Foucault in einem Interview: «Intellektuelle – ich habe noch nie welche getroffen. [...] Ich habe indessen viele Leute getroffen, die über den Intellektuellen reden. Und durch vieles Zuhören konnte ich mir ein Bild davon machen, was dieses Lebewesen sein mag. Das ist nicht schwer, es ist der, der Schuld hat. Schuld an allem Möglichen: zu sprechen, zu schweigen, nichts zu tun, sich in alles einzumischen ... Kurz, wo es um Rechtsfindung, Aburteilen, Verurteilen und Ausschließen geht, muss der Intellektuelle her» (1990, 10). Neben dieser Entblößung des Geistesarbeiters im Allgemeinen kann man mit Marquard im Besonderen Klarheit darüber gewinnen, dass der Gegenwarts«philosoph» recht eigentlich nur im «Enthusiasmus für unbezahlte Nebentätigkeiten» brilliert: «Der Mensch ist das tätige, der Philosoph das nebentätige Lebewesen; es blühen seine extraprofessionellen Selbstbestätigungsaktivitäten: die Philosophen werden [...] Selbstverwaltungsfetischisten, Fundamentalstatistiker, Gründungs- und Opernbeiräte, Wissenschaftstouristen, Leistungssportler des Interdisziplinären, Planungs-, Satzungs- und Gesetzesverfertiger, graue Eminenzen der Totaltransparenz, d. h. Dunkelmänner der Durchsichtigkeit, ambulante Seelentröster und Kommunalpolitiker, direkte und indirekte, gutachtliche Papierfluterzeuger, sekundäre Salonlöwen, und so fort» (1991, 30).

Sieht man vom polemisch-satirischen Gestus des marquardschen Index ab, kann man sich wohl kaum verhehlen, ihm einige Wahrheit abzugewinnen. Der «Philosoph» von heute zeigt sich, wie es sich für einen Sohn seiner Zeit gehört, inmitten eines heterogenen Konglomerats philosophiefremder Nebenaktivitäten zerrüttet, zersplittert, zerstreut – wodurch er bereits das von uns als Erstes geortete zentrale Signum des postmodernen Menschen unter Beweis gestellt hat. Dieser Daseinsmodus des in eine Vielzahl heterogener Einzelfunktionen zerfallenden, an einer «künstlichen Schizophrenie» leidenden Divisums wird bekanntlich bereits auf der Stufe der Studierenden auf ganzer Linie vorbereitet: Gefragt, was man «mache», oszilliert die Antwort eines «angehenden Philosophen» unschlüssig zwischen Wohnungs- und Jobsuche, Nebenverdienst, Computerkurs, antiquarischem Bücherfang, privater Beziehungsberatung – und dann studiere man noch ein bisschen Philosophie! Als aufschlussreiches Zeitdokument mag man auch Schelskys berühmte Brief-Enquête über die Arbeitszeit des deutschen Professors herbeiziehen, welcher in einem überorganisierten Leben angesichts wachsender Abhängigkeit von Regelungsmechanismen vielfältigster interner wie externer Art kaum noch zum Forschen, Nachdenken, Philosophieren kommt: «Im Durchschnitt gaben die dreißig befragten Kollegen an, 68,5 Stunden in der Woche zu arbeiten, davon 7,6 Stunden für ihre Forschung. Der deutsche Professor ist in erster Linie ein Verwalter, ein Lehrer, ein Impresario seiner öffentlichen Auftritte und zuallerletzt noch ein bisschen Gelehrter» (Hentig 1987, 39). Da weder ein bisschen Gelehrtendasein noch auch ein gerüttelt Maß an organisatorischen Obliegenheiten wie Drittmittelbeschaffung oder maximale wissenschaftstouristische Präsenzbekundungen an beliebigen Kongressen einen Philosophen ausmachen, scheint der marquardsche Schluss logisch zwingend: Die Philosophen unserer Gegenwart, die akademischen «Philosophenprofis» *sind* selbst nichts mehr, sondern sind nur noch, sofern sie sich in nützlichen Nebenaktivitäten erschöpfen, während die

Philosophie selbst versucht, sich im postmodernen, konfus-konsternierenden Konglomerat von Divergenzen und Heterogenitäten an die Oberfläche zu retten, indem sie «entweder verzweifelt nicht sie selbst oder verzweifelt sie selbst sein will» (Marquard 1991, 31).

Die Verzettelung des Quasi-Philosophen in bezahlte und unbezahlte Funktionen, Ehrenämter und öffentliche Pflichten kann man systematisch betrachtet einem mangelnden philosophieimmanenten Organisations- bzw. Integrationsprinzip wie auch – mehr aus historischer Perspektive – einer auf sukzessive Kompetenzreduktion der ehemaligen Königin der Wissenschaften zurückzubuchstabierenden Kompetenznostalgie zur Last legen, welche den Residualphilosophen zu notorischen Kompensationsleistungen zwingt. Von der Philosophie nämlich weiß der Meisterstilist Marquard folgende süffisante Kurzgeschichte zu erzählen: «Einst war die Philosophie kompetent für alles; dann war die Philosophie kompetent für einiges; schließlich ist die Philosophie kompetent nur noch für eines: nämlich für das Eingeständnis der eigenen Inkompetenz» (ebd., 24). Die Philosophie verkommt, bevorzugt man eine weniger dramatische Formulierung, aus Furcht vor diesem Eingeständnis der eigenen Inkompetenz «zu einer unter vielen akademischen Veranstaltungen» (Barloewen 1998, 31). «Aus Pietät, Schlamperei und Berechnung», so resümiert Adorno sarkastisch bei seinem Einspruch gegen die aktuelle Reduktion der Philosophie, einst Lehre vom richtigen Leben, zur Methode, «lässt man die Philosophie in immer engerem akademischen Rahmen weiterwursteln und ist selbst dort stets mehr bestrebt, durch die organisierte Tautologie sie zu ersetzen. Wer dem beamteten Tiefsinn sich anvertraut, verfällt wie vor hundert Jahren dem Zwang, in jedem Augenblick ebenso naiv zu sein wie die Kollegen, von denen die Karriere abhängt» (1994, 89). Organisierte Tautologie liegt beispielsweise vor, wo der sich akademisch zu akkreditieren geneigte Philosoph sich gedrängt sieht, denselben Aufsatz unter anderem Titel und geringfügigsten Modifikationen in möglichst vielen philosophischen Zeitschriften unterzubringen und dieselbe irrige Strategie bei den einzelnen auseinander gerissenen Kapiteln größerer Werke zur Anwendung zu bringen, weil bei Berufungsverfahren gewöhnlich die Quantität der Publikationen als Gradmesser der Qualität eines Philosophen fungiert – um damit tatsächlich «so naiv zu sein wie die Kollegen, von denen die Karriere abhängt»!

Wenn es dabei scheinen mag, Marquards konzise Kompetenzreduktionsgeschichte im Verein mit der beliebten Rede einer Dekadenz des intellektuellen Lebens infolge der dominanten Medien- und Computerpräsenz widerspreche unserer eingangs in Szene gesetzten menschlichen Vernetzungs-Apotheose, dem erfüllten Traum nach göttlichem Allwissen, hat man zum Zwecke einer propädeutischen Klärung zunächst Folgendes in Anschlag zu bringen: Grundsätzlich gilt, dass sich die Entwicklung der Wissenschaften seit dem letzten Jahrhundert wesentlich im Plural abspielt «in Gestalt eines zunehmend ausdifferenzierten Systems von Wissen, von wissenschaftlichen Fächern und Disziplinen» (Kocka 1987, 7), die nun alles Vorhandene und Selbstfabrizierte wissensmäßig zu vermessen vermeinen. Jede dieser Disziplinen selbst, also auch die nach Adorno «in immer engerem akademischem Rahmen» weiterwurstelnde Philosophie, ist dabei ihrerseits im grassierenden Zuge der Zerstreuung, d. h. der internen Ausdifferenzierung begriffen. Fraglos hat sich daher auch das philosophische und philosophiehistorische Wissen ins Unermessliche kumuliert, sind die exquisiten Gedanken der ausgewiesenen philosophischen Koryphäen in einem Meer von wissenschaftlichen Schriften und Nachschriften mit allen anderen versuchsweise kontrastiert, kombiniert, kontaminiert worden und hat sich die Differenziertheit im Umgang mit philosophischen Begrifflichkeiten und Methoden dank akkurat-detailtreuer Dissertationen ins Unermessliche potenziert. Der von Marquard geortete Kompetenzverlust der Philosophie muss infolgedessen nicht im *Zuwenig* an Wissen, sondern einem unfasslichen, isolierten, unbezüglichen und daher einflusslosen *Zuviel* begründet sein, weil die hochkarätigen philosophischen Erkenntnisse in besagtem sekundärliterarischem Meer am Ertrinken sind.

Unter gebührend-gebotener Berücksichtigung des technischen Fortschritts hat sich also grundsätzlich, so lautet die einschlägige Diagnose eines fachkundigen Zeugen und Zeitgenossen, «das, was wir heute unter dem Namen Philosophie betreiben, [...] ständig verfeinert, verzweigt und erweitert, sodass sie mit der Zeit als Ganzes durch einen Einzelnen nicht mehr fassbar wurden» (Lauener 1982, 167). Inmitten immer subtilerer und spezialistischerer Interpretationen und einer eskalierenden philologischen Mikrologie, inmitten der Fülle des in der «dritten Welt» der Bibliotheken gespeicherten wissenschaftlichen Datenmaterials drohen sich die Grundfragen der Philosophie, droht sich das Ganze, das allein nach Hegel das Wahre ist, unrettbar zu zerstreuen und zu verlieren. Foucault tritt daher in extensionaler Hinsicht wohl mit gutem Recht der «alten Leier von der Dekadenz» des intellektuellen Lebens entgegen: «Nein, ich glaube nicht an die alte Leier von der Dekadenz, vom Mangel an Schriftstellern, von der Sterilität des Denkens, von dem verhangenen und düsteren Horizont. Ich glaube im Gegenteil, dass es eine Überfülle gibt. Und dass wir nicht an einer Leere leiden, sondern daran, dass es zu wenig Mittel gibt, um all das zu denken, was geschieht. Und dies in einer Zeit, in der es einen Überfluss an Dingen gibt, die man wissen will» (1990, 17). Doch wurde uns nicht gerade zu diesem Zweck das Internet an die Hand und in den Dienst gegeben? Oder bietet die Zunahme der Quantität des Wissens vielleicht gar keinen hinreichenden Schutz vor der – qualitativ verstandenen – «Sterilität des Denkens», wie Foucault suggeriert?

2 Kompetenzreduktionsgeschichte von Philosophie und Geisteswissenschaften

Blickt man, um der Klärung der sich an dieser Stelle aufdrängenden Fragen willen, unerschrocken zu den unmittelbaren Wurzeln der «Krise der Philosophie» zurück, kann man folgenden Krisenherd lokalisieren: Identitätsverlust aufseiten der Philosophen und Kompetenzverlust aufseiten der Philosophie stellten sich zweifelsohne ein, weil die Philosophie, die im 19. Jahrhundert in zunehmende Konkurrenz zu den exakten Wissenschaften geraten ist, positivistisch sein wollte. Das Positive, die Fakten und erfassbaren Daten können indes in ihrer Überfülle und Differenziertheit nur noch von unseren mikroelektronischen Homunculi aufgenommen und verarbeitet werden. Im Siegeszug der positiven Wissenschaften fielen nach und nach alle Rationalitätstypen einer sich ausschließlich auf Tatsachen beziehenden Objekt- und Zweckrationalität zum Opfer, wobei der «Positivismus»-Begriff im kritischen Sinn Marcuses folgende drei Aspekte umfasst: «1. die Bestätigung des erkennenden Denkens durch die Erfahrung von Tatsachen; 2. die Orientierung des erkennenden Denkens an den Naturwissenschaften als dem Modell für Sicherheit und Exaktheit; 3. der Glaube, dass der Fortschritt der Erkenntnis von dieser Orientierung abhängt. Demgemäß ist der Positivismus ein Kampf gegen alle Metaphysiken, Transzendentalismen und Idealismen als obskurantistischen und regressiven Denkweisen» (1970, 186).

Sobald man irrtümlicherweise meinte, der positiv-wissenschaftlichen Rivalität von Sachlichkeit, Entpersönlichung und Spezialisierung nicht anders als durch Anpassung standhalten zu können, waren Kompetenzverlust und Konkurs der Philosophie im Grunde vorprogrammiert. Wenn sich die Philosophen mit dem Mahnmal des «Positiven» auf der Stirn als Spezialisten im Sinne der exakten Einzelwissenschaften ausbilden lassen, um – zuletzt zu Zuträgern des Internets degradiert – das speicherfähige Datenmaterial des Wissens durch immer neue Differenzierungen wenn nicht zu kumulieren, so doch zu spezifizieren, haben sie ihre Antiquiertheit immer schon eingestanden. Die hauptsächlichsten Ursachen für die eskalierende Krise der Philosophie, die natürlich zahlreiche Schnittstellen aufweisen und sich somit keineswegs säuberlich voneinander separieren lassen, sind daher (1) die Entpersönlichung und «Objektivierung» des Wissens, (2) die mangelnde Integritätsleistung zugunsten ungehemmter Spezialisierung und geistiger Desintegration, (3) das Sich-Kaprizieren auf reine Analyse oder Verwaltung von Begriffen jenseits eigener Erfahrung und (4) die Aufgabe jeder Orientierungsfunktion der Philosophie. In dieser Reihenfolge wollen wir sie kurz belichten, um den Topos von der «Krise der Philosophie» mit konkreten Inhalten anzureichern.

2.1 Entpersönlichung des Wissens

1. Aufschluss über das erste Krisenmotiv, mit Hilfe dessen sich die Philosophie selbst ihre eigene Bestattung in die Wege leitete, gibt in plakativer Form Schillers renommierte Antrittsvorlesung *Was heißt und zu welchem Zwecke studiert man Universalgeschichte?*. Als Kontrastfolie zum eigentlichen «philosophischen Kopf» setzt Schiller in bunten Farben den inflationären Phänotypen des persönlichkeitsgeschwächten «Brotgelehrten» ins Bild. Dieser trage eine «Sklavenseele» mit sich herum, immerfort darauf versessen, mit «kümmerlicher Genauigkeit zu sammeln», was an Kenntnissen eines anonymen objektiv-sachlichen, positiven Verfügungswissens vorhanden ist – auch wenn ihn am Ende «seine Berufswissenschaft als ein Stückwerk […] anekeln» soll (1953, 10). Unglücklich, weil ihn seine bezugslosen Kenntnisse nicht durch sich selbst belohnen, heischt er beständig inständig nach äußerer Geltung: «Das Mühselige, das Geringfügige in seinen Berufsgeschäften drückt ihn zu

Boden, weil er ihm den frohen Mut nicht entgegensetzen kann, der nur die helle Einsicht, nur die geahndete Vollendung begleitet» (ebd., 11). Ganz anders der echte Philosoph, der sich in ekstatischer Begeisterung für seine neu gewonnenen Erkenntnisse stets selbst treu bleibt und bei den mannigfaltigen philosophiehistorischen Szenarien und systematischen Paradigmen nie aus dem Auge verliert, «der zu werden, der er ist» (vgl. Nietzsche: EH, 255): «Wo der Brotgelehrte trennt, vereinigt der philosophische Geist. [...] Seine edle Ungeduld kann nicht ruhen, bis alle seine Begriffe zu einem harmonischen Ganzen sich geordnet haben, bis er im Mittelpunkt seiner Kunst, seiner Wissenschaft steht, und von hier aus ihr Gebiet mit befriedigtem Blick überschaut» (Schiller: ebd., 12). Man beachte: Im Brennpunkt steht nicht das Internet, sondern – göttlich – der philosophische Kopf!

Nietzsches analoge Aversion gegenüber dem subjektlos-demütigen, kleinlich-kümmerlichen Gelehrten- und Philistertum, seine unzeitgemäße Wissenschaftskritik findet ihren mustergültigen Ausdruck in der schlagkräftigen Attacke gegen den positivistisch infizierten Historismus[6] und seinem dezidierten Verdikt: «der moderne Mensch leidet an einer geschwächten Persönlichkeit» (Nietzsche: UB, 279). Der sich zum Positivismus bekennende, gelehrte Historiker versucht, sich verbissen vermöge seiner «kleinen Vernunft» aufzufüllen mit «Wissen, das im Uebermaasse ohne Hunger, ja wider das Bedürfniss aufgenommen wird» (ebd., 272): «denn aus uns haben wir Modernen gar nichts; nur dadurch, dass wir uns mit fremden Zeiten, Sitten, Künsten, Philosophien [...] anfüllen und überfüllen, werden wir zu etwas Beachtungswerthem, nämlich zu wandelnden Encyclopädien» (ebd., 273 f.). Nicht anders als die schillerschen Brotgelehrten erhoffen sie sich Kompensation für ihre freudlos-mühselige, persönlichkeitsstagnierende Forschertätigkeit im «wissenschaftlichen Ruhm». Beim perpetuierenden Bestreben nach wissenschaftlicher «Objektivität» macht indes «der historische Sinn seine Diener passiv und retrospectiv» (ebd., 305) – bis dass sie mit «erschöpften Hennen» konvergieren! «Gut, die Wissenschaft ist in den letzten Jahrzehnten erstaunlich schnell gefördert worden: aber seht euch nun auch die Gelehrten, die erschöpften Hennen an. Es sind wahrhaftig keine ‹harmonischen› Naturen: nur gackern können sie mehr als je, weil sie öfter Eier legen: freilich sind auch die Eier immer kleiner (obgleich die Bücher immer dicker) geworden» (ebd., 301).

Blickt man sich unter den wissenschaftlichen Kollegen um – die Wissenschaftlerinnen werden nur langsam von Mentorenprogrammen erfasst und systemkonform gemacht –, scheint die Qualität der Hennen tatsächlich eher an der Zahl der Eier als an ihrer «harmonischen Natur» oder natürlichen (Überzeugungs-)Kraft bemessen zu werden. Dies kommt dann all jenen zugute, die das eigene Leben nicht aus ethischer Einsicht in ein vernünftiges und gutes Leben um seiner selbst willen führen, sondern in blindem Opportunismus schlicht und einfach «für das Curriculum» leben. Angesichts der gegenwärtigen Krisensituation der Philosophie dürfte es indes wenig fruchtbar sein, auf dem Gegensatz zwischen den Brotgelehrten und den philosophischen Köpfen, zwischen «Fachgiganten und Lebenszwerge[n]» herumzureiten, wie es Lütkehaus in seinem gleichnamigen Pamphlet gegen die Universitätsphilosophie tut (Die Zeit vom 25. 5. 2001): Er plädiert für den «Ehrentitel auch für Nichtschreiber» und mutmaßt, «Sokrates, wenn er heute noch einmal philosophieren zu müssen glaubte – unter den kalten Völkern des Nordens ginge [...] in die philosophischen Cafés» (ebd.). Die Verbannung des Urbildes eines Philosophen schlechthin aus den akademischen Zirkeln in die Cafés scheint mir gefährlich, weil in diesen Kreisen in Lütkehaus' eigenen Worten «Problembewusstsein und Selbstreflexion nicht gerade überentwickelt» sind und bisweilen so dilettiert wird, «dass einen gestandenen Universitätsphilosophen nur der Garaus packen kann» (ebd.). Statt die Universitätsphilosophie gegen eine aufblühende popularphilosophische Subkultur auszuspielen und klassische Klischees zu recyceln, soll mit Schillers Kontrastierung lediglich vor den Konsequenzen einer Entpersönlichung des Wissens und einer qualitätsmindernden Vielschreiberei gewarnt sein; davor, dass «manche neuzeitliche Universitätsphilosophiegiganten zu Lebenszwergen schrumpfen» (ebd.). Denn darunter leiden nicht nur die Philosophen selbst, denen zugegebenerweise eine gewisse Lebensferne seit dem laut Anekdote beim konzentrierten Denken in die Zisterne fallenden Thales durchaus ansteht, sondern die an sich begeisterungsfähigen philosophischen Zöglinge und in der Folge die Qualität der Philosophie als solche.

2.2 Spezialisierung und geistige Desintegration

In mancher Hinsicht ein Pionier der Postmoderne, hat Nietzsche nicht nur mit seiner Offensive gegen die geschwächte Persönlichkeit das gegenwartsspezifische philosophische Krisenphänomen der Subjektlosigkeit (1) der postmodernen Begriffsverwalter und akademischen Schmalspurphilosophen antizipiert, sondern setzte betreffs des Spezialisierungssyndroms (2) in der Vorhut des Positivismusstreits unseres Jahrhunderts an, «einer ungebührlichen und schädlichen Rangverschiebung entgegenzutreten, welche sich [...] zwischen Wissenschaft und Philosophie herzustellen droht» (JGB, 129). Mit untrüglichem Scharfblick registriert er, wie die Wissenschaftler nach endlich erfolgter doppelter Emanzipation von der Theologie wie von der Philosophie gegenüber den synthetischen Aufgaben und Fähigkeiten der Philosophen eine allgemeine Skepsis verbreiten. Angesichts deren «vornehmen Üppigkeit im Seelen-Haushalte» fühlen sie sich nämlich «beeinträchtigt und verkleinert», in ihrer Selbstüberheblichkeit gekränkt. Indem diese frisch aufblühende Klasse der «wissenschaftlichen Menschen» seit ihrer Unabhängigkeitserklärung «nun in vollem Übermuthe und Unverstande darauf hin aus [sind], der Philosophie Gesetze zu machen und ihrerseits einmal den ‹Herrn› – was sage ich! den *Philosophen* zu spielen» (ebd., 130), sei das Gedeihen echter Philosophen akut in Gefahr geraten: «Die Gefahren für die Entwicklung des Philosophen sind heute in Wahrheit so vielfach, dass man zweifeln möchte, ob diese Frucht überhaupt noch reif werden kann. Der Umfang und der Thurmbau der Wissenschaften ist in's Ungeheure gewachsen und damit auch die Wahrscheinlichkeit, dass der Philosoph schon als Lernender müde wird oder sich irgendwo festhalten und ‹spezialisieren› lässt: so dass er gar nicht mehr auf seine Höhe, nämlich zum Überblick, Umblick, *Niederblick* kommt» (ebd., 132).

Wenn der Philosoph sich also nicht vom wissenschaftlichen «Spezialisten und Ecksteher» bedrängen lassen will, müsste er in Nietzsches Bild, statt sich primär auf die Reduktion von Daten zu kaprizieren, über ein solches Maß an Mut und Kraft verfügen, dass er weite Brücken zu schlagen vermöchte; dass er sich in seiner unbändigen Wissbegierde nirgends festhalten ließe, sondern es wagte, immer höher zu steigen, um sich einen Überblick, um sich Um-Sicht zu verschaffen. An unseren Akademien jedoch wird gerade der «eindimensionale Mensch» (Marcuse) großgezüchtet, der sich auf Stückwerkarbeit und weltfremde Spitzfindigkeiten versteht, auf dass die Kühnheit zum tapferen Aufstieg, der Mut zu synthetischen Aufgaben im Zuge der Zersplitterung der Forschung in immer mehr Spezialdisziplinen tatsächlich bereits im Keime erstickt werden. Die innerphilosophischen Erosionserscheinungen führten längst dazu, dass man sich heute auch in der Philosophie als Spezialist empfiehlt, sei es «für Vorsokratiker etwa oder für Prädikatenlogik 2. Stufe, jedenfalls nicht mehr für Philosophie» (Mittelstrass 1982, 28). Als Vorbilder verhalten sich nämlich die philosophischen Fachvertreter in der Regel so zur marquardschen Kompetenzreduktionsgeschichte, dass sie ein «minimalistisches Konzept von Philosophie verfechten» und ihre Arbeit «thematisch und methodisch auf Bereiche, die eindeutig nicht in die Kompetenz anderer Disziplinen fallen», beschränken, deren «Ergebnisse oft nur noch für fachinterne Kreise interessant sind» (Schlothfeldt/Schmidt 1998, 147 f.). Muss eine Dissertation, gleichsam als philosophisch-wissenschaftliche Erstlingsschrift, wenn sie sich auf mehr als einen Autor einlässt – geschweige denn auf gleich sechs bis acht philosophische Größen –, nicht mit massivem Argwohn vonseiten des Referenten und mit ungeminderter Schärfe seitens des Korreferenten rechnen? Fungiert der frequente «Hinweis, dass man nicht auf dem ganz gleichen Feld arbeite» und daher kein Habilitationsgutachten verfassen könne, nicht «als begründete, jedenfalls respektable Ahnungslosigkeit», während der aufbegehrenden Habilitandin beigebracht wird, sie hätte «den parzellierten Fortschritt, der viele kleine Herren schafft, nicht begriffen» (Mittelstrass 1982, 29)? Bieten sich keine anderen belangvollen Alternativen zum Minimalprogramm der Fachphilosophien an als die sich in den neu eröffneten, von Lebenshilfe über Meditation bis «selbständiges Denken» alles feilbietenden philosophischen Cafés ereignenden oder sich in effektheischenden Publikationen ergießenden Popularphilosophien?

Eins steht jedenfalls zunächst fest: Bei ihrem Streben nach Objektivität und Wissenschaftlichkeit sprang die Philosophie freiwillig in einen

Circulus vitiosus hinein, indem sie in Nida-Rümelins Worten einerseits «durch Segregation bis in die Gegenwart wesentliche Gegenstände (verliert) und versucht, sich in der Reaktion darauf in immer wieder neuen Anläufen als spezifische Einzelwissenschaft [...] zu definieren» (1998, 32). Als Beispiele führt er Kants Transzendentalismus, Husserls Phänomenologie, das logizistische Programm Anfang unseres Jahrhunderts sowie – last but not least – die *ordinary language philosophy* ins Feld. Der Preis für diesen selbst gewählten Korrelationsprozess von Segregation, Gegenstandsverlust und definitorischen Ein- und Abgrenzungsversuchen ist offenkundig die Einbuße ihrer Integrationsfunktion, wodurch die Philosophie die allgemeine geistige Desintegration und zerstreute Gleichgültigkeit ihrer Zeit unreflektiert widerspiegelt. Wenn man aus der zweifellos berechtigten Angst, entweder etwas genau oder vieles vage begreifen zu können, das positivistische Ausblendungsprinzip adaptiert, werden die zu positiven historischen oder analytischen Wissenschaften transformierten Geisteswissenschaften indes grundsätzlich zwar «nicht weniger wissenswert», aber «zu einer Ganzheit des Wissens tragen sie nicht bei, sondern nur zu seiner Vermehrung. Und die allein ergibt keine Bildung»: «In den allgemeinbildenden Schulen», so expliziert Hentig, «glaubt man zwar, Bildung durch Wissenschaft zu gewinnen, aber man kultiviert just das an der Wissenschaft, was eine allgemeine Bildungswirkung nicht hat: das Ausblendungsprinzip. So kommt von der voruniversitären Bildung jedenfalls wenig oder nichts von dem Durst und Drang nach Ganzheit – oder gar von der Gewissheit, dass es sie geben muss – in den wissenschaftlichen Betrieb herüber. Man bleibt in dem gewählten laufbahngerechten, pflegeleichten, disziplinären *compartment*» (1987, 49).

Obgleich die Anfänge der Philosophie zugegebenermaßen von einem unverkennbaren Sympathisieren zwischen Philosophie und Wissenschaft gezeichnet sind, ja gemäß Schnädelbachs Darstellung von Aristoteles bis Hegel Philosophie geradezu mit Wissenschaft identifiziert worden ist, indem unleugbar sowohl Platon wie Aristoteles bisweilen jede systematisch betriebene theoretische Erkenntnis sowie deren Besitz als Philosophie deklarierten (vgl. Schnädelbach 1991, Bd. 1, 47), kommt angesichts des verheerenden neuzeitlichen Amalgams von Philosophie und positiver Wissenschaft gerade alles auf die subtilen Differenzen an. Prinzipiell kann sich Philosophie allein schon aus dem Grund niemals mit einer paradigmatisch als Lehrbuchwissen konkretisierten Fach-Wissenschaft kurzschließen, weil man zu ihrer Bestimmung einer zweiten Größe nicht entraten kann: der Weisheit, der Liebe *(philia)* zur Weisheit *(sophia)*. Um zu verstehen, was Philo-sophie sei, muss man infolgedessen nach Welschs witzigem Einfall «das philosophische Dreieck vermessen», d. h. die Dreierkonstellation von Weisheit, Philosophie und Wissenschaft akkurat ausloten (vgl. 1988, 115 f.). Affinität zu den (exakten) Wissenschaften auf der einen Seite beweist die Philosophie mit ihrem expliziten Anspruch auf methodisch strukturiertes, argumentativ begründetes und diskursiv einholbares Wissen, bescheidet sich aber im Kontrast zu jenen nicht mit Einzelfragen und Teilbereichen. Weisheit auf der anderen Seite als menschliche, auf einer allgemeinen Lebenserfahrung basierende Grundhaltung eines umfassenden Verstehens und Wissens von Sinn und Ziel des Lebens sowie den «letzten Dingen», als genuiner Ausgriff auf das Ganze von Leben und Welt, kann der Philosophie immer nur ein prinzipiell unerreichbares Ideal sein. Ihr Oszillieren zwischen diesen Polen von Weisheit und Wissenschaft sei, so schließt Welsch, «sowohl prekär als auch chancenreich»: «Der Aufstieg zur Weisheit ist das Ideal, die Angleichung an die Wissenschaft die Gefahr der Philosophie» (ebd., 116 f.)!

2.3 Reine Analyse und Verwaltung von Begriffen

Schreiten wir nach diesen Skizzen zur Entpersönlichung des Wissens (1) und der sukzessiven wissenschaftlichen Segregation auf Kosten der im Zeichen der Weisheit protegierten Integrationskompetenz (2) fort zum dritten Krisenfaktor der Philosophie, dann lässt sich dieser in gewisser Weise als unmittelbare exemplarische Illustration bzw. Konsequenz der ersteren beiden präsentieren: Angesichts des Vertrauensverlusts in das eigene Denken und Erkennen aufgrund der Ver-sachlichung des Wissens, in die eigene synthetische Kraft zum Sprengen des immer engeren, immer winzigere Wirklichkeitsausschnitte umgreifenden disziplinären und spezialistischen Korsetts, verkommt der Philosoph entweder zum detailversessenen, sich auf unschlagbar hohem terminologischem Niveau flink bewegenden Sprachanalytiker oder zum Begriffsverwalter nach Maßgabe des schillerschen Brotgelehrten. Dadurch ist der kursierenden «Klage des Rückzugs der Philosophie auf das Wiederkäuen der großen Denker der Vergangenheit oder auf kleinteiliges Spezialistentum» (Nida-Rümelin 1998, 35) Nahrung gegeben. Unser Einspruch gegen Wirklichkeitsverlust und das Defizit eines zureichenden Erfahrungshintergrundes (3) an die Adresse der philosophischen Analytiker und Philologen droht aber bezüglich der ersteren philosophischen Fehlgeburt zunächst ins Leere zu treffen: Da der Begriff «analytische Philosophie» inflationär und in keiner Weise eindeutig verwendet wird, sondern bald mit analytischer Sprachphilosophie, bald mit Wissenschaftstheorie identifiziert wird, und das, was die analytischen Philosophen de facto tun, sich «heute mehr denn je der einheitlichen Beschreibung entzieht» (Nagl/Heinrich 1986, 12), scheint man einen künstlich konstruierten Buhmann zu attackieren. Gemeinsam ist indes allen Formen der analytischen Philosophie, deren Pioniere des 20. Jahrhunderts zwar deutschen Ursprungs sind, aber erst im englischen Sprachraum ihren eigentlichen Durchbruch erlebten, dass man sich (1) eine Auflösung der traditionellen philosophischen Probleme kraft der Klärung aller bei der Problemformulierung applizierten Begriffe erhofft, (2) im Rahmen einer empiristischen Grundhaltung nur (natur)wissenschaftliche Erkenntnisse als wirkliche Erkenntnisse gelten lässt.

Vortreffliches Verdienst der analytischen Sprachphilosophie ist unstreitig die Einsicht, dass die Sprache uns die Welt erschließt und sich in unserer Sprache unser Verhältnis zur Welt manifestiert. Dennoch wird man sich kaum der ephemeren Hoffnung hingeben dürfen, die durch arbeitsteilige Spezialisierung ausgelöste Krise der Philosophie ließe sich mittels einer Reduktion auf die philosophische «Schwundstufe» reiner Sprachanalyse überwinden, der es im Unterschied zu den rivalisierenden Rein-Wissenschaften grundsätzlich nicht um die Wirklichkeit geht, sondern um die Weise, wie man über die Wirklichkeit spricht: Analog zu den sich einer mathematischen Symbolsprache bedienenden Naturwissenschaften bemüht die in den 20er Jahren des letzten Jahrhunderts vom «Wiener Kreis» ausgehende analytische Strömung des «logischen Empirismus» um der begrifflich-argumentativen Klarheit willen und mit dem Fernziel einer «Philosophie der idealen Sprache» beim Analysieren eine exakte technische Terminologie. Diese emanzipiert sich indes derart, dass sich die abstrakten Formeln «auf keine Weise zurück in Gesprochenes verwandeln» lassen, weshalb der (philosophische) Wissenschaftler laut Arendt nachgerade in einer sprachlosen Welt lebe! In Anbetracht dieser fatalen Diagnose erginge es ihnen mithin nicht besser als den exakten Naturwissenschaften selbst: «Denn die Wissenschaften reden heute in einer mathematischen Symbolsprache, die ursprünglich nur als Abkürzung für Gesprochenes gemeint war, sich aber hiervon längst emanzipiert hat und aus Formeln besteht, die sich auf keine Weise zurück in Gesprochenes verwandeln lassen. Die Wissenschaftler leben also bereits in einer sprach-losen Welt, aus der sie qua Wissenschaftler nicht mehr herausfinden» (1981, 11). Analytische Philosophie in ihrem neopositivistischen Gewand driftet indessen beim unbeirrbaren Bestreben, die Philosophie so weit wie möglich dem Verfahren der Wissenschaften zu assimilieren, ab «zum Ästhetizismus, zum System abgelöster Zeichen, bar jeglicher Intention, die das System transzendierte, zu jenem Spiel, als welches die Mathematiker ihre Sache längst schon stolz deklarierten» (Horkheimer/Adorno 1992, 24). Auf diese Weise riegeln sich die (wissenschaftlichen) Philosophen jeden Zugang zur Wirklichkeit ab.

Natürlich wird jeder analytische Sympathisant kontern, dieses traurige Fazit treffe doch allein auf die frühen Gehversuche der analytischen Philosophie in Form des «logischen Empirismus» oder «Neopositivismus» zu. Dessen Ambition, alles Wissen vermöge der logischen Begriffsklärung und analytischen Reduktion auf empirisch ausweisbare, «protokollierbare» Gegebenheiten («Protokollaussagen») zurückzuführen, gelte aber allgemein als gescheitert. Wie steht es mit der zweiten, wesentlich vom späten Wittgenstein mitinitiierten, nach dem Zweiten Weltkrieg von Ryle, Austin und Strawson weiterentwickelten Grundströmung der analytischen Philosophie? Die durch ihre Opposition gegen den «logischen Positivismus» geeinte und im Gegenzug zu jenem sich wenig um naturwissenschaftliche Methoden und Theorien kümmernde «Philosophie der Alltagssprache» oder «Oxfordphilosophie» beschränkt sich, untermalt von einer unüberhörbaren Laudatio an den gesunden Menschenverstand, auf die akkurate Beschreibung der «normalen Sprache». Trotz ihres durchaus begrüßenswerten Programms, dank einer Analyse unseres umgangssprachlichen Gebrauchs unserer Ausdrücke zugleich über unser Weltverhältnis größere Klarheit zu gewinnen, erweist sich auch dieses nachpositivistische Analyseprojekt letztlich als obsolet. Denn das optimale Resultat einer solchen Analyse wäre eine Art «sozioverbaler Code», der «das soziale Umfeld bestimmter Sprachverwendungen als Faktum unreflektiert übernimmt» (Nagl/Heinrich 1986, 13). Marcuse entlarvt daher die im Werk solcher Gebrauchssprachanalytiker gepflegte «Intimität der Redeweise», d. h. das unablässige Heraufbeschwören lapidarer, alberner Redefetzen wie «Mein Besen steht in der Ecke» als ehrbare Zitate der respektablen durchschnittlichen Steuerzahler Herr Schulze und Herr Müller, ebenso wie das da und dort eingestreute intim-herablassende «Du» als Indizien einer gefährlichen Ideologie.[7] Wittgensteins renommierte Aperçus «Die Philosophie darf den tatsächlichen Gebrauch der Sprache in keiner Weise antasten» oder «sie lässt alles, wie es ist» (PU, Nr. 124), verpönt er als repressive, autoritäre Verbote. Zu beklagen sei dieser «akademische Sadomasochismus», die «Selbsterniedrigung und Selbstanklage des Intellektuellen, dessen Arbeit sich nicht auf wissenschaftliche, technische oder ähnliche Ergebnisse beschränkt», noch vielmehr aber das «selbststilisierte Elend der Philosophie» insgesamt, welche sich in ihrer Unterwerfung unter die Herrschaft der etablierten (sozialen) Tatsachen selbst diskreditiere (vgl. Marcuse 1970, 187).

Vollends trägt nun eine solche sadomasochistische Neigung, eine solche Geste der Selbstdiskreditierung, bar jeder kaschierenden Maskerade, unverhohlen die Klasse derjenigen philosophischen Wissenschaftstheoretiker zur Schau, die sich im Anschluss an die Neopositivisten ausschließlich den Problemen wissenschaftlichen Erkennens widmen. Sich inhaltlich und methodisch apodiktisch an den Naturwissenschaften orientierend, wähnen sie, die Welt, d. h. alles, was der Fall ist, mitsamt seinem je eigenen Wesen, würde durch die Naturwissenschaften bereits hinlänglich geklärt. Inzwischen hat ihre infektiöse Überzeugung, «die Wissenschaft lasse einer unabhängig verfahrenden Philosophie keinen Spielraum, den Punkt erreicht, an dem führende Vertreter des Fachs mitunter den Vorschlag machen, der Philosophie bleibe nichts weiter übrig als der Versuch zu antizipieren, wie die vermeintlich wissenschaftlichen Lösungen aller metaphysischen Probleme letzten Endes ausschauen werden» (Putnam 1997, 8). Die Frage allerdings, ob nicht die wesentlichen Probleme unserer Lebenswelt von den Wissenschaften gänzlich untangiert bleiben, hängt seit Wittgensteins präliminarischem Vermerk des *Traktats* drohend in der Luft: Der Wert seiner analytisch-wissenschaftlichen Arbeit bestehe, so bekennt er, letztlich darin, «dass sie zeigt, wie wenig damit getan ist, wenn diese Probleme gelöst sind» (TLP, Vorwort). In Anbetracht der unter dem Einfluss der analytischen Philosophie stehenden deskriptiven Wissenschaftstheorie, die dem Szientismus mit seinem Ruf nach einer «natürlichen Metaphysik» innerhalb der Grenzen der Wissenschaft mächtig Vorschub leistet, ist es daher nach Putnam für jeden «Philosophen, der seine Unternehmung als mehr denn eine rein technische Disziplin betrachtet, [...] eine Pflicht, dessen einflussreichste gegenwärtige Ausformung zu kritisieren» (1993, 180).

Laut erschallt im Lager der jedem metaphysikverdächtigen philosophischen Synthese- oder Integrationsversuch feindlich gegenüberstehenden wissenschaftstheoretischen Philosophen der rigoros-erbarmungslose Schlachtruf: «es gilt, weiterhin den Geist der Wissenschaften gegen die Hirngespinste anmaßender Propheten und Fanatiker jeder Schattierung durchzusetzen» (Lauener 1982, 168)! Dennoch lässt sich in philosophischen Kreisen das Durchscheinen des sorgfältig gehüteten Geständnisses nicht immer ganz vermeiden, dass die exakten Wissenschaften ihrer – obgleich ebenso exakten – Theorien in gar keiner Weise bedürfen, noch je Gebrauch von ihnen gemacht hatten. Die Philosophie, sich zuletzt demutsvoll damit bescheidend, als Wissenschaftstheorie «die zweite und selbst die dritte Geige zu spielen», ist in Arendts Worten «den Wissenschaften nachgegangen und manchmal nachgehinkt, geblendet von immer erstaunlicheren Entdeckungen und bemüht, in einer allgemeinen Wissenschaftslehre die Prinzipien, die zu ihnen geführt haben mochten, a posteriori zu entdecken und a priori zu konstituieren, in der ausgesprochenen oder unausgesprochenen Hoffnung, es schließlich doch noch zu einer mathesis universalis zu bringen. Aber die exakten Wissenschaften bedurften für ihren eigenen Fortgang keiner Wissenschaftslehre und keiner Epistemologie» (1981, 374). Noch bevor den Wissenschaftlern der Nachweis gelungen ist, dass die Menschen gar kein Bewusstsein von ihrem Denken und Handeln besitzen, sondern jegliches Verhalten restlos auf das Wirken von neuronalen Prozessen reduzierbar sei, und uns folglich «nichts anderes übrig bleibe, als nun auch Maschinen zu ersinnen, die uns das Denken und Sprechen abnehmen» (ebd., 10 f.), wäre damit Marx' Postulat widerlegt: «*Ihr könnt die Philosophie nicht aufheben, ohne sie zu verwirklichen*» (1971, 215). Statt sich in die Wirklichkeit umsetzend aufzuheben, ließe sich die Philosophie nämlich als «Residualwissenschaft» (Schlothfeldt/Schmidt 1998, 147) im wittgensteinschen Bild aus der Formel-Schachtel der Wissenschaften wegstreichen, ohne dass ein Mensch, d. h. ein Mitglied der Sprech- und Handlungsgemeinschaft, davon Notiz nähme. Denn der Blick in die Schachtel ist ihm ohnehin verweigert, seit die Philosophie als analytische unter Verwendung akribischer technischer Vokabulare und logischer Verfahren zur Sache des Spezialisten geworden war.[8]

Verheerend an diesem ebenso rührend selbstbescheidenen wie sinnlos linkischen «Nachhinken» ist der Verlust an eigener lebensweltlicher Erfahrung, der nach Plessner «zu einer Verarmung der Philosophie an Inhalten des unmittelbaren Lebens führen musste und tatsächlich auch zu einer ungeheuren Mutlosigkeit der Philosophie vor der Wirklichkeit geführt hat» (1980, 14). Diese Mutlosigkeit, wie sie sich komplementär zum Fortschrittsoptimismus seit dem neuzeitlichen Bund von Technik und Naturwissenschaften latent ausbreitet, verschärft sich notgedrungen im Zeitalter der mikroelektronischen Inflation um ein Beträchtliches und zeitigt die bereits ins Bild gesetzte postmoderne Indifferenz eines aktiv-passiv neutralen Zwischendaseins. Sobald der Mensch nämlich entdeckte, dass nur das Teleskop, nicht aber sein Sinnesvermögen die Welt adäquat erfassen kann und die kopernikanische, weltbildumstürzende Wende mitnichten der menschlichen Vernunft, dem menschlichen Beobachten und schlussfolgernden Denken angerechnet werden durfte, sondern einem technischen Gerät zuzuschreiben war, «schien offenbar, dass das uralte Vertrauen des Menschen, dass sein Sinnesvermögen ihm Wirklichkeit und sein Vernunftvermögen ihm Wahrheit vermittelte, den eigentlichen Grund dafür gebildet hatte, dass er seit eh und je getäuscht worden war» (Arendt 1981, 349). Arendts Kassandraruf verdient, wo das Urvertrauen in das eigene Wahrnehmen und Denken in tatenhemmende, lähmende Mutlosigkeit umzuschlagen droht und sich die analytische Sprachphilosophie in einer sprach-losen Welt oder ideologischen Tiraden verbarrikadiert, zweifelsohne Gehör: damit die Neuzeit, «die mit einer so unerhörten und unerhört vielversprechenden Aktivierung aller menschlichen Vermögen und Tätigkeiten begonnen hat», nicht «in der tödlichsten, sterilsten Passivität enden wird, die die Geschichte je gekannt hat» (ebd., 411).

Im Zeichen dieses neuzeitlichen Entmutigungsprozesses und zunehmenden Defizits an unmittelbarer Erfahrung sind nun in Feyerabends Worten aus den einst erhabenen philosophischen Größen «ängstliche akademische Nagetiere» geworden, die sich auf das Untersuchen von Details an den übernommenen philosophischen Entwürfen, auf das philiströse Decodieren von deren dunklen Stellen und Inkonsistenzen kaprizieren. Wo der Philosoph nicht zum sprachlosen Sprachanalytiker oder Sklaven der Wissenschaften mutiert, wird er – dies die zweite philosophische Fehlgeburt – nach Feyerabend zum «Denkbeamten» und «Begriffsverwalter» depotenziert. Er spricht bei seinem Appell an eine *Erkenntnis für freie Menschen* von einer besonderen «Tierspezies», welche er im Epizyklus der Klasse der Wissenschaftstheoretiker lokalisiert: «Die Wissenschaftstheoretiker, die heute unsere Universitäten bevölkern, sind Tiere ganz anderer Art. Sie haben ihre Philosophie nicht erfunden, sie haben sie einfach von ihren philosophischen Vorfahren übernommen. Sie haben weder das Talent noch die Neigung, dic Grundlagen dieser Philosophie zu untersuchen. Statt kühner Denker, die bereit sind, fruchtbare aber unplausible Ideen gegen eine Überzahl von Gegnern zu verteidigen, haben wir ängstliche akademische Nagetiere, die ihre Unsicherheit hinter einer finsteren Verteidigung des Status quo verbergen. Diese Verteidigung hat nun das epizyklische Stadium erreicht: man untersucht Details, flickt hier und dort an Sprüngen, Löchern, rostigen Stellen herum, kann aber nur mehr leere Phrasen zur Begründung des ganzen Verfahrens anführen» (1980, 278 f.). Auch Nietzsche verurteilt eine solche Approximation der philosophischen an die philologische Tätigkeit: «So ist langsam, an Stelle einer tiefsinnigen Ausdeutung der ewig gleichen Probleme ein historisches, ja selbst ein philologisches Abwägen und Fragen getreten: was der und jener Philosoph gedacht habe oder nicht oder ob die und jene Schrift ihm mit Recht zuzuschreiben sei oder gar ob diese oder jene Lesart den Vorzug verdiene. Zu einem derartigen neutralen Sichbefassen mit Philosophie werden jetzt unsere Studenten in den philosophischen Seminarien unserer Universitäten angereizt: weshalb ich mich längst gewöhnt habe, eine solche Wissenschaft als Abzweigung der Philologie zu betrachten und ihre Vertreter darnach abzuschätzen, ob sie gute Philologen sind oder nicht. Demnach ist nun freilich *die Philosophie selbst* von der Universität verbannt» (ÜZB, 742 f.). Der angehende Philosoph hat sich folglich im akademischen Bereich primär im neutralen Recyceln von Texten über Texte zu qualifizieren, als Doktorand oder Habilitand in der Kunst, «die zehntausendste Interpretation von X, Y und Z triumphal mit der zehntausendundersten zu überbieten» (Lütkehaus: Pamphlet in der Zeit vom 17. 5. 2001).

Von Weisheit oder auch nur Liebe zur Weisheit ist bei solch devoten Text- und Datenverwaltern, die angeblich und augenscheinlich überhaupt nur noch vor dem Flimmerkasten zu denken und arbeiten fähig sind, jedenfalls weit und breit nichts zu spüren, und der Verarbeitung des immensen Datenmaterials fähig ist längst nur noch der, dem sie, mit leerem Kopf, ihren Dienst erweisen. Das – philosophische nicht anders als das vorphilosophische – Denken wurde damit «zu einer Gehirnfunktion degradiert, welche die elektronischen Rechenmaschinen erheblich besser, schneller und reibungsloser vollziehen als das menschliche Gehirn» (Arendt 1981, 410). Dabei pflegt man sich gern darüber hinwegzutäuschen, dass auch der Computer im Grunde nicht weiterhelfen oder gar kompensierende integrative Funktionen übernehmen kann, wo unser Geist versagt. Denn es «bleiben auch die Monitoren, die für uns die Welt beobachten, folgenlos – eingeschlafene Argus-Augen» (Hentig 1987, 50). Der Vorteil vom einäugigen Kyklopen Polyphem gegenüber dem vieläugigen Allesseher Argos scheint nämlich in der Tat das einzige, alles synthetisierende Bewusstsein zu sein, während bei Argos, entmythifiziert gedacht als ein «Kollektiv von Einäugigen» (ebd.), die Wahrnehmungen, die wahrgenommenen Sinnesdaten der hundert Augen mit je eigener Aufmerksamkeit und divergierendem Bewusstsein haltlos auseinander driften. In der Folge ist das Wahrgenommene mangels eines einheitlichen «ich denke», also der ominösen kantischen «transzendentalen Apperzeption», streng genommen nicht mehr identifizierbar und verstehbar. Obgleich der einzelne Mensch mit seinem bescheidenen Augenpaar zwangsläufig nur begrenzt viel und zugleich genau zu überschauen vermag, sind alle Hoffnungen auf die datenspeichernden und -kombinierenden Computer verfehlt, weil die von Argos-Monitoren registrierten Wirklichkeitssegmente in seinem Bewusstsein gar nicht mehr zusammengehalten und be-griffen werden können.

2.4 Aufgabe der Orientierungsfunktion

Wo tausend scharfsichtige Argosaugen mit einem blinden Bewusstsein zusammentreffen, droht indes nicht nur die Gefahr, dass sich der Philosoph sprach- und verständnislos aus dem öffentlichen Raum lebensweltlichen Fragens zurückzieht in das Revier hochspezialisierten, formalisiert-abstrakten Konstruierens, ohne das Neuerspähte oder doch Neuzerlegte wieder in Kommunizierbares zurückübersetzen zu können. Als viel gravierender erweist sich in unserer wissenschaftlich-technischen Zivilisation die massenhafte Flucht in einen Reduktionismus, der die Welt mit klar blickenden, aber nicht durch ein waches, kritisches Bewusstsein verbundenen Augen als kausalmechanisches Konglomerat, die Gesellschaft als technisches System und den Menschen als Maschine mit allenfalls technischen Problemen betrachten lehrt. Auf diese Weise sieht sich der Humanwissenschaftler flugs seiner diffizilen Aufgabe einer sittlich-praktischen Sinnorientierung des handelnden Menschen in seiner Geschichte entledigt. Wenn sich die Philosophie anlässlich des allgemeinen Zugzwangs, die Methoden und Erkenntnisziele der Geisteswissenschaften dem naturwissenschaftlichen Gesetzesdenken anzugleichen, im Kleide wissenschaftlicher Expertenkultur weniger bildend als messend und rechnend gebärdet, wird Verfügungswissen über Natur und Gesellschaft vermehrt, ohne dass man sich darum bemühte, dem akuten gesellschaftlichen Verlangen nach Orientierungswissen auch nur einen kleinen Schritt entgegenzukommen. Mit Recht stellt Mittelstrass angesichts dieser Bredouille apodiktisch klar: «Wissenschaft hat nicht nur die Aufgabe, unser *Verfügungswissen* in – besser über – Natur und Gesellschaft zu vermehren. Zur Rückgewinnung wissenschaftlicher Wahrnehmungsfähigkeiten, die durch disziplinäre Eigenentwicklungen eher behindert als gefördert werden, gehört vielmehr auch die Wahrnehmung für ein gesellschaftliches System gerechtfertigter Bedürfnisse, für die Ausbildung eines *Orientierungswissens.* In Form einer reinen Expertenkultur ist die Wissenschaft dazu unfähig» (1987, 156).

Da die Geisteswissenschaften von ihrem geschichtlichen Ursprung her anzusehen sind als «Gegengründungen gegen die von einer naturalistischen Metaphysik getragenen und erfolgreich etablierten empirisch-analytischen exakten Naturwissenschaften, denen sie als Anwalt der humanen Selbstbehauptung des Menschen angesichts einer wissenschaftlichen entzauberten Welt» entgegengestellt wurden, war der Druck, selbst Wissenschaft zu werden, verständlichermaßen groß. Wenn aber das geisteswissenschaftliche – und somit auch das philosophische – Methodenproblem nach Baumgartner darin besteht, «Methoden der Ermittlung theoretischen Wissens mit Methoden praktischer Sinnorientierung des handelnden Menschen in seiner Geschichte in einen widerspruchsfreien Begriffs- und Handlungszusammenhang zu bringen» (1988, 33 f.), lässt sich dieser mittels assimilatorischer Bestrebungen bezüglich des positivistischen Exaktheitsideals der Naturwissenschaften logischerweise niemals gerecht werden. Sobald die Philosophie durch Ausgrenzung des Orientierungswissens – etwa in Form der beliebten Bindestrich-Philosophien – entweder im Zuge selbstverschuldeter Marginalisierung «mit ihrer eigenen Historie» zusammenfällt (ebd.) und sich somit als «Zweig der Philologie» (Nietzsche) entpuppt oder sich in ihrem Rechtfertigungsnotstand dem naturwissenschaftlichen Paradigma blind unterwirft, hat man weder das methodische Problem einer

Harmonisierung von naturalistischer Weltsicht und sittlich-praktischer Weltorientierung, von Theorie und Praxis, von Erklären und Verstehen gelöst noch die genuine, den Humanities überantwortete Fundamentalfrage nach dem Selbstverständnis des Menschen in seiner Geschichte beantwortet. Wirft man diese Problemhypotheken leichtsinnig über Bord zugunsten mehr technischer als praktischer Welt- und Menschenerklärungsmodelle, bleibt einem am Ende in der Tat nichts anderes übrig als die Feststellung, «wie wenig damit getan ist, dass diese Probleme gelöst sind»; als die vage Vermutung, dass «die Humanwissenschaften an das eigentliche Humanum noch gar nicht herangekommen» sind (Frankl 1992, 47).

Als äußerst problematisch erweist sich also, dass die universitären Wissenschaftsbetriebe, obgleich sie «ihrer ursprünglichen Idee nach und auf die Gesellschaft bezogen nicht nur wissenserweiternde, sondern auch das Leben der Gesellschaft orientierende Institutionen sind» (Mittelstrass 1982, 27), in unserer wissenschaftlich-technischen Zivilisation auf Kosten eines universalen Orientierungswissens in Natur und Gesellschaft nur noch ein partielles Verfügungswissen über Natur und Gesellschaft vermitteln. Infolge einer Ignoranz der fundamentalen Differenz zwischen «der Rationalität eines Mittels, die nicht auch die Rationalität seiner Zwecke ist, und der Rationalität von Zwecken, die nicht schon durch die Existenz von Mitteln (als kausaler Strategien ihrer Verwirklichung) gerechtfertigt sind» (ebd., 58), meint man, die degenerierten kritischen Orientierungspotenziale durch technisch-instrumentelle Rationalität, das Zweckwissen durch reines Mittelwissen substituieren zu können. Indem neben dem positiven Wissen mit den dazugehörigen Anweisungsstrukturen kein handlungsleitendes Wissen mit Orientierungsstrukturen mehr ausgebildet wird und das «Sollen» neben dem «Können» verblasst bzw. sukzessive auf dieses nivelliert wird, leistet man der reduktionistischen mechanistischen Auslegung von Mensch und Gesellschaft Vorschub. Werden auch die nicht-technischen Wissenschaften oder Humanwissenschaften positiv, technisch und anwendbar gemacht, verliert sich die Idee des Menschen als eines Vernunftwesens, das nicht lebt, sondern sein Leben führt,[9] und einer humanen Wissenschaft als «diejenige Tätigkeit, in der sich die erste Natur des Menschen (als Bedürfniswesen) unter der Idee einer zweiten Natur (als Vernunftwesen) an sich selbst abarbeitet» (ebd., 21). Wo politische Philosophie durch funktionalistische und systemtheoretische «Sozialtechnologie» abgelöst und die «Logik der Verhältnisse» in einem wissenschaftlichen Salto mortale kurzerhand mit der «Vernunft der Verhältnisse» kurzgeschlossen werden, sind alle handlungsorientierenden gemeinsamen Zwecke gesellschaftlicher Praxis mitsamt der mühseligen Suche nach dem eigentlichen «Humanum» oder humanen sozialen Verhältnissen liquidiert. Diejenige Instanz, die technisch verfügt, kann a priori niemals diejenige sein, die praktisch orientiert. Allerdings stellt auch eine gemeinsame Anstrengung um vernünftige sittlich-praktische Verhältnisse, wie bereits Kant konzedierte (vgl. GMS, A/B7), keine Garantie individuellen oder gesellschaftlichen Glücks dar: «Kant möchte recht haben; aber wir haben keine andere Wahl», konstatiert Mittelstrass lakonisch (ebd., 33).

Wenn die Geisteswissenschaften mit der ihnen überantworteten Aufgabe einer Anwaltschaft des Humanen, der Würde des Menschen und einer minimalen Lebensqualität Ernst machen wollen, müssen sie ihre normative Orientierungskompetenz zurückgewinnen. Zugleich gilt es, die sich im systemischen Reich bloßer Wenn-dann-Relationen, der rein hypothetischen Imperative hemmungslos expandierenden Naturwissenschaften in legitime Grenzen zu weisen. Denn die Naturwissenschaft besitzt «als solche so wenig wie die Politik, die Wirtschaft oder die Technologien eine normative Kompetenz und ist daher auch nicht in der Lage, sich selbst zu kontrollieren oder einzuschränken. Den von Haus aus expansiven Charakter dieser Bereiche, der nur durch eine externe Hemmungsinstanz moderierbar ist, verkennen, hieße der utopischen Vorstellung einer Münchhausiade verfallen», warnt Krämer (1995, 267). Zweifelsohne müssen die Ziele und Normen der Lebenswelt zur Optimierung gemeinsamer Praxis zuletzt von den betroffenen Handlungssubjekten selbst konsensuell festgelegt werden (vgl. Kapitel 5.1). Gleichwohl könnten die Geisteswissenschaftler, weitgehend die systematischen und traditionsgeschichtlichen lebensweltlichen Zusammenhänge überblickend, die «Finalisierungskompetenz der Praktischen Intelligenz» forcieren und auf den unhintergehbaren individuellen wie kollektiven

«Finalisierungszwang» menschlichen Lebens pochen. Indem sie auf der Reflexionsstufe der moralisch-praktischen Vernunft die Bildung von Normen und Zielen durch Prüfung und Kritik sowie durch Vorschläge alternativer Richtlinien begleiten, würden sie gegenüber den konkurrierenden szientifischen, empirisch-analytischen exakten Wissenschaften problemlos bestehen, ohne mittels Unterwerfung und Assimilation sich selbst verleugnen zu müssen. Wie die praktische Philosophie oder Ethik befänden sie sich grundsätzlich auf einer anderen Ebene als jene und wären dadurch des leidigen Konkurrenzkampfs entledigt: «Durch die Anknüpfung an die Praktische Intelligenz des Alltags und die Beziehung auf die Dimension der Lebensziele ist die Ethik der Konkurrenz des Szientismus entzogen, denn sie bewegt sich damit auf einer elementareren Ebene, als die Wissenschaft sie jemals erreichen kann» (Krämer 1995, 202).

Als unmittelbare Wurzeln der akuten Krise der Philosophie ließen sich mithin folgende vielfältig miteinander verflochtene Krisenfaktoren eruieren: (1) die Entpersönlichung und Versachlichung der Philosophie angesichts ihres verzweifelten Ringens um Wissenschaftlichkeit, (2) die Substitution ihrer aufs Ganze zielenden Integrationsfunktion durch kleinteiliges Spezialistentum, ihres universalen Weisheitsideals durch den partiellen (Fach-)Wissenschaftsanspruch, (3) Vertrauensverlust in das eigene Denken und die persönliche Erfahrung mit der Konsequenz zunehmender Weltflucht in Form folgenloser akribischer Sprachanalysen oder historisch-philologischer Begriffsklaubereien, (4) die Preisgabe der humanwissenschaftlichen Probleme sittlich-praktischer Sinnorientierung des handelnden Menschen in seiner Geschichte zugunsten eines naturwissenschaftlichen Reduktionismus. Dank dieses Reduktionismus können in der Welt als kausalmechanischem Gefüge und beim Menschen als Maschine nur noch rein funktional-technische Probleme geortet werden, wodurch dem allgemeinen Missverhältnis von Zweck- und Orientierungswissen und Mittel- oder Verfügungswissen entgegengearbeitet ist. Was sich augenscheinlich verändert hat, ist die Methode der Wissensaneignung, die Art des Wissens, mutmaßlich die Form des Bewusstseins und des Denkens selbst, die zweifelsohne weder allein den Geist der Philosophie noch der Geisteswissenschaften insgesamt erfasst haben, sondern den Geist der Zeit schlechthin, wobei gemäß Gehlens Bedenken in *Die Seele im technischen Zeitalter* «die progressive Bewusstseinsform dieses Zeitalters mit der Unwiderstehlichkeit eines Verhängnisses sich ausbreitet» (1957, 30). Die generellen Tendenzen von Weisheit zu Wissen, von hermeneutischem Verstehen zu naturwissenschaftlich-technischem Erklären, von Integration zu Diversifikation sind letztlich Ausdruck eines hochkomplexen gesellschaftlichen Entwicklungsprozesses, den Habermas auf die griffige Formel von «Kolonialisierung der Lebenswelt» durch verselbständigte Subsysteme auf der Grundlage der neuzeitlichen Naturwissenschaft und Technik gebracht hat. Voraussetzung dieser «Kolonialisierung» ist die so genannte Entkoppelung von System und Lebenswelt, welche mit der Separation von «Wissenschaft» und «Weisheit», von Natur- und Geisteswissenschaften korrespondieren dürfte. Um nach den unmittelbaren Wurzeln der Krise der Philosophie im naturwissenschaftlich-technischen Zeitalter auch die tiefer liegenden zutage zu fördern, wollen wir diesen langwierigen historischen Korrelationsprozess von Wissen, Gesellschaft und Naturwissenschaft/Technik in Augenschein nehmen.

3 Monopolisierung der wissenschaftlich-technischen Rationalität

Zunächst tut zweifellos eine Begriffserläuterung bezüglich der Termini «Lebenswelt», «System» und «Technik» Not, da sich zwar mittels einer Sprachanalyse keine Probleme lösen, aber doch immerhin sprachlogische Missverständnisse vermeiden lassen. Den der Spätphilosophie Husserls entnommenen, von Schütz in den soziologischen Diskurs gebrachten Begriff «Lebenswelt» definiert Habermas als «Korrelat zu Verständigungsprozessen», d. h. als Horizont «aus mehr oder weniger diffusen, stets unproblematischen Hintergrundüberzeugungen», den wir bei jeder Verständigung immer schon voraussetzen und der uns Sinn und Sicherheit in alltagsweltlichen Zusammenhängen verleiht.[10] Hingegen bezeichnet der in der Systemtheorie Luhmanns und Parsons' beheimatete «System»-Begriff «funktionale Zusammenhänge», die von den Handelnden «nicht intendiert sind und innerhalb des Horizonts der Alltagspraxis meistens auch nicht wahrgenommen werden» (Habermas: TKH2, 226), sondern im Dienst allgemeiner ökonomischer oder administrativer Zwecke stehen. Legt man den Akzent auf die unterschiedlichen gesellschaftlichen Integrationsformen von «System» und «Lebenswelt», zeigen sich folgende Unterschiede: Werden bei systemischer Integration über nicht-normative, rein funktionale Steuerungsmechanismen die Handlungs*folgen* stabilisiert, sollen bei lebensweltlicher über kommunikative, auf einen normativen Konsens abzielende Verständigung die Handlungs*orientierungen* der Beteiligten aufeinander abgestimmt werden. Wo Habermas von Entkoppelungs- und Kolonialisierungsprozessen spricht, die zu einer Überlast der systemisch-technischen gegenüber der lebensweltlich-kommunikativen Rationalität führe, ist bei Max Weber von einem durchgängigen «Rationalisierungsprozess» der abendländischen Welt die Rede (vgl. 1991, 133 ff.). «Entzauberung» oder «Rationalisierung» meint dabei nach Weber generell die zunehmende systemisch-zweckrationale Kontrolle und Steuerung aller natürlichen und sozialen Vorgänge. Sich ausschließlich auf mathematisch-naturwissenschaftliche Theorien stützend, welche die Gesetzmäßigkeiten der Natur in hypothetisch-experimentellen, eindimensionalen Verfahren aufzudecken und zu fixieren trachten, verbannt man sämtliche gemeinsamen Werte als obsolet aus der öffentlichen Welt.

Um des Weiteren dem inflationären Gebrauch der Vokabel «Technik» in vielen kursierenden kultur- und technikkritischen Studien einen Riegel vorzuschieben, kann man sich auch hier allein mit einer – wenngleich vorläufigen – definitorischen Eingrenzung behelfen: Unter Technik in einem weiten Sinn (lat. *techne*) verstehe ich im Folgenden alle regelgeleiteten Verfahren zum Herstellen von Gegenständen dinglicher (Werkzeuge, Gebrauchsgüter) oder geistiger Art (sprachliche Gebilde), zum Hervorbringen bestimmter Zustände (z. B. in der Medizin) oder zum Betreiben von Geschäften (z. B. im Handel). Die Gesamtheit der dabei benötigten Instrumente und Einrichtungen soll das Etikett «Technologie» tragen und als Technik im engeren Sinn figurieren. Dass sich diese Technik im engeren Sinn im Laufe der Jahrhunderte etwa dank der Entwicklung von Maschinen und Automaten ohne Frage im Phänotyp stark gewandelt hat, wie sich noch zeigen wird, ändert in meinen Augen nichts an ihren hier vorab herauszudestillierenden Grundmerkmalen. Wo man sich gegen die Zweckgebundenheit, den genuin instrumentellen Charakter von Technik oder Technologien verwahrt, weil der Instrumentalismus die negativen Folgen der Technik verharmlose, ignoriert man meines Erachtens, dass technische Verfahren sowie technische Artefakte (Werkzeuge und Maschinen) an sich betrachtet neutral sind, nicht hingegen die entsprechenden zweckorientierten Gebrauchs- oder Herstellungstätigkeiten bzw. deren Folgen, für die der Handelnde verantwortlich ist. Grundsätzlich gilt gemäß Zarathustras Rede: «Wahrlich, die Menschen gaben sich alles ihr Gutes und Böses.

[…] Werthe legte erst der Mensch in die Dinge, sich zu erhalten, – er schuf erst den Dingen Sinn, einen Menschen-Sinn» (Nietzsche: Z, 75).

Aus naturwissenschaftlich-funktionaler Sicht wird nun dem technischen Gerät oder Verfahren ein umso höherer Wert beigemessen, je effizienter und zuverlässiger es einen ihm eigentümlichen Zweck erreichen hilft, wobei mögliche andere Verwendungsweisen oder mögliche Nebenwirkungen der Benutzung ignoriert werden. Vor dem lebensweltlichen Urteilshorizont hingegen werden nicht die technischen Verfahren und Artefakte als solche bewertet, sondern zum einen der Zweck, dem sie – wie effizient auch immer – dienen sollen, zum Zweiten der in bestimmte individuelle Lebensverhältnisse oder gesellschaftliche Organisationen eingebettete Handlungsvollzug der Herstellung bzw. Anwendung technischer Geräte und zum Dritten die sich daraus ergebenden sekundären (sozialen, ökologischen) Folgen. Da es «Fortschritt» immer nur im Hinblick auf ein bestimmtes Ziel oder einen (konsensuell) festgelegten Maßstab gibt, kann es zwar einen moralischen, ökonomischen oder kulturellen Fortschritt geben, aber streng genommen keinen «technischen»: Eine Steigerung effizienter Mittel stellt nur insoweit einen Fortschritt dar, als andere Werte wie Leben, Gesundheit oder Glück dadurch gleichsam protegiert werden. «Insofern hatte die Hoffnung der technischen Optimisten, dass mit der Steigerung der Möglichkeiten technischer Naturbeherrschung auch ein menschlicher Fortschritt verbunden sein müsse, von Anfang an Züge von wishful thinking», legt Birnbacher treffend dar (1991, 631). In Kapitel 4.4 werden wir auf die gefahrvolle konzeptuelle Diskrepanz zwischen dem technischen und moralischen «gut» zurückkommen.

3.1 Stammesgesellschaften

Wendet man sich daraufhin, um der Prüfung der typologischen Relation von System und Lebenswelt im Zuge der Rationalisierung und Technisierung willen, kurzzeitig zu den so genannten Stammesgesellschaften zurück, trifft man mit Habermas' Worten auf eine unvergleichlich-verblüffende «Kongruenz im Verhältnis von Institution, Weltansicht und Person» (TKH2, 233), weshalb Soziologen wie Luckmann diese archaischen Gesellschaften zwanglos unter den Terminus «Lebenswelt» subsumieren können. «Die Weltansicht ist als gesellschaftlich objektivierte gleichzeitig personennah», verdeutlicht Habermas, «sie integriert die institutionelle Ordnung zu einer Sinneinheit und verleiht der Einzelbiographie gleichzeitig einen situationsübergreifenden Sinnzusammenhang» (ebd.). Bezüglich der Rolle von Rationalität und Technik in diesem lebensweltlichen Sinnzusammenhang lässt sich dabei registrieren, dass in den meisten Anthropologien die Werkzeugherstellung geradezu als Markstein in der Entwicklung vom Tier zum Menschen dient. Denn für die Werkzeugherstellung müssen grundlegende, dem Menschen eigentümliche rationale Fähigkeiten wie «Ereignisintentionalität» oder «Sachintentionalität» vorhanden sein, welche allerdings von der späteren Entzweiung in eine rein technisch-instrumentelle und eine moralisch-praktische Rationalität noch weit entfernt sind. Wenngleich die Werkzeugherstellung neben einer fortgeschrittenen Intelligenz zugegebenerweise auch entsprechende Gliedmaßen wie Finger und Daumen sowie den aufrechten Gang voraussetzt,[11] scheint die antizipierende Vernunft das eigentliche kategoriale Novum darzustellen. Die Wurzeln menschlicher Rationalität erweisen sich jedenfalls eng verflochten mit der gleichzeitig die menschheitsgeschichtliche Bühne betretenden Technik in Form primitiver Werkzeugherstellung.

Um seine natürlichen Bedürfnisse nicht nur zu stillen, sondern sich von ihrem Druck auch langfristig zu entlasten, hat man die Werkzeugherstellung mutmaßlich in Stammesgesellschaften schon früh institutionalisiert, die zugrunde liegende Bedürfnisorientierung versprachlicht und veröffentlicht. «Stabilisierbar ist», so expliziert Gehlen, «eine Bedürfnisdeckungslage nur dann, wenn alle diese Elemente mitstabilisiert werden, und im Vollsinne stabilisierbar ist also auch ein primäres Bedürfnis wie der Geschlechtstrieb nur dann, wenn das entsprechende Verhalten die mitverpflichteten sozialen und ethischen Sollgefühle nicht ausschließt – das heißt aber wieder: wenn es in die jeweils gegebenen Institutionen hineinführt» (1986b, 74). Bei einer dank arbeitsteilig organisierter Institutionen stabilisierten «Bedürfnisdeckungslage» ist das ursprüngliche Motiv (Bedürfnis) vom Zweck (etwa: Werkzeug) dergestalt separiert, dass sich der Mensch bei der Werkzeugherstellung nicht mehr bedürfnis-, sondern sachorientiert verhält. Bereits in der primitivsten Form arbeitsteiliger Werkzeugherstellung ist damit einer Verselbständigung des institutionellen Betriebs, d. h. seiner vollständigen Herauslösung aus dem lebensweltlichen Zusammenhang, im Grunde der Weg geebnet: «Ein arbeitsgeteilter Betrieb kann seiner Entstehung nach oft aus den rationalen Zwecken der einzelnen erklärt werden, etwa aus dem Interesse der Aktionäre am Gewinn [...]. Die ganze laufende Organisation aber schlägt dann um in diejenige selbstzweckhafte Eigengesetzlichkeit, die das Wort ‹Betrieb› meint. Er gerät im Zuge des Funktionierens in Berührung mit unvorhersehbaren Serien objektiver Daten, die er nur so koordinieren kann, dass er sie auf sich selbst und sein eigenes dauerndes Dasein bezieht, dass er sich also als Selbstzweck setzt» (ebd., 35).

3.2 Traditionale Gesellschaften

Obgleich mit der arbeitsteiligen «betrieblichen» Werkzeugherstellung also prinzipiell die Basis für die Verselbständigung selbstzweckhafter Eigengesetzlichkeit von Institutionen bzw. gesellschaftlicher Subsysteme gelegt ist, bleiben die archaischen Institutionen aufgrund der «familialen Gesellschafts- und mythischen Bewusstseinsstruktur» noch problemlos in die homogene, Sinn und Orientierung stiftende Lebenswelt integriert (vgl. Habermas: TKH2, 234). Daran ändert sich zunächst auch dadurch nichts, dass die familiären Gesellschaftsstrukturen, die durch Verwandtschaftsbeziehungen oder andere soziale Bindungen in «Clans» als «großen Verwandtschaftssystemen» formierten Stammesstrukturen allmählich ihre Integrationskraft einbüßen: Während die meisten primitiven Kulturen stammesgesellschaftlich organisiert sind, zeichnen sich traditionale Gesellschaften der Hochkulturen aus durch eine zentralisierte, staatlich strukturierte Herrschaftsgewalt, die aber immer noch durch ein geschlossenes mythisch-religiöses Weltbild legitimiert werden muss (vgl. ders.: TWI, 65 ff.). An die Stelle der Verwandtschaftsbeziehungen tritt nun eine feudalstaatlich organisierte soziale Hierarchie nach Ständen, die bei der Verteilung der sozialen Lasten und der Entschädigungen maßgebend sind, ein administratives Herrschaftssystem auf der Grundlage einer politischen Verfassung.

Im griechischen Kulturraum des 5. und 6. Jahrhunderts v. Chr. werden zwar die mythischen, von religiösen Riten durchwobenen Weltbilder durch abstrakt-metaphysische Welterklärungsmodelle substituiert, die man mit rationalen Gründen und schlüssigen Argumenten gegenüber den überkommenen, lebendig-anschaulichen Erzählungen zu verteidigen sucht, und das homerische Königtum mit der Konzentration der wirtschaftlichen, religiösen und militärischen Macht im Gottkönig weicht demokratischen Stadtstaaten. Dennoch bleibt die Homogenität der Lebenswelt bis ins 17. Jahrhundert weitgehend unangetastet. Denn auch die von den vorsokratischen Pionieren einer «empirischen Wissenschaft» eruierten unpersönlichen kosmischen Elementarprinzipien verfügen – wie später der christliche Schöpfungsgedanke – über beachtliche gesellschaftliche Einigungskraft und normative Orientierungsfunktion. Hingegen verschärft sich im Zuge der Verschriftlichung zusehends die Distanz des Subjekts zum Objekt, das ihm nun als Gegenstand bzw. Resultat seiner Reflexion «objektiv» gegenübertritt. Eine erste Technikkritik bleibt daher nicht lange aus, zu der sich kein Geringerer als Platon veranlasst sieht: Immer noch in Form einer mythischen Erzählung wird im *Phaidros* die durch das neue technische Verfahren der Verschriftlichung eröffnete «negative Möglichkeit» indiziert und entschieden denunziert, man könne auf schriftlich-aneignendem Wege Bescheid wissen, ohne doch wirklich etwas zu wissen (vgl. 274e–275b).[12] Nur wer sich nämlich der substanziellen kosmischen Strukturzusammenhänge «erinnert», welche unsere Seele nach Platon vorgeburtlich immer schon erschaut hat, kann zu begründetem wahrem Wissen *(episteme)* gelangen. Dieses eigentliche Wissen wird als «Philosophie» oder «Wissenschaft» vom sophistischen Scheinwissen subtil geschieden. Im Kontrast zu bloßem Bescheidwissen, zu reinem Faktenwissen fungiert nämlich bis ins 18. Jahrhundert «jede systematische Darstellung eines Wissensgebietes, in der Fakten nicht nur gesammelt, sondern erklärt werden», als Philosophie (vgl. Schnädelbach 1991, Bd. 1, 47), der «Philosoph» vice versa als Prototyp eines «Wissenschaftlers» schlechthin.

Während «Technik» *(techne)* als Fertigkeit zur Erreichung bestimmter Zwecke von den Anfängen philosophischen Denkens bis zu Platon nachweislich synonym zu *episteme* (Wissen) verwendet wurde und so viel meinte wie «sich auf eine Sache verstehen»[13], wird infolge der aristotelischen Trennung von theoretischer und praktischer Philosophie die poietisch-hervorbringende Funktion der Technik stärker akzentuiert: Neben den rein kontemplativen, um ihrer selbst willen betriebenen Disziplinen der «theoretischen Philosophie», der Mathematik, Physik und Metaphysik, wird die Technik zusammen mit Ökonomie, Politik und Ethik der «praktischen Philosophie» subsumiert. Während Ökonomie, Politik und Ethik praktisch im engeren Sinne sind, d.h. ihr Ziel in sich selbst tragend, verfolgt die «Techne» poietisch-herstellend einen Zweck außerhalb ihrer selbst (vgl. Aristoteles: Met., 1025b). «Techne» stellt eine Wissensform, eine «dianoetische» oder «Verstandestugend» dar, die sich im Gegensatz zur reinen Wissenschaft oder «Episteme» nicht mit notwendig Seiendem befasst, sondern mit Veränderbarem (vgl. ders.: Eth. nic., 1140a f.). Noch löst sie sich keineswegs aus dem gemeinsamen Kontext einer Lebenswelt heraus, welche Tatsachen und Normen, Individuum und politische Gemeinschaft unzertrennlich verklammert: Der «theoretische Philosoph» einerseits, in reiner Naturbetrachtung *(theoria)* die für jede Handlungsorientierung unverzichtbaren kosmischen Prinzipien qua welt- und lebensanschauliche Grundlage zutage fördernd, ermöglicht entgegen einem verbreiteten Missverständnis ihrer «Reinheit» eine allgemeine lebensweltliche Orientierung, ja die theoretische Lebensform als höchste Form menschlicher Praxis schlechthin.[14] Der (philosophische) «Techniker» andererseits leistet seinen sinnvollen Beitrag innerhalb einer Polis, welche der harmonisch geordneten Welt idealiter korrespondiert. Laut Habermas lassen Hochkulturen Fortschritte in den Subsystemen einer vorkapitalistischen Produktionsweise, einer vorindustriellen Technik und einer vormodernen Wissenschaft nämlich immer nur in dem Maß zu, in dem sie die Autorität der herrschaftslegitimierenden kulturellen Überlieferungen in keiner Weise bedrohen: «‹Traditionale› Gesellschaften existieren so lange, als sich die Entwicklung der Subsysteme zweckrationalen Handelns innerhalb der

Grenzen der legitimierenden Wirksamkeit von kulturellen Überlieferungen hält» (TWI, 67).

3.3 Renaissance-Wende zum Subjekt

Diese «legitimierende Wirksamkeit» traditionaler Gesellschaften verteidigte in der dezentralisierten, ständischen Gesellschaft des Mittelalters, deren stratifizierte Sozialstrukturen weiterhin auf persönlichen Bindungen der Verwandtschaft und Reziprozität beruhten, zunächst erfolgreich die christliche Religion. Das lateinische Äquivalent zu griechisch «techne»: «ars» umfasst gleich wie in der Antike sowohl die mechanischen als auch die freien Künste (artes mechanicae und artes liberales)[15]. Ein «philosophus» hat sich in sämtlichen Grundlagendisziplinen der freien Künste zu qualifizieren und kann sich zum wissenschaftlichen Spezialisten (Juristen, Mediziner oder Theologen) erst anschließend an den entsprechenden «höheren Fakultäten» ausbilden lassen. «Philosophie» insgesamt mutiert im Mittelalter jedoch zur «scilla theologiae», betreut mit der devoten Aufgabe, die unumstößliche, schlechterdings nicht begründbare Wahrheit des Glaubens nun auch vernunftmäßig zu durchdringen und aufzubereiten. Nachdem Wissenschaft und Technik im feudalstaatlichen Mittelalter in den Schatten der Kirche getreten sind und den unverrückbaren göttlichen Heilsplan konkretisieren sollten, formieren sich an der subjektivistischen Wende der Renaissance diese Verhältnisse von Grund auf neu: Die «szienza nuova», der mittelalterlichen Definitionsmacht der kirchlichen Autorität den Krieg erklärend, setzt auf den Erfinder- und Entdeckergeist des Forschersubjekts, das sich aus dem beengenden Korsett erstarrter scholastischer Traditionen befreit und sich mutig mit selbst entworfenen Hypothesen und Versuchsanordnungen an das «große Buch der Welt» (Descartes) heranwagt. Wissenschaft soll nicht länger reine Schau der Natur sein wie in der Antike – welche, wie gezeigt, nur mittelbar, aber tief greifend auf die Lebensweise der Erkenntnissubjekte Einfluss nahm –, noch bloße Verehrung der göttlichen Schöpfung wie im Mittelalter, sondern setzt sich als krudes Verfügungswissen die Selbstbehauptung des Subjekts und die absolute Souveränität über die Natur zum Ziel: «Wissen ist Macht», proklamiert der Protagonist Bacon unmissverständlich. Die neu aufkeimenden, aus der Philosophie auswandernden Naturwissenschaften schließen sich mit der von den «freien» nun deutlich separierten «mechanischen» Künsten *(techne)* kurz, um das Programm praktischer Naturbeherrschung vermittels künstlicher Geräte reibungslos zu vollstrecken. Denn erst in der Renaissance emanzipiert sich der «freie» Künstler vom «mechanischen» Handwerker, obgleich er noch bis ins 18. Jahrhundert in Abhängigkeit vom aristokratischen Mäzenatentum verbleibt und auch seine Kunst weiterhin der Verherrlichung von Fürst, Staat oder Kirche, also einem außerkünstlerischen Zweck zu dienen hat.

Das lautstark propagierte neuzeitlich-naturwissenschaftliche Manifest von «Machbarkeits-Utopisten»[16], welches ein ganz neues, rein mechanistisch-instrumentalistisches Technikverständnis impliziert und den verstaubt-versteinerten mittelalterlichen «philosophus» vom Sockel stößt, ruht gleichsam auf zwei Säulen: zum einen (a) auf der Verkürzung der menschlichen Rationalität auf Zweckrationalität, auf eine Komplexitätsreduktion, erreicht durch einsinnige, isolierte experimentelle Versuchsanordnungen, sowie auf einer systematischen Ausblendung alles nicht Beherrsch- oder Absehbaren (etwa ökologische Folgen oder soziale Auswirkungen bei der Technikentwicklung). In einem euphorischen Technikoptimismus wähnt man, die Evidenz der Nützlichkeit wissenschaftlich-technischer Naturbeherrschung erübrige jede moralisch-praktische Reflexion über das Wie oder die Folgen ihrer Anwendung und stilisiert die Technik blindlings zu einem «selbststeuernden System [...], das seine Anwendung und Dosierung selbst regelt» (Birnbacher 1991, 630). Hier wird zum ersten Mal in der Technikgeschichte der verheerende Trugschluss gezogen, der Fortschritt technischer Mittel stelle per se schon einen menschlichen Fortschritt im Allgemeinen dar – obgleich bereits Platons Prometheus-Mythos das Gegenteil nachwies: Prometheus soll von Zeus zwar das Feuer zum Zwecke technischer Vorteile für die Menschen gestohlen, in der Eile aber vergessen haben, Zeus auch noch die Staatskunst, d. h. die moralischen und rechtlichen Regeln des Zusammenlebens, zu entwenden. In der Folge haben die Menschen einander gemordet, bis Zeus sich ihrer erbarmte und sie mit «sittlicher Scheu» und «Rechtsgefühl» ausstattete (vgl. Platon: Protagoras, Bd. 1, 322c).

Neben der Monopolisierung technisch-instrumenteller vor moralisch-praktischer Rationalität und der euphorischen Inthronisierung der Erkenntnisform des Experiments und mechanischer Modelle ungeachtet aller lebensweltlich-kulturellen Ziele und Inhalte setzt die neue Wissenschaft zum Zweiten (b) eine folgenreiche Quantifizierung des Qualitativen voraus. Denn eine perfekte Einflussnahme auf die Welt zum Zwecke ihrer Beherrschung ist nur möglich unter Verzicht auf jede kosmische Allbeseelung, auf jeden substanziellen Einheitsgrund der Welt, vor allem auf die göttliche, sich in Wundern offenbarende Omnipräsenz. Nach der Ablösung der naturphilosophischen antiken Kontinuumsphysik durch die neuzeitliche Körper- oder Teilchenphysik ist einem emphatischen «Wissen» im platonisch-technikkritischen Sinn der Boden unter den Füßen weggezogen, da es gar keine qualitativ-substanziellen, einsehbaren bzw. wieder-erinnerbaren Strukturen mehr gibt, sondern nur noch messbare, dechiffrierbare und experimentell auf ihre kausalmechanischen Gesetzmäßigkeiten hin zu prüfende Teilchenverbände. Unter diesen ontologischen Prämissen eines entsubstanzialisierten, mechanistischen Weltbildes ist dank der erfolgreich-vielversprechenden Konjunktion von Naturwissenschaft und Technik seit der Renaissance der Verbreitung einer mit naturwissenschaftlichen Formeln und technischen Geräten bevölkerten Handlungssphäre Tür und Tor geöffnet: einer Sphäre, in der sich ein im Wesentlichen instrumentelles Denken und Handeln ungehindert ausbreiten kann, sodass sich in der Folge, mit Habermas' Termini gesprochen, sich selbst steuernde «Subsysteme» zweckrationalen Handelns zu etablieren beginnen.

3.4 Kapitalistische Gesellschaften

Ein weiterer Meilenstein im Entkoppelungsprozess von System und Lebenswelt stellt unstreitig die Transformation der traditionalen, ständisch-feudalistischen Gesellschaftsstrukturen in kapitalistische dar. In einem jahrhundertelangen Prozess gesellschaftlicher Differenzierung, begleitet von Ständekämpfen und Rivalitäten der Herrscher der jeweiligen Territorien zur Erlangung der Zentralgewalt als politisches Analogon zur Monopolbildung in der kapitalistischen Wirtschaft, bilden sich komplexe arbeitsteilige Verflechtungszusammenhänge heraus. Diese differenzierten Gesellschaftsstrukturen lassen sich nur unter der Bedingung einer Berechenbarkeit der einzelnen Gesellschaftsmitglieder aufrechterhalten. Im Gegensatz zum einheitlich organisierten traditionalen Staat, der – zumindest formal – zu Legitimationszwecken auf die kulturell gewachsene, integrative Lebenswelt verwiesen blieb, beruht die neue Staatsbürgerschaft auf einem formalen Rechtsakt, und die gesellschaftlich relevanten Funktionen verteilen sich auf unzählige Handlungssysteme eines undurchschaubaren bürokratischen Verwaltungsapparats.[17] Der moderne Staatsapparat zersplittert somit in scheinbar verselbständigte, jedem normativen Kontext entwachsene Subsysteme, darunter Verwaltung und Rechtsprechung oder nichtstaatliche Subsysteme wie Wirtschaft, Wissenschaft und Technik: «Während der traditionale Staat eine Organisation ist, die die Gesellschaft im Ganzen strukturiert und daher in der Definition der Mitgliedschaft, der Programmgestaltung und der Personalrekrutierung an die gewachsenen Lebenswelten einer stratifizierten Klassengesellschaft und die entsprechenden kulturellen Überlieferungen anknüpfen muss, sind der kapitalistische Betrieb und die moderne Verwaltung systemisch verselbständigte Einheiten innerhalb normfreier Subsysteme. Die *autonom gewordenen Organisationen* zeichnen sich, wie Luhmann herausgearbeitet hat, vor allem dadurch aus, dass sie sich über pauschal akzeptierte Mitgliedschaftsbedingungen von kommunikativ strukturierten lebensweltlichen Zusammenhängen, von den konfliktanfälligen konkreten Wertorientierungen und Handlungsdispositionen der in die Organisationsumwelt abgeschobenen Personen unabhängig machen können» (Habermas: TKH2, 257).

Seit die kapitalistische Produktionsweise das stetige Wachstum der Produktivität der Arbeit verspricht, sind Fortschritt und permanente Erweiterung der Subsysteme zweckrationalen Handelns, speziell der Wissenschaft und Technik, ebenso garantiert, wie die traditionalistische Überlegenheit des institutionellen Legitimationsrahmens ein für alle

Mal gebrochen ist: Waren die hierarchischen Stände und die politischen Herrscher (Könige, Territorialfürsten) bisher kraft einer kulturellen Weltanschauung gerechtfertigt, werden der institutionelle Rahmen und das Herrschaftssystem von nun an ökonomisch legitimiert durch eine den expandierenden Subsystemen scheinbar einzig angemessene instrumentelle oder strategische Rationalität: «Nun erst kann die Eigentumsordnung aus einem *politischen Verhältnis* zu einem *Produktionsverhältnis* werden, weil sie sich an der Rationalität des Marktes, der Ideologie der Tauschgesellschaft, legitimiert und nicht mehr an einer legitimen Herrschaftsordnung. Das Herrschaftssystem kann vielmehr seinerseits an den legitimen Verhältnissen der Produktion gerechtfertigt werden: das ist der eigentliche Inhalt des rationalen Naturrechts von Locke bis Kant. Der institutionelle Rahmen der Gesellschaft ist nur mittelbar politisch und unmittelbar ökonomisch» (ders.: TWI, 70). Unter wachsendem Druck zur Steigerung der Produktivkräfte im Zuge des beschleunigten Wirtschaftswachstums muss die Zweckrationalität insbesondere in den beiden Subsystemen Wirtschaft und politische Verwaltung permanent potenziert werden, weil die Produktionsverhältnisse eine immer subtilere und effizientere administrative Kontrolle mit vermehrten Eingriffen in die Lebenswelt erfordern – bis dass diese unter der Hand selbst zum Subsystem mutiert. Es gilt laut Habermas die Faustregel: «je komplexer die Gesellschaftssysteme, um so provinzieller werden die Lebenswelten. In einem differenzierten Gesellschaftssystem schrumpft die Lebenswelt zu einem Subsystem» (TKH2, 258). Sämtliche traditionalen Zusammenhänge werden Schlag auf Schlag den «Bedingungen der instrumentellen oder strategischen Rationalität unterworfen», und in allen Lebensbereichen vom Schulsystem über das Gesundheitswesen bis hin zur kleinsten gesellschaftlichen Einheit der Familie erzwingt der um sich greifende Rationalisierungsprozess eine Technisierung der Kommunikation und «eine Urbanisierung der Lebensform, d. h. Subkulturen, die den Einzelnen darin einüben, jederzeit von einem Interaktionszusammenhang auf zweckrationales Handeln ‹umschalten› zu können» (TWI, 71).

Richten wir unseren Blick ohne Umschweife auf das Zeitalter der industriellen Revolution, auf das 19. Jahrhundert mit dem nun erreichten stolzen Stand des Hochkapitalismus, dann zeigt sich infolge des zielstrebigen Feldzugs instrumenteller Vernunft dieses Bild: Siegesgewiss präsentiert uns das Triumvirat von Wissenschaft, Technik und Wirtschaft, welches unlängst das Ruder im instrumentalistischen normfreien Sub-System-Reich ergriffen hat, sein erhabenstes Produkt gemeinsamen Zusammenwirkens: die Maschine. «Fakten statt Spekulationen», lautet der skrupellose Schlachtruf der zum Inbegriff von «Wissenschaft» schlechthin arrivierten Naturwissenschaften. Das religiöse und philosophisch-metaphysische Stadium hat gemäß dem von Comte statuierten «Dreistadiengesetz» irreversibel und restlos in das «positive» umzuschlagen, in dem allein man dank Tatsachenbeobachtungen und Nützlichkeitserwägungen zu sicherem, objektivem und anwendbarem Wissen gelange. Als obsolet und ridikül wird das idealistische Streben nach «Fortschritt im Bewusstsein der Freiheit» entlarvt, gefordert wird allein ein durch den technikspezifischen Optimismus und die Wissenschaftsgläubigkeit der Zeit begünstigter «Fortschritt in der positiven Erkenntnis». Gleichzeitig zu dieser zunehmenden Eskamotierung kultureller, moralisch-praktischer Rationalität durch die naturwissenschaftlich-technische setzt sich der Typ des staatlich besoldeten, methodisch arbeitenden Universitätsprofessors durch, der gleichsam technisch und un-persönlich sein Spezialgebiet bestellt (vgl. Kapitel 2.1). Auch die allmähliche Ausdifferenzierung, die fortschreitende Fragmentarisierung des institutionalisierten, für die Wirtschaft unverzichtbaren instrumentell-zweckrationalen Wissens nimmt hier ihren Anfang (vgl. Kapitel 2.2).

Das humanistische Ideal des allseitig gebildeten Universalgelehrten ist damit unweigerlich in unerkennbare Ferne entrückt. Hentig führt mit Anleihen bei Schelsky folgende generellen Charakteristika der voll entfalteten Wissenschaft des 19. Jahrhunderts an, welche uns teilweise die weiter oben ins Feld geführten Signaturen des zeitgenössischen «philosophischen Wissenschaftlers» in Erinnerung rufen: Sie sei gekennzeichnet «durch das Prinzip des Machens, der Verfügbarkeit, der Beherrschung, darum durch die Schrankenlosigkeit ihres Zugriffs auf die Welt, die Bereitschaft, alles – jede Hemmung und jeden Mangel – abzustreifen, was solches Machen-Können beeinträchtigt, also auch durch extreme Arbeitsteiligkeit, die Fähigkeit zu fast beliebiger Zerlegung und Kombination ihrer ‹Sache›, durch Unpersönlichkeit, Sachlichkeit, ‹Positivität›, durch (negativ) prinzipielle Abgeschlossenheit oder (positiv) prinzipielle Offenheit, und als Ergebnis ihres Erfolgs durch unmittelbare und universelle Anwendbarkeit in unserer Welt» (1987, 45 f.). Im Zuge des erfolgreichen Ehebundes von Wissenschaft und Technik wurde ein neuer Denktypus inthronisiert, der mit dem Anspruch auf Objektivität und Unpersönlichkeit die funktionellen Bezüge und das Quantitative in den Vordergrund rückt. Ziel ist die optimalere und effizientere Verfügung über den Untersuchungsgegenstand, wobei eine Spezialisierung der Wissenschaften unumgänglich scheint. Bell skizziert die Hauptcharakteristika des favorisierten Vernunfttyps trefflich so: «Die Technologie hat eine neue Definition der Rationalität und eine neue Denkweise geschaffen, die die funktionellen Bezüge und das Quantitative in den Vordergrund stellt. Ihre Leistungskriterien sind Effizienz und Optimierung, das heißt die Nutzung der vorhandenen Mittel bei geringstmöglichem Kosten- und Kräfteaufwand. Diese neue Definition funktioneller Rationalität hat ihren Niederschlag in neuen Bildungsmethoden gefunden, die das frühere theoretisch-spekulative Denken, die alte Tradition und die Vernunft mehr und mehr durch die quantitativen Verfahren der Technik und Wirtschaft ersetzen» (1985, 194).

4 Kritik am Monopol wissenschaftlich-technischer Rationalität

Gefährlich ist entsprechend den habermasschen Gesellschaftsanalysen nicht die «Entkoppelung» der Subsysteme wissenschaftlich-technischer Rationalität von der auf kommunikative, moralisch-praktische Rationalität angewiesenen «Lebenswelt», ebenso wenig ihre scheinbar autonome, rasch fortschreitende «Ausdifferenzierung», sondern erst die «innere Kolonialisierung» (TKH2, 498) unserer Lebenswelt: «Nicht die Entkoppelung der mediengesteuerten Subsysteme und ihrer Organisationsformen von der Lebenswelt führt zu einseitiger Rationalisierung oder Verdinglichung, sondern erst das Eindringen von Formen ökonomischer und administrativer Rationalität in Handlungsbereiche, die sich der Umstellung auf die Medien Geld und Macht widersetzen, weil sie auf kulturelle Überlieferung, soziale Integration und Erziehung spezialisiert sind und auf Verständigung als Mechanismus der Handlungskoordinierung angewiesen bleiben» (ebd., 488). Die Subsysteme zweckrationalen Handelns haben bis in die Gegenwart ein solches Übergewicht bezüglich unserer Lebenswelt erlangt, dass diese als Raum, in dem man sich vor einem unhintergehbaren Sprachspielfundament auf gemeinsame Zwecke und normative Grundanschauungen als komplex-variables Gerüst individueller Selbskonstitution einigt, akut gefährdet ist. Unaufhaltsam dringen sie ein in Bereiche, in denen Handeln und Handlungskoordinierung genuin über kommunikatives, sinn- und verständigungsorientiertes Handeln stattfindet und auch nur stattfinden kann: Das lebensweltlich eingebettete, kommunikativ vermittelte «Wissen» hat rein funktionalem, medialem «Bescheidwissen», die Verständigung über gemeinsame Handlungsorientierung nichtnormativer Handlungskoordination der Handlungsfolgen Platz zu machen. Wenn Mensch, Gesellschaft und Umwelt immer weiter in den Prozess technischer Funktionalität hineingezogen und geistige Werte, moralische Normen und soziale Strukturen zu bloßen Funktionen des wissenschaftlich-technischen Fortschritts depotenziert werden, stehen wir lebensweltlichen Fragen handlungsorientierender Zwecksetzung und Sinninterpretation immer hilfloser – und damit der Technokratie immer ohnmächtiger – gegenüber. Wissenschafts- und Technikkritik richtet sich daher sinnvollerweise immer nur gegen das Monopol wissenschaftlich-technischer Rationalität, nicht gegen diese selbst. Doch wer trägt die Schuld an der technisch-funktionellen Aberration der Rationalitätsentwicklung und kann als Adressat unserer Kritik fungieren?

4.1 Die Schuldfrage – makrologisch

Zwei kursierenden Missverständnissen ist angesichts dieser Schuldfrage entgegenzutreten: Weder hat die Technik als Hauptangeklagte im fraglichen Prozess plötzlich ihren instrumentellen Charakter verloren, wie man immer wieder unter Technikkritikern munkelt, noch kann im strengen Sinn von einer Verselbständigung der wissenschaftlichen oder technischen Subsysteme, von einer autonom-eigensinnigen Eskalation funktioneller Rationalität die Rede sein, obgleich auch Habermas gelegentlich eine solche suggeriert. Auf makrokosmischer bzw. gesellschaftlicher Ebene gilt trotz Habermas' These einer radikalen Eigengesetzlichkeit normfreier Subsysteme mit Habermas selbst richtig zu stellen, dass im Grunde die «*Richtung* des technischen Fortschritts [...] heute in hohem Maße von öffentlichen Investitionen abhängt», weshalb die pessimistisch-deterministische «These von der Eigengesetzlichkeit der Technik nicht stimmt» (TWI, 116)[18]. Auch unter Bedingungen internationaler Konkurrenz – etwa in Sachen Wettrüsten – oder unter dem Druck eines hohen Entwicklungs- und Anpassungsaufwandes existiert im strengen Sinn kein «Sachzwang» zur Fortsetzung des einmal eingeschlagenen Wegs, wie Birnbacher unterstreicht. Denn von einer solchen kann genau genommen nur bei drohenden existenziellen Sanktionen gesprochen werden, wobei man radikalisierend selbst Birnbachers «wortwörtliches Keine-Wahl-mehr-Haben» noch hinterfragen könnte: «Aber von einer Eigendynamik der Technik im strengen Sinne des technologischen Determinismus kann ernsthaft nur dann die Rede sein, wenn der ‹Zwang›, eine bestimmte Technik zu entwickeln, für den jeweiligen Akteur mit existentiellen Sanktionen verknüpft ist – wenn er wortwörtlich keine andere Wahl hat» (1991, 633).

Ropohl deutet es hoffnungsfroh als Auspizien einer «normativen Wende» in den Technikwissenschaften, dass theoretische Reflexionen über die Technikentwicklung heute zaghaft in die öffentlichen politischen Diskussionen Einzug halten (vgl. 1996, 24). Nachdem sich die Politik der formal-demokratischen Rechtsstaaten, Zuflucht suchend in der einzig möglichen nach-traditionalen Legitimationsbasis technisch-instrumenteller Rationalität, lange Zeit auf die Sicherung von Stabilität und Wachstum des Wirtschaftssystems konzentriert hat, scheint man im Zuge der Wiederentdeckung des «Bereichs der Werte und der Entscheidungen» langsam aus dem alten technokratischen Traum zu erwachen. «Ein früher technokratischer Visionär wie Saint-Simon allerdings prophezeite eine technokratische Gesellschaft ohne alle Politik, einen Staat, in dem sämtliche Probleme von Fachleuten gelöst werden und die Bürger sich der Kompetenz des Vorgesetzten unterordnen, wie man den Weisungen und Vorschriften eines Arztes oder Dirigenten oder Kapitäns Folge leistet. In Wirklichkeit jedoch dürfte die postindustrielle Gesellschaft in erhöhtem Maße der Politik bedürfen, und zwar allein schon auf Grund des Umstandes, dass Entscheidungen bewusst getroffen werden müssen und die Entscheidungszentren sichtbarer geworden sind. Liegt es im Wesen einer Marktgesellschaft, die Verantwortung aufzuteilen und die ‹Produktionsentscheidungen› durch die verschiedenen Nachfrageentscheidungen der einzelnen Verbraucher fällen zu lassen, so muss die Entscheidung, ein bestimmtes wissenschaftliches Projekt vor allen anderen zu finanzieren, von einer politischen Zentrale getroffen werden» (Bell 1985, 240).

Obgleich kritische Zeitgenossen unermüdlich auf die dringende Notwendigkeit einer gemeinsamen normativen Grundlage für gesellschaftlich-politische Entscheidungen pochen,[19] trägt die Politik weiterhin technokratische Züge und einen «eigentümlich *negativen Charakter*», solange sie «an der Vermeidung von systemgefährdenden Risiken, also nicht an der *Verwirklichung praktischer Ziele*, sondern an der *Lösung technischer Fragen* orientiert» bleibt (Habermas: TWI, 77). Nach der Liquidation der traditionalen Legitimationsbasis, d. h. dem Potenzial an kulturellen Interpretationsmustern eines «guten Lebens» und «gerechten Zusammenlebens» vor dem Hintergrund eines mythisch-kosmologischen Rahmens oder eines säkularen gesamtgesellschaftlichen Sinn- und Interessenzusammenhangs, kaprizieren sich Politiker gern auf administrativ lösbare technische Fragen, den lebensweltlichen Orientierungsbedarf Einzelner abspeisend mit einem viel versprechenden «Ersatzprogramm»: «der Garantie von Wohlfahrtsminima, der Aussicht auf Sicherung des Arbeitsplatzes sowie der Stabilität des Einkommens» (ebd.). Konsequenz der Elimination praktischer und normativer Fragen betreffs gemeinsamer Zielsetzungen im Zeichen der Beschränkung auf die Funktionstüchtigkeit des gesteuerten Systems ist die «*Entpolitisierung* der Massen» (ebd., 78),[20] die Entleerung der Öffentlichkeit zugunsten eines Intimitätskults. «Der Intimitätskult wird in dem Maße gefördert, wie die öffentliche Sphäre aufgegeben wird und leer zurückbleibt», resümiert Sennett (1986, 27), und Gehlen begreift die «Differenzierung der Subjektivität», die «Raffinage» des Seelenlebens im technischen Zeitalter als komplementäre Entwicklungstendenz zum Rückzug aus der öffentlichen Welt, zur grassierenden Minimierung des Realkontakts (vgl. 1957, 61 f.). Im Kapitel 5.3 wird von diesen gesellschaftspolitischen Rückzugstendenzen noch die Rede sein.

Auf makrologischer Ebene lässt sich mithin generell festhalten, dass die Richtung des technischen Fortschritts im Grunde von demokratischen Entscheidungen hinsichtlich öffentlicher Investitionen abhängt, obgleich zugegebenermaßen weder die Liquidation letzter Reste technokratischen Denkens auf dem Felde der Politik noch die «normative» oder «reflexive Wende» (Zimmerli 1991, 73) in den Technikwissenschaften eindeutig dokumentiert sind. Seitens der Technikkritiker mit ihrer berechtigten Opposition gegen ein politisches System, in dem die Verwaltungs- und Wirtschaftsexperten den Ton angeben und aufgrund ihrer technischen Kompetenzen Autorität ausüben, wäre daher Vorsicht angebracht. Am siebten Tag des eingangs geschilderten Allvernetzungsprozesses, beim Gewahren einer entsetzlichen Sekundärfolgen-Fragmentierung, werden nämlich die Übeltäter oft allzu voreilig namhaft gemacht: Zitiert werden mikroelektronische Großorganisatoren, Fluggesellschaften, Werbeagenturen, Forschungsunternehmen, welche wir am Morgen als gute Helfer und willkommene Mittel zum Zweck freudig begrüßten, am Abend hingegen wie Goethes unbeholfener Zauberlehrling verwünschen. Bei der Entwicklung und Verbreitung der Computertechnologie sei etwa die Frage nach den Gewinnern und Verlierern leicht zu beantworten, eröffnet Postman, einer der Protagonisten der gegenwärtigen Technikkritiker: «Es steht außer Zweifel, dass der Computer die Macht von Großorganisationen, etwa der Streitkräfte, der Fluggesellschaften, der Banken oder der Steuerbehörden, gesteigert hat. Und ebenso klar ist, dass der Computer für die Mitarbeiter in physikalischen oder anderen naturwissenschaftlichen Großforschungsprojekten heute unentbehrlich ist. Aber inwiefern war die Computertechnologie für die große Masse der Bevölkerung von Vorteil? Für Stahlarbeiter, Gemüsehändler, Lehrer, Automechaniker, Musiker, Maurer, Zahnärzte und für die meisten anderen, in deren Leben der Computer immer stärker eindringt? Ihre Privatangelegenheiten sind für die Instanzen der Macht leichter zugänglich geworden. Sie selbst werden häufiger überprüft; sie verstehen die über sie getroffenen Entscheidungen immer weniger; und oft werden sie zu bloßen Nummern reduziert. Eine Flut von Müllpost ergießt sich über sie. Für Werbeagenturen und politische Organisationen sind sie zu einer leichten Beute geworden. […] Und eben deshalb sind sie Verlierer» (1992, 18).[21]

4.2 Die Schuldfrage – mikrologisch

Hat man sich gegen solch simplifizierende Schuldzuweisungsprogramme und krude Schwarzweißmalereien von Gewinnern und Verlierern mit einem Quäntchen Reflexivität gewappnet, dann zeigt sich allerdings: Mikrokosmisch betrachtet sind das «Subjekt» der monierten Monopolisierung von Technik bzw. technischem Denken und Handeln weder

Bill Gates noch irgendwelche Forschungsinstitutionen oder Computerkonzerne, sondern die «Übeltäter» sind wir selbst als Mitglieder und Konsumenten einer rationalisierten Gesellschaft – wir selbst, die täglich unsere E-Mails in die Weite entsenden, die Anrufe praktisch nur noch per Anrufbeantworter empfangen, die Computer und andere technische Geräte als «virtual members of our society» akzeptieren (Winner 1997, 291). Denn dadurch verschreiben wir uns, da der vertraute Umgang mit Gesellschaftsmitgliedern uns fraglos prägt, einer erfolgsorientierten, unter akkurater Selbstkontrolle stehenden «technischen Lebensform» (vgl. ebd., 292 ff.). Evozierten die großen Tragödien der Technik wie die Explosion der ersten Atombombe oder die Reaktorkatastrophe von Tschernobyl in den 80er Jahren des 20. Jahrhunderts noch apokalyptische Albträume, verdankt sich die weitgehende Akzeptanz der Technik im 21. Jahrhundert laut Liessmann (1) einer ständigen Verkleinerung ihrer Produkte bis hin etwa zum Powerbook oder Mobiltelefon, die fast schon als Körperteile empfunden werden und damit der völligen Verfügungsgewalt des Einzelnen überantwortet scheinen. (2) Indem es auf diese Weise gelang, die Technik uns allen buchstäblich «nahe zu bringen», hat man den Menschen zum rein pragmatischen und souveränen «Nutzer» modelliert (Berliner Tagesspiegel vom 24. 2. 2001: «Von der Apokalypse-Angst zur Euphorie», 27). Wir haben also nicht einfach die erforderliche Zauberformel vergessen, um den technologischen Fortschritt wenn nicht stoppen, so doch in gewünschte Bahnen lenken zu können. Vielmehr haben wir die Welt selbst von jeglichem Zauber befreit, indem wir die neuzeitlichen, naturwissenschaftlich-technischen Kategorien reiner Effektivitätssteigerung, die Quantifizierung des Qualitativen, die Versachlichung, systematische Ordnung und lückenlose Kontrolle auf Welt, Gesellschaft und persönliche Lebensform blind applizierten. Während beispielsweise die im Zuge der Rationalisierung unaufhaltsam fortschreitende Substitution menschlicher Wesen durch technische Artefakte zunächst mit erheblichen moralischen Skrupeln verbunden war – «I'm sorry, I can't be here to answer your call», hieß es etwa bei der Neueinführung von Anrufbeantwortern –, mutiert das soziale Problem unter der Hand zur technischen Angelegenheit: «It's 1991. You know what to do!» (Winner 1979, 293).

Der von uns allen mitgetragene Prozess der Rationalisierung und Technisierung unserer westlichen Zivilisation führt entgegen den vordergründigen Vermutungen der Großzahl der Technikkritiker nicht in erster Linie deswegen zu immer lautstarkeren Unmutsbekundungen, weil die – zumeist nur bedingt absehbaren – sekundären Negativfolgen der Errungenschaften von Naturwissenschaften und Technik ein immenses Ausmaß angenommen haben. Während es der Technik in vielen Bereichen immer wieder gelingt, die selbst verursachten Schäden durch Reparaturtechnologien, so genannte *countertechnologies* oder Substitutionen an der Gefahrenquelle weitgehend zu eliminieren, bleibt die technische Perfektionierung zugegebenerweise machtlos gegenüber globalen Zukunftsproblemen wie Klimaveränderung, Bevölkerungswachstum oder Ressourcenknappheit. Vermutlich halten sich aber die anvisierten technischen Optimierungen, d. h. die gefeierten Triumphe, und die bedrohlichen und schwer beherrschbaren unerwünschten Nebenwirkungen seit jeher die Waage, während beide nur immer markanter hervortreten. Auch die Ambivalenz der Technik ist keineswegs neu, da diese infolge ihres instrumentellen Charakters schon immer sowohl zu «guten» wie «schlechten» Zwecken eingesetzt werden konnte. In analoger Weise hat das exponentielle wissenschaftlich-technische Wachstum die positiven und negativen Verwendungsmöglichkeiten, den Segen und Fluch der Technologien etwa im Bereich der Rüstung oder der Genmanipulation lediglich drastischer vor Augen geführt. Bereits die von den Benediktinermönchen im Mittelalter entwickelte mechanische Uhr stellt aber beispielhaft eine janusköpfige Erfindung dar: Das Paradoxe und Überraschende dieser Erfindung liegt gemäß Postmans gewiss tendenziöser Darstellung darin, dass sie dem frommen Wunsch der Gottesfürchtigen entsprang, die sieben Perioden der täglichen Andacht präziser dosieren und sich damit inbrünstiger Gott zuwenden zu können – «doch schließlich wurde aus ihr eine Technologie, die denen den größten Nutzen brachte, die sich voller Inbrunst der Anhäufung von Geld widmen wollten» (1992, 23)[22].

Trägt man dieser zumindest langfristig fast unvermeidlichen Verknüpfung von erwünschten Konsequenzen und unliebsamen Nebeneffekten sowie der prinzipiellen Ambivalenz der Technik Rechnung, scheint sowohl einer einseitigen negativen als auch einer positiven Technikkritik jede stabile argumentative Basis entzogen: Jede Technikkritik erfolgt nämlich stets vor dem Hintergrund eines – oft impliziten – Wertmaßstabs, und jede Technikdebatte entzündet sich da, wo verschiedene Wertungsweisen in Konflikt oder gar Kontradiktion geraten, wie es am eklatantesten zwischen dem systemisch-technischen und dem lebensweltlich-moralischen Wertesystem der Fall ist. Was lebensweltlich, d. h. im Hinblick auf die Normen und Ziele der Handlungsorientierung aller Gemeinschaftsmitglieder betrachtet als moralisch «gut» gelten darf, muss sich noch lange nicht aus systemischer Perspektive als technisch «gut» und damit als effizient und zuverlässig bezüglich des Erreichens bestimmter Zwecke erweisen und umgekehrt. Vielmehr werden die Wertungsweisen so lange auseinander klaffen, wie die technische Verbesserung der Mittel nicht auf die konsensuell festgelegten Wertmaßstäbe und Zwecke der Gemeinschaft abgestimmt ist. Infolge der Entkoppelung von System und Lebenswelt und der progressiven Kolonialisierung der Lebenswelt wurde aber die moralisch-praktische lebensweltliche Sinnorientierung immer mehr ins Abseits gedrängt und unter Druck gesetzt (vgl. Kapitel 3). Dieser Marginalisierung der moralisch-praktischen Wertungsweise öffnen wir dadurch Tür und Tor und beladen uns mikrologisch gesehen mit Schuld, dass wir die Kriterien instrumentell-technischer Rationalität als Konkurrenten der lebensweltlich-kulturellen nicht nur billigen, sondern Letztere allzu oft zugunsten der Ersteren widerstandslos preisgeben,[23] obgleich aufgrund immer drastischerer positiver wie negativer lebensweltlicher Technikkonsequenzen intensivere Zielreflexionen erforderlich wären. Das Modell individueller Selbstverantwortung und mikrologischer Schuld für den privaten Profiteur wissenschaftlich-technischer Errungenschaften ist allerdings angesichts unserer hochgradigen Arbeitsteilung und ausdifferenzierten Gesellschaftsstruktur nur noch begrenzt zureichend: Zum einen zeitigt das «Verwässerungsproblem» bei korporativ-institutionellem Handeln wie innerhalb technisch-wissenschaftlicher Großprojekte, bei denen eine wachsende Zahl von Personen beteiligt ist, leicht eine «organisierte Verantwortungslosigkeit» als «komplexitätsbedingte Unverantwortbarkeit». Zum Zweiten ist beim «Kumulationsproblem» nicht-koordinierten Handelns der individuelle Handlungsbeitrag nur unterschwellig relevant, weil sich beispielsweise die negativen Auswirkungen sämtlicher Phänomene der Umweltproblematik erst als Folge des Handelns vieler Akteure ergeben (vgl. Lenk/Maring 1998, 84 f.).

4.3 Wider das «prometheische Gefälle»

Gemäß dem bisher Dargelegten kann der eigentliche Grund qualifizierter Technikkritik nicht in den immer bedrohlicher in die öffentliche Wahrnehmung rückenden sekundären Negativfolgen der Errungenschaften von Naturwissenschaften und Technik liegen, auch wenn gerade die globalen Zukunftsprobleme bisweilen apokalyptische Ängste heraufbeschwören. Vielmehr stellen diese lediglich die Ursache, das Motiv solch fraglos berechtigter Kritik dar, wohingegen als Grund der Attacke das Ungleichgewicht zwischen der lebensweltlich-moralischen und systemisch-technischen Wertungsweise ins Bewusstsein rücken müsste. Wenn nämlich alle lebensweltlichen Werte wie Selbstverwirklichung, Humanität oder Gerechtigkeit zu bloßen Funktionen des wissenschaftlich-technischen Fortschritts mutieren, präsentieren sich medizinische Lebensverlängerungsmethoden oder Hungerprobleme in Drittweltländern als technische Angelegenheiten. «In technokratischer Perspektive erscheint Hunger als ein technisches Problem», moniert Bayertz, «dessen Ursache in der unzureichenden landwirtschaftlichen Produktivität dieser Länder liegt. Dementsprechend kann auch die Problemlösung als eine rein technische Aufgabe in Angriff genommen werden: Es müssen moderne Landmaschinen exportiert, ertragreiche Hochleistungssorten angebaut und wirksame Pestizide und Herbizide eingesetzt werden. […] Die außertechnischen Ursachen des Hungerproblems bleiben dabei außer Betracht: das Machtgefälle innerhalb des Weltwirtschaftssystems, die ungerechten politischen und ökonomischen Strukturen […] sowie die psychologischen, kulturellen und sozialen Hindernisse in den betreffenden Ländern» (1991, 187 f.). In analoger Weise irritiert die jüngste Terrorattacke auf das New Yorker World Trade Center weltweit vor allem aufgrund der perfekten Vernünftigkeit der dank modernster Kommunikationstechnologien koordinierten Angriffswelle. Statt die kulturellen Differenzen und die Gleichgültigkeit der westlichen Wirtschaftsmächte gegenüber der wachsenden Kluft zwischen Arm und Reich als wesentlichem Nährboden für die gewalttätigen Fanatiker unter den Verlierern der Globalisierung im Nahen und Mittleren Osten zu reflektieren, antwortet daher die amerikanische Supermacht mit drakonischen Gegenmaßnahmen – notabene auf technisch höchstem Niveau. Dass eine derart einseitige technokratische Sichtweise hochkomplexer gesellschaftlicher Phänomene auch im Bereich negativer lebensweltlicher Technikfolgen keine wirkmächtigen Problemlösungen hervorbringen kann, liegt auf der Hand. Muss man also der bedrohlich an Boden gewinnenden technisch-instrumentellen Denkweise einen Riegel vorschieben und den vermeintlichen wissenschaftlich-technischen «Fortschritt» gleichsam zum Rückschritt zwingen, um wieder ein quasi-organisches Gleichgewicht zwischen den divergierenden Wertungsweisen zu erlangen?

Weder kann noch soll, so viel steht fest, hinter den erreichten Stand von Wirtschaft, Technik und Wissenschaft zurückgegangen noch die Arbeitsteilung und Spezialisierung auf irgendeine Weise rückgängig gemacht werden. Was hingegen dringend Not tut, ist zum einen eine öffentliche (Selbst-)Aufklärung über die Grenzen des wissenschaftlich-technischen Rationalitätstypus (1). Ihr Hauptziel bestände darin, «das naive und undistanzierte Verhältnis zu Wissenschaft und Technik zu überwinden und die überzogenen Erwartungen, die an sie geknüpft werden, zu relativieren. [...] Sie hätte ein angemessenes Bild der Reichweite der wissenschaftlich-technischen Denk- und Verfahrensweise zu zeichnen und vor allem plausibel zu machen, dass der von ihr konstituierte Rationalitätstypus kein Deutungsmonopol besitzt und keine Priorität gegenüber Moral und Politik beanspruchen darf. Ein solches Postulat der (Selbst-)Aufklärung über Wissenschaft und Technik zielt daher nicht auf eine Rücknahme bewährter Rationalitätskriterien, sondern auf eine reflexive Vergewisserung der Grenzen des wissenschaftlich-technischen Rationalitätstypus» (Bayertz 1991, 201). Wenn das bedrohliche Ungleichgewicht zwischen systemischen und lebensweltlichen Rationalitätstypen, Wertungsweisen und sozialen Integrationsformen nicht durch einen Krebsgang der wissenschaftlich-technischen «Progression» wieder ins Lot gebracht werden kann, müssten zum Zweiten durch Erziehung, Bildung und institutionelle Einrichtungen die Entfaltung der moralisch-praktischen Rationalität forciert und zusätzlich Räume geschaffen werden für das Einüben der sinn- und verständigungsorientierten Konsensfindung und Handlungskoordination (2). Sollte man aber als gesundes Gegengewicht zur ungebührlichen Übermacht der instrumentellen Rationalität nicht die Vehemenz des Gefühls, die Macht des «ineffizienten» subjektiven Fühlens und Erlebens, die Kraft der Intuition heraufbeschwören, wie es neben Sektierern im Rahmen der neuen religiösen Unübersichtlichkeit auch eine große Zahl der gegenwärtigen Technikkritiker verficht?

In seinem nicht mehr veröffentlichten Manuskript zum dritten geplanten Band von *Die Antiquiertheit des Menschen* expliziert und modifiziert Anders seinen bereits früher in die Technikdebatte introduzierten Leitbegriff des «prometheischen Gefälles» als eine Diskrepanz zwischen der omnipotenten, prometheusgleichen Kompetenz und Produktivität bei der Erfindung und Herstellung immer neuer technischer Geräte einerseits, der Kraftlosigkeit und Konservativität unserer emotionalen und geistigen Kapazitäten andererseits (vgl. ebd., § 29). Bedauerlicherweise die präzise sprachliche Differenzierung zwischen wissenschaftlich-technischer und moralisch-praktischer Rationalität unterlaufend, erblickt Anders den Motor dieses ständig ansteigenden bedrohlichen Gefälles im «Aufstockungsprinzip» bei wissenschaftlich-technischen Errungenschaften und Problemlösungen im Kontrast zu den angeblich völlig konstanten Phantasie- und Gefühlsleistungen. Da er entgegen der neueren entwicklungs- und emotionspsychologischen Erkenntnisse das Maß an Fühlen und Vorstellen gleichsam zur anthropologischen Konstante erhebt, lokalisiert er die Ursache des Gefälles nicht «im Hinterherzockeln, im Zurückbleiben unserer Phantasie und unserer Emotionen hinter unseren technischen Leistungen; sondern umgekehrt in der Fähigkeit (zu der wir sogar verurteilt sind), unsere emotionale und imaginative ‹proportio humana› zu übersteigen; dadurch zu übersteigen, dass wir als Techniker stets die Chance haben, auf dem gestern Geleisteten weiterzubauen» (ebd.). Schuldig spricht uns Anders daher nur, weil wir es uns in unserem totalen «Versagen» gegenüber unseren eigenen technischen Produkten und Leistungen, denen wir weder als Fühlende noch als Vorstellende auf irgendeine Weise gewachsen seien, ganz wohl ergehen lassen – weil wir «gerne versagen». Aufgrund seiner seltsamen These eines emotionalen und moralisch-praktischen Normal-Niveaus scheint man dem schuldbeladenen Zustand des «Gerne-Versagens» neben der zwar weniger schuldbehafteten, aber auch weniger attraktiven Alternative des «Ungern-Versagens» lediglich mittels einer zweifelhaften «Abstockung» der technischen Seite des Gefälles abhelfen zu können, wohingegen die Chance, dank Aufklärung, Information und Bildung unsere Vorstellungskraft, Kritikfähigkeit sowie moralische Kompetenz zu fördern, gänzlich aus dem Blick geraten muss.

Unsere Emotionen werden aber wesentlich durch kulturspezifische, situations- und ereignisbezogene Wertbindungen konstituiert, die als Bestandteile emotionaler Schemata im phylo- und ontogenetischen Entwicklungsprozess entgegen Anders' Prätentionen sowohl erlernbar wie auch entwicklungsfähig und differenzierbar sind. Der Ruf nach mehr Emotionalität und Spontaneität leistet daher eher einer krankhaften Gefühlsinkontinenz Vorschub, als dass er einer Austarierung des prometheischen Gefälles dienlich wäre. Angesichts der Tatsache, dass wir alle intuitiv zwischen vernünftigen und unvernünftigen, zwischen gerechtfertigten und ungerechtfertigten Gefühlen unterscheiden, überzeugt in der emotionspsychologischen Kontroverse zwischen Naturalisten und Kognitivisten am meisten Scheeles akkurate Definition eines Gefühls als «bewertender Bewusstseinszustand, dessen emotive Valenz durch eine fokussierende Aktualisierung eigener, bedürfnisrelevanter Wertmaßstäbe zustande kommt, mit denen Welt-Selbst-Relationen beurteilt werden» (1990, 97). In Anbetracht dessen entpuppt es sich als fundamentaler Fehler vieler Wissenschafts- und Technikkritiker, «für weniger Rationalität zu plädieren, wo mehr Rationalität vonnöten ist» (Bayertz 1991, 200). Eine so «komplizierte und wertverwirrte Gesellschaft» (Gehlen 1957, 65) wie diejenige der westlichen wissenschaftlich-technischen Zivilisation bedarf also nicht mehr des Gefühls um jeden Preis oder einer Phantasie ohne Grenzen, sondern primär einer moralkritischen Reflexion über unsere gefühlsrelevanten Wertmaßstäbe sowie einer disziplinierten Vorstellungskraft. Nur so können wir unserer potenzierten Ignoranz bezüglich des prometheischen Gefälles ein Ende setzen und müssen als Spezialisten in einer wissenschaftlich-technischen Expertenkultur nicht länger als «Laien in Sachen Moral» (Anders 1990, §32) bezichtigt werden. Wie wäre indes ein Ausgleich im fraglichen Gefälle denkbar, wenn es uns tatsächlich gelänge, konsensuell gemeinsame lebensweltliche Normen etwa hinsichtlich der sozialen Strukturen und der technischen Invasion festzulegen? Ständen sich nicht die moralisch-lebensweltlichen und systemisch-technischen Wertmaßstäbe unversöhnlich und feindlich gegenüber, gleichsam als «doppelte Wahrheit»? Wie sollen wir ein Ding oder eine Handlung als gut/schlecht beurteilen können, solange eine Klärung der Relation zwischen beiden Wertungsweisen aussteht?

4.4 Technisches versus moralisches «gut»

Zum ersten Mal in der Philosophiegeschichte und mit bisher unübertroffener argumentativer Schärfe wurde die Frage nach dem multivoken Begriff «gut» in den ethischen Konzeptionen von Platon und Aristoteles aufgeworfen.[24] Zur Zeit eines intakten, von vernünftigen Strukturen durchwalteten Kosmos schien es ganz so, als sei nicht nur jedes Ding am rechten Ort platziert, sondern als verfüge jedes Werkzeug und jedes Lebewesen über ein wesensmäßig verankertes «ergon» (spezifische Leistung) oder «telos» (immanentes Ziel), das es entweder mit «Tugend» oder «Untugend» aktualisieren kann. Ein gutes Messer, ein gutes Pferd oder ein guter Arzt zeichnen sich dadurch aus, dass sie ihrem Telos tugendhaft entgegenstreben und ihr Ergon vortrefflich vollbringen, etwa das Messer das Schneiden oder der Arzt die Heilkunst. Da wir auch hier wieder darauf insistieren wollen, dass Dinge oder Personen immer nur in einem übertragenen, abgeleiteten Sinn «gut» sind und nur die Handlungen des Schneidens mit dem Messer oder des Heilens in der Rolle des Arztes im eigentlichen Sinn das Prädikat «gut» verdienen, hilft uns möglicherweise eine Analyse der Struktur unseres Handelns bei der Begriffsklärung von «gut» weiter. Der in Verruf geratene «sokratische Intellektualismus» mit seinem zentralen Diktum, niemand handle wissentlich und willentlich schlecht, fördert primär die fundamentale Signatur unseres Handelns zutage: Jedes Handeln intendiert per definitionem unter der Bedingung einer ausreichenden situativen und kausalmechanischen Kenntnis ein uns als erstrebenswert, d. h. in irgendeinem Sinn als ‹gut› erscheinendes Ziel. Erstrebt jemand etwas, das er fälschlicherweise für gut hält (etwa beim Rauchen), durchkreuzt er damit nach Sokrates den eigentümlichen Charakter des Handelns und «handelt» nicht im strengen Sinn, während ein anderer, der infolge unzulänglicher Situationskenntnisse oder falscher Mittelwahl das Ziel verfehlt, durchaus eine Handlung vollzieht, wenngleich eine «verkehrte» (vgl. Spaemann 1989, 20 ff.).

Nun kann aber, wie auch Sokrates mit seinem verfemten Tugendrigorismus nicht partout tarnt, eine Handlung in verschiedenen Hinsichten als gut/schlecht beurteilt werden, nicht nur bezüglich der an bestimmten Normen gemessenen Bedeutung des vermeintlichen «Guten», des Ziels hin. Eingeschätzt werden kann unser Handeln etwa auch hinsichtlich des zugrunde liegenden Handlungsmotivs, einer klugen zweckrationalen Mittelwahl, unbeabsichtigter Nebenwirkungen oder seines Nutzens für eine spezifische Interessengruppe. Zu der fundamentalen Differenz zwischen einer systemisch-technischen und lebensweltlich-moralischen Sichtweise von «gut» führt uns der typischerweise aporetisch endende frühe platonische Dialog zwischen Sokrates und *Hippias minor* zwar hin, ohne sie allerdings zu benennen. Die strittige Fundamentalthese, der zufolge der absichtlich das «Gute» Verfehlende besser handle als der unwillentlich Fehlende, scheint sowohl im Bereich leiblicher Tüchtigkeiten bzw. Fertigkeiten wie dem «gut Sehen» oder «gut Laufen» als auch beim Gebrauch von Werkzeugen oder der Tierhaltung (vgl. ebd., Bd. 4, 373 f.) unbedenklich konzediert werden zu können, weil das vorsätzliche Fehlen eine Kenntnis des wahrhaft Guten sowie die notwendigen Mittel bzw. Qualifikationen seiner Erlangung voraussetzt. Wenn aber ein Arzt, der jemanden wissentlich und willentlich krank macht, nach der untrüglich-zwingenden Logik des Sokrates ein besserer Arzt sein soll als derjenige, der einen Kunstfehler begeht und seinem Patienten unbeabsichtigt Schaden zufügt, legt Hippias prompt sein Veto ein: «Arg wäre das aber doch, oh Sokrates, wenn die vorsätzlich Unrecht Tuenden besser sein sollen als die unvorsätzlich» (ebd., 375d). Obgleich Sokrates durch das unerwartete Veto seines sonst so fügsamen Gesprächspartners arg ins Wanken gerät und den Leser mit diesem misslichen Paradox allein lässt, ist jeder beflissene Mitdenker unwillkürlich geneigt, dem wankenden Sokrates auf die Sprünge zu verhelfen. Denn augenscheinlich scheitert der Dialog an der Doppelsinnigkeit von «gut», einmal im Sinne eines rein technischen Könnens, also der kantischen «Geschicklichkeit» zu beliebigen Zwecken ungeachtet des moralischen Werts der Absicht, zum andern als ethische Tüchtigkeit, Tugend, kantisch gedacht als «Sittlichkeit» (vgl. KpV, A/B 41 ff.). Auch Aristoteles leistet gezielten Einsatz zur Beihilfe mit seinem konzisen Fazit: «In der Kunst (Techne) ist der, der freiwillig einen Fehler macht, der vorzüglichere, bei der Klugheit (Phronesis) ist es umgekehrt, wie auch bei den Tugenden» (Eth. nic., 1140b).

Bei der somit ans Licht gebrachten technischen und moralischen Dimension menschlichen Handelns liegen aber nicht nur verschiedene Betrachtungshinsichten vor, wie Spaemann klarstellt, sondern die beiden Aspekte stehen vielmehr im Verhältnis Teil – Ganzes, weshalb die übergreifende moralische Hinsicht unbedingt den Vorzug verdient. Geht es beim technischen «gut» nämlich um die effiziente Erreichung partikularer Zwecke, die entweder frei ausgedacht oder willkürlich konventionell festgelegt werden für ein eng begrenztes Tätigkeitsfeld ungeachtet möglicher Nebenwirkungen, betrifft das moralische «gut» das Leben bzw. die Persönlichkeit des Handelnden als Ganzes: «Wodurch unterscheiden sich diese beiden Gesichtspunkte? Sie sind nicht ‹sektoriell› voneinander unterschieden und nicht einander äußerlich, so daß die Frage entstehen könnte, warum denn dem moralischen Gesichtspunkt jederzeit der Vorrang vor dem technischen zukommt. Die Beziehung der beiden Aspekte zueinander entspricht vielmehr der Beziehung des Ganzen zu den Teilen. Der ‹moralische Gesichtspunkt› beurteilt die Handlung als gut oder schlecht in Hinsicht auf das Leben als Ganzes, der ‹technische› im Hinblick auf die Erreichung partikularer Zwecke. Während nun das Gelingen des ganzen Lebens ein Ziel ist, das wir als bewusst lebende Wesen notwendigerweise in uns vorfinden, ist der partikulare Zweck ein frei gewählter, ‹ausgedachter› *(excogitatus)* Zweck: die Herstellung von Autos, die Anfertigung einer Bombe, die Heilung eines Kranken» (1989, 19). Während zu Beginn unserer wissenschaftlich-technischen Zivilisation solche partikularen Zielfindungen sowohl individuell als auch soziokulturell dadurch erleichtert waren, dass sich ihr Nutzen für die praktische Lebenswelt unmittelbar offenbarte, sind im Laufe der technischen Evolution aufgrund zunehmender Distanz zur Sphäre des Lebensnotwendigen sämtliche Orientierungssicherheiten verloren gegangen. Genauso, wie das Herstellen eines Autos längst nicht mehr durch den Zweck des Fahrenkönnens legitimiert wird, sondern das Produkt mit innenorientierten Kategorien wie «Geilheit» oder «Lebensfreude» feilgeboten werden muss, ist der Arzt mit dem «Telos» Gesundheit notwendig unterbestimmt seit der Entwicklung medizinischer Lebensverlängerungsmethoden und der verheißungsvollen Ankündigung des «Jungbrunnens» (vgl. Schulze 1994, 17 ff.).

Hinsichtlich des persönlichen Lebens des Einzelnen scheint es mithin ganz so, als müsste eine «technisch gute» Handlung der Werkzeugherstellung oder der Heilkunst im Rahmen der spezialisierten gesellschaftlichen Rolle eines Arztes, auch wenn sie das anvisierte partikulare Handlungsziel erreicht und den erhofften Nutzen etwa einer Bombe oder eines medizinischen Eingriffs optimal erfüllt, relativiert werden auf das Gelingen und Glücken des Lebens insgesamt, welches bei Aristoteles als das höchste Ziel (Telos) des Menschen mit gleichsam transzendentalem Charakter fungiert. Obwohl es selbst niemals ein unmittelbares Handlungsziel darstellt, weil es gleichsam auf einer höheren Stufe steht als die gewöhnlichen Teilziele und doch nur durch all diese realisiert werden kann, verleiht das Glück allem menschlichen Handeln als letztem Ziel unseres Strebens erst seinen Sinn (vgl. Eth. nic., 1094 f.). Während Aristoteles das menschliche «Telos» als gelungenes und glückliches Leben und das spezifische menschliche «Ergon» als ein Leben unter der Führung des rationalen Seelenteils bestimmen kann (vgl. ebd., 1097b), bleiben diese Definitionen infolge einer neuzeitlichen Subjektivierung des antiken objektiven Glückbegriffs und in Ermangelung einer substanziellen Vernunft für postmoderne Rezipienten allzu vage. Warum soll das Leben eines qualifizierten Arztes, der absichtlich einem unpopulären Patienten Schaden zufügt, oder dasjenige des Piloten Eatherlys, der fachkompetent an der Vernichtung Hiroshimas beteiligt war, aufs Ganze gerechnet als gescheitert gelten und infolgedessen die technisch gelungenen Einzelhandlungen als definitiv schlecht verurteilt werden? Muss die moralische, für menschliches Handeln in übergeordneter Weise maßgebliche Dimension nicht mehr ins Blickfeld rücken als das Scheitern, das Miss-Glücken einzelner Menschenschicksale?

5 Verlust von Verantwortung und Erfahrung im Zuge der Monopolisierung

Terminologisch betrachtet betrifft die «moralische Dimension», der man zum Brechen des Monopols der wissenschaftlich-technischen Rationalität vermehrt seine Aufmerksamkeit zuwenden müsste, grundsätzlich die im Rahmen einer Sozialethik akzentuierten Rechte und Pflichten, die der Einzelne nicht sich selbst gegenüber hat (Individualethik), sondern gegenüber der Gemeinschaft. Aristoteles – und in seinen Spuren Spaemann – konnte getrost von einer ungetrübten Kongruenz vom Glück der Polis, in der das «Telos» sämtlicher Bürger kulminiert und seine Vollendung erfährt, d. h. dem gerechten Zusammenleben, und dem Glück qua gutem, gelingendem Leben des Einzelnen ausgehen, welches er nur in der Polis zu realisieren vermag (vgl. Eth. nic., 1094b). In Anbetracht der neuzeitlichen Diskrepanz zwischen dem guten und gerechten Leben müssen wir uns wohl zur Erhellung der moralischen Dimension unseres Handelns weniger auf die Analyse des Glücks als vielmehr auf diejenige der überindividuellen sozialen Strukturen konzentrieren. Dass in unserem ausdifferenzierten und hochkomplexen arbeitsteiligen System, welches von undurchsichtigen institutionellen Randbedingungen in Schach gehalten wird, beim (un-)moralischen Handeln mehr auf dem Spiel steht als das im Laufe der Neuzeit privatisierte, episodisch-hedonistische Glück Einzelner und dass selbst das traditionelle Konzept der Individualverantwortung in sozialethischen Belangen bei weitem zu kurz greift, ist evident. Ebenso unbestritten dürfte das Postulat einer zureichenden Basis moralischen Handelns sein, da sich ethische, d. h. sich mit dem Problem richtigen Handelns befassende

Fragen überhaupt erst da stellen, wo sich der Einzelne dank minimaler Spielräume und Möglichkeiten allein aufgrund der menschlichen Reflexionsfähigkeit unwillkürlich mit der Aufgabe konfrontiert sieht, sein Leben zu führen. Gefordert ist neben einem Mindestmaß an Handlungsspielraum und Bewegungsfreiheit die Stillung der elementarsten menschlichen Grundbedürfnisse (Hunger, Schlaf) gemäß Brechts Motto: «Zuerst das Fressen, dann die Moral!»

Als zweite Grundvoraussetzung lässt sich ein minimales Maß an Bildung ermitteln, genauer an moralischer Willensbildung in Form einer Unterstützung beim moralischen Urteilen durch Familie und Gesellschaft während des Sozialisationsprozesses. Betreffs der ersteren Minimalbedingungen mag die Perfidität der instrumentell-technisch betrachtet unübertroffen rationalen «Endlösung» der Nazis als abschreckendes Beispiel dienen: Aus strategischen Gründen, zur Verhinderung von Massenwiderständen, vermieden diese umfassende Deportationen und bevorzugten eine schrittweise, jedem potenziellen Opfer minime Entscheidungsfreiheit und die trügerische Chance auf irgendwelche Privilegien übrig lassende Restriktion des Handlungsspielraums.[25]

5.1 Das Problem der Verantwortung

Wo ein Mindestmaß an Grundgütern zur Stillung der Primärbedürfnisse, an Handlungsspielraum sowie moralischer Willensbildung gewährleistet ist, hat sich der Mensch mit der individualethischen Krux auseinander zu setzen, wie er ein «gutes Leben» bestimmen und führen soll. Die moralische Dimension der individualethischen Frage nach dem Gelingen und Glücken des eigenen Lebens, das wir immer im Verein mit anderen führen und auch vor diesen zu rechtfertigen haben, zeigt sich dabei als relativ begrenzt: Die moralische Verantwortung bezieht sich hier nämlich (a) lediglich auf die Menschen meiner unmittelbaren Umgebung, die allein durch ihre räumliche Nähe meine persönliche Hilfsbereitschaft provozieren, wohingegen bei weiter Entfernten gilt: aus dem Aug' und aus dem Sinn! Desgleichen reicht sie (b) nur so weit, wie ich handelnd eingreifen kann und mich auch tatsächlich handlungsfähig wähne, d. h. in einem System zunehmender Spezialisierung und Arbeitsteilung, wo der Einzelne zum bloß funktionierenden Rädchen in der Maschine des Gehäuses der Hörigkeit mutiert, kaum bis zur eigenen Nasenspitze. «Denn ‹Spezialisierung›, ‹Nur-Eines-tun-Können›, das ‹Nur-an-Einem-Interessiertsein›, kurz: die ‹höhere Unbildung› ist heute die unentbehrliche Vorbedingung für jeden Aufstieg», polemisiert Anders (1990, § 6). Adenauers Mahnung an die ihn betreffs der Gefahr atomarer Rüstung aufklärenden Physiker: «sie täten wohl besser daran, sich säuberlich innerhalb der Grenzen ihres Fachgebietes zu halten», chargiert in Anders' Augen als Modell der «Moralmaxime aller Machtinhaber» (ebd.) schlechthin, mit welcher sie der modernen moralischen Fragmentierung, Privatisierung und Neutralisierung Vorschub leisten. Da jedes arbeitsteilig hochspezialisierte Handeln sich vom Handlungsziel, dessen Bewertung sowie der Kontrolle seines Erfolgs separiert und die meisten Ingenieure mit dem Unterschreiben des Arbeitsvertrags gleichsam «moralisch entbunden» werden, indem sie das Weisungsrecht und den Verschwiegenheitsanspruch des Arbeitsgebers anerkennen, ist eine durch Handlungsfähigkeit vermittelte Moral der unmittelbaren Nähe praktisch außer Kraft gesetzt. Wie könnte dieser moralischen Entbindung von jeglicher individueller und kollektiver Verantwortung ein Riegel vorgeschoben werden?

Angesichts dieser historisch-gesellschaftlichen Konstellation ist es in meinen Augen ebenso wenig hilfreich, den Wissenschaftlern und «Technophilen» eine «Art von Verschwörung gegen all jene, die keinen Zugang zu dem von der Technologie verfügbar gemachten Spezialwissen haben», zu unterschieben (vgl. Postman 1992, 17), wie alle Karten auf eine moralische und politische Erziehung der Ingenieure und professionellen Techniker zu setzen nach Winners Manier: «The education of engineers ought to prepare them to evaluate the kinds of political contexts, political ideas, political arguments, and political consequences involved in their work. Skills in the arts of democratic citizenship ought to become part of the ‹tool kit› that engineers master in their education» (1997, 297). Anstatt die Ingenieure in die undankbare Stellung der allein verantwortlichen Technokraten zu katapultieren, müsste man ihren spezifischen Beitrag zur gesellschaftlichen Moral und Politik in der kritischen Aufklärung der Öffentlichkeit über sämtliche absehbaren Konsequenzen technischer Errungenschaften erblicken, wie ihn Adenauers Physiker vortrefflich leisteten, um mit dem schulmeisterlichen «Schuster, bleib bei deinem Leisten» abserviert zu werden (vgl. Kapitel 4.3). Die von Anders attackierte aktuelle «Desinformationsindustrie» im großen Stil wird aber nicht nur von technophilen Ingenieuren und Politikern angekurbelt, die etwa im Rahmen der Endlösung das Wort «morden» durch die euphemistische Formulierung «den Gnadentod geben» substituieren (vgl. Arendt 1986, 198) oder sich partout an der Wahrheit «Auschwitz ist eine Lüge» festklammern (vgl. Anders 1990, § 9). Vielmehr wird sie von der Werbung auf ganzer Linie vorbereitet: Die Werbewelt der Massenmedien, die Wirklichkeit in ein Bild verkehrend, verstellt uns gemäß Anders' pointierter Berichterstattung die Einsicht in die wahren gesellschaftlichen Prozesse, indem sie uns eine völlig indifferente Sprache einimpft, mit deren Hilfe wir uns gegenüber den immer komplexeren Gesellschaftsstrukturen kaum mehr adäquat artikulieren können, sodass wir letztlich zum Lallen verurteilt sind (vgl. ebd., § 15–18). Da die «Werbung das symmetrische Gegenstück zur Kritik» bildet (ebd., § 16), indem sie das Sich-selbst-Loben als erfolgreichen Geschäftszweig etabliert hat, beraubt sie uns der exakten Sprache und der methodischen Kompetenz einer immer dringlicher geforderten Kritik und Aufklärung. Als einzige Produktkritik auf dem Markt einander überbietender wissenschaftlich-technischer Innovativitäten lässt sie lediglich eine systemimmanente «indirekte Kritik» in Form des Wettbewerbs gelten.

Verlassen wir die Ebene der individualethischen Suche nach dem persönlichen «guten Leben», auf welcher die moralische Dimension unseres Handelns (a) auf die mit uns in unmittelbarer räumlicher Nähe unser Leben teilenden Personen und (b) die Reichweite unserer Handlungsfähigkeit begrenzt bleibt, treffen wir auf die sozialethischen Strategien einer Verantwortungsethik, wie sie etwa bei Apel als «Ergänzungsprinzipien» das diskursethisch transformierte Universalisierungsprinzip dekorieren: (1) Wir sollen bei all unserem Tun und Lassen um das Überleben und Funktionieren unserer Gesellschaft (qua realer Kommunikationsgemeinschaft) bemüht sein, (2) uns für eine gerechte demokratische Gesellschaftsform (nach Maßgabe einer idealen Kommunikationsgemeinschaft) zu engagieren.[26] Nun ist zwar die erste verantwortungsethische Strategie notwendige Voraussetzung für die zweite, erhält aber erst durch jene ihren Sinn. Denn das pflichtbewusste technisch gute Handeln um des Funktionierens der Gesellschaft willen kann, wie zahllose Vorfälle aus der Zeit des Zweiten Weltkriegs dokumentieren, in höchstem Maß unverantwortlich sein. Entsprechend insistiert auch Zygmunt Bauman, den Holocaust als komplexe, zielgerichtete Operation mit Zügen eines «Paradigmas moderner bürokratischer Rationalität» verstehend, dass «Rationalität [...] als einziger Wertmaßstab für die Leistungsfähigkeit von Organisationen völlig unzureichend» sei (1992, 164 f.). Indem er allerdings die zentrale Differenzierung zwischen systemisch-technischer und moralisch-lebensweltlicher Rationalität unterschlägt, erhalten seine Studien einen merkwürdigen Anstrich eines Anti-Rationalismus. Wie man seitens der Juden über die Vermittlungsinstanzen der Judenräte mit den Nazis hinsichtlich systemisch-technischer Rationalität durchaus kollaborierte, weil man, blind für die wahre Absicht der Nazis, aufgrund quantitativer Gedankenspiele immer wieder eine Minderheit zur Deportation Designierter willig opferte, um das Leben der Mehrheit nicht zu gefährden, verbreitete sich auf der Gegenseite die Banalität des Bösen, weil man sich eifrig am puren Prosperieren des Apparats beteiligte. So kommentiert Arendt die Apologie Eichmanns, des ehemaligen SS-Obersturmbannführers, sarkastisch so: «Was er getan hatte, war nur im Nachhinein ein Verbrechen; er war immer ein gesetzestreuer Bürger gewesen, Hitlers Befehle, die er nach bestem Vermögen befolgt hatte, besaßen im Dritten Reich ‹Gesetzeskraft›» (1986, 97). Wer trägt bei schwer durchschaubaren arbeitsteiligen bürokratischen Systemen die moralische Verantwortung, die sich wohl nicht wie die technische Verantwortung bezüglich des systemischen Funktionierens segmentieren lässt? Wehrten sich die Angeklagten des Nürnberger Prozesses zu Recht, «ihre besten Eigenschaften seien von ihren Vorgesetzten ‹missbraucht› worden»? «Ich klage die Regierenden an, dass sie meinen Gehorsam missbraucht haben», soll Eichmann in Jerusalem verkündet haben: «Bei einer guten Staatsführung hat der Untergebene Glück, bei einer schlechten Unglück» (ebd., 278 f.). Hat Eichmann also einfach Pech gehabt?

Beim analogen vertrackten Problem, wie sich die Verantwortung für eine technische Entwicklung auf die verschiedenen beteiligten individuellen und kollektiven Akteure verteilt, ist man zunächst geneigt, gleich Arendt den Finger auf die vereinzelten Fälle mutigen Widerstandes selbst unter den Bedingungen des Nazi-Regimes zu legen (vgl. ebd., 271–297) und an einen ethischen Rigorismus persönlicher Verantwortung und ungeschminkter Rechenschaftsablegung zu appellieren. Obgleich Verantwortung in einem technischen Sinn durch sozial definierte Rollen inhaltlich konkretisiert und in ihrer Reichweite klar eingegrenzt wird, ohne deren Zuweisung und gehorsame Übernahme das gesellschaftliche Gesamtsystem zweifellos zusammenbrechen würde, muss unstreitig selbst im Rahmen des ersten Ergänzungsprinzips «die moralische Verantwortung dennoch immer dann weiter gehen als die konventionell oder vertraglich festgelegten Rollenpflichten, wenn Nutzen und Schaden, Chancen und Risiken von erheblichem Gewicht auf dem Spiel stehen» (Birnbacher 1991, 635). Da sich dagegen wiederum geltend machen ließe, dass doch bei der Verweigerung eines Technikers, an einem mutmaßlich menschheitsbedrohende Langzeitwirkungen auslösenden Produkt mitzuarbeiten, einfach ein willigerer Konkurrent seinen lukrativen Posten übernehmen würde, gleich wie bei moralischen Skrupeln Claude Eatherlys eben ein anderer Pilot die Bombe über Hiroshima abgeworfen hätte, ist die Warnung der Öffentlichkeit und die Mobilisierung oppositioneller Kräfte ein unabdingbares Implikat seiner moralischen Verantwortung. Die meisten von Arendt im Zeichen ihres Bekenntnisses zum Rebellentum verklärten ethisch begründeten Gehorsamsverweigerungen einzelner Widerständischer gegenüber dem totalitären Nazi-Regime in Form des Suizids verhallten dementsprechend vor dem mörderischen System als Warnsignale notwendig ohne jedes Echo. Indem gerade seitens der Opfer der Handlungsspielraum im Ghetto so eingeschränkt war, dass moralisches Handeln zumeist gänzlich einem reinen Existenzkampf zu weichen hatte (vgl. Bauman 1992, 158–161), und weil selbst die noch entscheidungsmächtigen Judenräte in Ermangelung von Handlungsoptionen, die nicht den Nazis gedient hätten,[27] von ihren verzweifelten Gewissensängsten zum Selbstmord getrieben wurden (vgl. ebd., 156), steht es uns später Geborenen nicht zu, hier zu richten. Im Prinzip hätte der gigantische Vernichtungsapparat zur Sicherung der realen (1) und zur Errichtung einer idealen Kommunikationsgemeinschaft (2) jedoch nur zum Stillstand gebracht werden können, wenn all diejenigen, welche das Ziel der Operation «Endlösung» durchschauten, einen kollektiven Solidaritätsaufstand anstelle des kleinlichen Kampfs um Sonderregelungen entfacht hätten.

Nachdem sich in einem korrupten System wie demjenigen des Naziregimes Vorwürfe vernachlässigter öffentlicher Widerstandsaufrufe zumindest an die Adresse der Unterdrückten als unzulänglich entpuppen, dürften wir streng genommen um der Aufrechterhaltung eines Betriebs oder einer Institution willen immer nur dann eine Rollenpflicht verantwortungsbewusst übernehmen, wenn es sich um demokratisch strukturierte Betriebe oder Institutionen im Sinne des zweiten Ergänzungsprinzips handelt. Dadurch wird manifest, dass die erste Verantwortungsstrategie auch keine zeitliche Priorität vor der zweiten einnimmt. Ropohl kehrt nämlich hervor, «dass bekannt gewordene Verantwortungskonflikte sich regelmäßig dadurch zugespitzt haben, dass Unternehmensleitungen ihr ökonomisch begründetes Weisungsrecht gegen berufsmoralische Bedenken der betreffenden Angestellten durchzusetzen versucht haben. Nur dann werden Ingenieure entweder zu moralischer Resignation oder zu arbeitsrechtlicher Rebellion gezwungen, wenn die Unternehmensleitung ihre Mitarbeiter nicht als moralisch souveräne Persönlichkeiten akzeptiert, sondern einer autoritativ vorgegebenen Firmenpolitik als willfährige Erfüllungsgehilfen zu unterwerfen sucht. Anders ausgedrückt: Die korporationsrechtlichen Restriktionen der Ingenieurethik wären zu überwinden, wenn sich die industriellen Korporationen eine wirtschaftsethisch geprägte Personalpolitik zu eigen machen würden» (1996, 291).

Rein formal gesehen entzünden sich Verantwortungskonflikte mithin überhaupt nur da, wo im Widerspruch zum zweiten Ergänzungsprinzip mit seinem Postulat der Herstellung der idealen in der realen Kommunikationsgemeinschaft bestimmte Gruppen von vornherein verantwortungsethisch entmündigt werden durch den Missbrauch des Weisungsrechts und des Verschwiegenheitsanspruchs durch die Arbeitgeber einer totalitären Firmenpolitik. Woher weiß aber die «moralisch souveräne Persönlichkeit», die sich entweder nur in demokratisch aufgebauten, repressionsfreien Institutionen verantwortungsmäßig bindet oder sich doch für solche Korporationen einsetzt, was – inhaltlich gesehen – moralisch vertretbar und gut ist? Müssen gemäß Arendts emphatischem Memento Autorität und Verantwortung für moralische Entscheidungen allein bei der einzig ausschlaggebenden Instanz: dem Individuum gesucht werden, auf dass sie gegen die offenkundig fehlbaren sozial vermittelten Moralsysteme geltend gemacht werden können (vgl. Bauman 1992, 192 f.)? Kann menschliches Verhalten, auch wenn es den in einer Gemeinschaft konsensuell vereinbarten sozialethischen Normen entspricht, nicht unmoralisch, ein von der betreffenden Gruppe gerügtes Handeln eines Oppositionellen hingegen zutiefst moralisch sein?

Die neuzeitliche Sozialethik beschränkt sich, da im nachmetaphysischen Zeitalter keiner mehr das Wesen eines Dings oder gar das Telos des Menschen zu definieren wagt, in der Regel auf einen reinen Formalismus und Prozeduralismus, welcher das Paradoxon des moralisch handelnden, sich gleichzeitig aber zum allgemeinen Konsens moralischer Normen in Widerspruch befindenden Individuums im Grunde liquidiert und Arendts Antagonismus von repressiver Sozialmoral und unfehlbarer moralischer Instanz des Individuums entschärft. Denn jede inhaltliche, unter den approximativen Bedingungen einer idealen Sprechgemeinschaft konsensuell verankerte allgemein verbindliche Norm hat dem diskursethischen Universalisierungsprinzip Genüge zu leisten, das Habermas in seiner sparsamsten Formel folgendermaßen artikuliert: «Jede gültige Norm müsste die Zustimmung aller Betroffenen, wenn diese nur an einem praktischen Diskurs teilnehmen würden, finden können» (1992, 32). Weder kommt Moralität also dadurch zustande, dass man die Individuen mit ihrem natürlich-unverdorbenen Empfinden von Gut und Böse, das angeblich «zur Ausstattung des Menschen [gehört] wie seine biologische Konstitution» (Bauman 1992, 193), gegen die manipulativen Institutionen abschirmt und zur prinzipiellen Renitenz gegen jedes Konzept einer sozialen Fundierung von Moral aufwiegelt, noch durch ein dogmatisches Aufoktroyieren moralischer Normen im Laufe der Sozialisation. Moralisch-praktische Rationalität, die

Fähigkeit zu verantwortlichem moralischem Handeln setzt vielmehr eine öffentliche Willensbildung in Erziehung, Studium und Politik voraus, die heute zunehmend dem Verlangen nach rasch-reibungsloser systemisch-technischer Koordination der Handlungsfolgen zum Opfer fällt. Notwendige Grundlagen einer solchen öffentlichen Willensbildung stellen die von Apel und Habermas als Signaturen einer idealen Kommunikationsgemeinschaft ins Feld geführten regulativen Prinzipien der Konsensfindung bezüglich strittiger lebensweltlicher Fragen dar: (1) die Anerkennung aller Gesprächspartner inklusive der Unterstellung von Zurechnungsfähigkeit, kommunikativer Rationalität und Wahrhaftigkeit; (2) die Ausschließung aller Handlungszwänge und jeder systematischen Verzerrung der Sprechsituation zugunsten des zwanglosen Zwangs des besseren Arguments; (3) anstelle der Durchsetzung egoistischer Privatinteressen die diskursive Konsensfindung unter Berücksichtigung aller argumentativ rechtfertigbarer Ansprüche als alleiniges Ziel der Gesprächspartner.

Neben diesen von Apel und Habermas stark gemachten notwendigen Grundlagen einer öffentlichen Willensbildung, welche die unverzerrte, chancengleiche Gesprächsbeteiligung sicherstellen, tritt als hinreichende Bedingung das beispielhaft von Meyer-Abich projektierte Modell einer «demokratischen Wissensgesellschaft» hinzu (vgl. «Irrglaube an die reine Wissenschaft» in der Millenniumsbeilage der Süddeutschen Zeitung vom 15. 12. 1999): Weil wir einerseits das Grundrecht der Meinungsfreiheit streng genommen nur dann genießen dürften, wenn wir damit eine Meinungsbildungspflicht verbinden, und andererseits die Annahme politisch vollkommen naiv wäre, über wissenschaftlich-technische Entdeckungen könne man gleichsam im Nachhinein bedächtig Rat halten, muss nicht nur der Stand des Wissens betreffs Nutzen und Schaden, Chancen und Risiken laufender Forschungsziele Allgemeingut sein, sondern auch generelle Mündigkeit im Wissen um das tatsächlich Wissenswerte hinsichtlich unserer Lebenswelt angestrebt werden. Eine demokratische Wissensgemeinschaft sind wir erst dann, wenn wir den Gang der Wissenschaften, und zwar vom Augenblick an, wo eine technische Entwicklung ins Stadium der Invention tritt und das wissenschaftlich-technische Potenzial somit mit einer Nutzungsidee verkoppelt wird (vgl. Ropohl 1996, 261 ff.), nicht länger dem Urteil der Experten oder einiger Politiker überlassen, sondern im Abwägen konträrer Wertperspektiven, Beurteilungsmaßstäbe und Ansprüche zu gemeinsamen und alle verpflichtenden moralischen Normen vorstoßen. Moralische Verantwortung im Zeitalter wissenschaftlich-technischer Rationalität zu übernehmen bedeutete demnach in Birnbachers Worten: «keine vollendeten Tatsachen zu schaffen, sondern der Entwicklung und Weiterentwicklung von Technologien möglichst umfassende und von alternativen Einstellungen und Wertstandpunkten ausgehende Abschätzungen und Bewertungen ihrer Auswirkungen auf Mensch, Gesellschaft und Umwelt vorangehen zu lassen. Technikethik darf nicht darin bestehen, über fragwürdige technische Entwicklungen nachträglich zu lamentieren, sondern muss als integraler Bestandteil in ein multidisziplinäres technology assessment eingehen, das vorausschauend vor technologischen Sackgassen warnt, bevor auch nur für ihre Erprobung so viel investiert wird, dass Präjudizien für eine Weiterverfolgung der Entwicklung gegeben sind» (1991, 635 f.).

Unter den genannten Prämissen der diskursethischen regulativen Prinzipien der Konsensfindung in einer (idealen) Kommunikations- und Handlungsgemeinschaft sowie durchgängiger Meinungsbildungspflicht in Sachen lebensweltlich relevanter Forschungsprojekte scheint also dasjenige Handeln verantwortungsvoll und moralisch richtig, dem alle potenziell in einem ungezwungenen Diskurs zustimmen können. Im Dunkeln bleibt bei einer solch sozialethischen Zufluchtnahme zu einem formalen Prozeduralismus, welche individuellen Ansprüche nun als argumentativ rechtfertigbar gelten dürfen und in welchem Sinn die einzelnen Diskursteilnehmer dem allgemeinen Konsens beipflichten sollen: nur weil die vorgeschlagene Handlungsnorm gerade mit ihren egoistischen Privatinteressen übereinstimmt oder weil er moralisch richtig ist – oder würden wir uns im letzteren Fall vielleicht im Kreis drehen? Zweifelsohne wird, wie bereits das dritte regulative diskursethische Prinzip indiziert, der moralischen Dimension allein bei der zweiten Option Rechnung getragen, weil nur hier von moralischer Objektivität im Sinne der Unparteilichkeit gesprochen werden kann. Solche moralische Unparteilichkeit, so stellt Seel heraus, muss allerdings etwas gänzlich anderes darstellen als bloße Nichtparteilichkeit: «Bloße Nichtparteilichkeit ist aber nicht das, was wir meinen, wenn wir von moralischer Unparteilichkeit sprechen. Man kann nicht überhaupt unparteilich, sondern nur in bezug auf etwas Bestimmtes unparteilich sein. Wer nun sagt: in bezug auf moralische Regeln, muss auch sagen, was in moralischen Regeln unparteilich geregelt werden soll – der Zugang zur Chance eines guten Lebens» (1995, 234). Eine rein prozedurale, formalistische Explikation von moralischem oder verantwortungsethischem Handeln ist also unzureichend ohne Bezug auf einen von allen zu berücksichtigenden Inhalt, nämlich die Idee eines «guten menschlichen Lebens», einer schützenswerten «menschlichen Lebensqualität». Die Bestimmung der Richtlinien «menschlicher Lebensqualität» und der zu gewährleistenden Chancen eines für alle «guten Lebens» muss gleichsam in einem «transzendentalen Sprachspiel» erfolgen, das jedem moralischen lebensweltlichen Diskurs logisch und zeitlich vorangeht. Der hierbei vereinbarte Grundkonsens übernimmt eine transzendentale Funktion hinsichtlich sämtlicher lebensweltlicher Orientierungsfragen und strittiger Ansprüche. «Der moralische Gesichtspunkt ist – *zusammen* mit der Idee der unparteilichen Rechtfertigung – durch einen bestimmten Inhalt gegeben: durch das, worauf wir in unvoreingenommener Form Rücksicht nehmen sollen» (ebd.).

5.2 Tücken des E-Governments

Während im aristotelischen Polis-Modell mit enger Konjunktion von Bürger-Glück und politischer Gemeinschaft das Glück des in politischer (ethische Tugenden) wie theoretischer Hinsicht (dianoetische Tugenden) sein wesenseigenes «Ergon» vollbringenden Einzelnen als «moralisches Telos» identifiziert werden konnte, trat bei unserer Analyse der Verantwortung zutage: In unserer hochkomplexen und arbeitsteiligen wissenschaftlich-technischen Zivilisation kann das «moralische Telos» nur ein diskursiv erarbeiteter Zielpunkt, ein Konsens über die Richtlinien menschlicher Lebensqualität und unserer gemeinsamen Lebenswelt sein. Da unsere Zukunft weniger von der Lösung unserer partikularen technischen Einzelfragen als vielmehr von der Lösung unserer übergreifenden ethischen Probleme bestimmt wird (vgl. Kapitel 2.4), müssen wir uns endlich verabschieden von der mit dem Wunsch nach Verantwortungsentlastung gepaarten Idee einer «Automatik» der technischen Entwicklung (vgl. Kapitel 8). Skepsis gebührt beim Kampf gegen den grassierenden Verlust von Verantwortung in unserer wissenschaftlich-technischen Zivilisation auch dem von Bund und Gemeinden lancierten Projekt des «E-Governments», der Vision einer elektronischen direkten Demokratie ohne Politiker. Denn hierbei gewinnt analog zum E-Commerce das technische Verfahren an Effizienz, die politischen Anstrengungen in sozialethischer Hinsicht jedoch an gar nichts: «Internet erleichtert den Amtsverkehr – die Demokratie macht es damit weder besser noch schlechter» («Demokratie als Computerspiel» in der Weltwoche vom 25. 1. 2001, 41). Während das Internet mit anderen Worten Wege verkürzt, Zeit spart und leibhaftige Begegnungen erspart, tritt an die Stelle der öffentlichen Willensbildung eine bloße Transparenz der Entscheidungen, Ansichten und Positionen der Bürger. Wozu uns die kundenorientierten Portale den Weg erleichtern sollen, sind mithin nicht die dringlich benötigten Gesprächsforen einer mündigen Wissensgemeinschaft zum Zweck einer lebensweltlichen Konsensfindung, sondern vielmehr technische Problemlösungsverfahren zum Eigengebrauch für den egoistischen Einzelnen nach dem Muster: «Sie haben ein interessantes Projekt und suchen Unterstützung? Klicken Sie auf ‹Subventionen›!» (ebd.)

Wie sich früher manch einer vor dem Kauf von Pornovideos scheute, jetzt aber hemmungslos Sexfilme aus dem Internet lädt, weil man durch Internetportale ganz ungeniert eintritt, mutiert, wenn der Staat ins Netz geht, der verantwortungsbewusste, um die «volonté générale» bemühte Bürger zum flüchtigen Besucher, der den Staat als allzeit bereite Amme zur Überbrückung verschiedenster privater Notlagen missbraucht. Aus der Schicksalsgemeinschaft wird unter der Hand eine Selbstbedienungsgemeinschaft (1). Als antidemokratisch erweist sich das neue Medium, damit Winners These einer «flagrant contradiction to the ideology of modern democraty» betreffs der technischen Artefakte insgesamt bestätigend (Winner 1997, 295),[28] noch in zwei anderen

Hinsichten: (2) Obgleich die Internet-Propheten proklamieren, «erstmals in der Menschheitsgeschichte trenne nur ein Mausklick die da unten (die Bürger) von denen dort oben (Regierung, Parlament, Verwaltung)» (Weltwoche vom 25. 1. 2001, 41), profitieren bei Licht besehen von der digitalen Aufrüstung des Bundes lediglich die Profis und Political Junkies, d. h. die Journalisten, Parteisekretäre, Vorstände staatsbürgerlicher Vereine. Damit wächst der Graben zwischen einer Info-Elite, die immer mehr weiß, und einem Info-Proletariat, das immer weniger weiß, sodass die «Wissenskluft» der Gesellschaft durch Internet tendenziell verschärft statt eliminiert wird.[29] (3) Neben dieser Gefahr, dass von der E-Demokratie ganze Gesellschaftsgruppen ausgeschlossen werden könnten, entfaltet das Internet, wie bereits eingangs erörtert, seine Stärke «als eine Art Segmentierungsmaschine»: indem es durch eine unendliche Informationsmasse, von der jeder nur einen winzigen Bruchteil aufzunehmen vermag, die Gesellschaft zersplittert in immer kleinere Nischen von Gleichinformierten und Gleichgesinnten. Da die gemeinsam geteilten Wissensbestände schwinden, dient das Internet keiner Assoziation von Bürgern einer demokratischen Wissensgesellschaft, sondern erlebt «seine politischen Sternstunden eher im subversiven Gebrauch des Netzes» (ebd.) als Medium für Gesinnungsgruppen – beispielsweise beim effizienten Aufgebot der bundesweit zerstreuten Neonazis zu einem solidarischen Schlägertreffen.

Wie der Versuch der ersten weltweiten elektronischen Wahlen einer transnationalen Verwaltungsinstanz, die «Icann»-Wahlen im Oktober 2000, dokumentiert, ist die Transformation von «Usern» zu «Netizens» äußerst diffizil und die «Ideologie der modernen Demokratie» einer pluralistischen Gesellschaft den Netzvagabunden völlig fremd.[30] Mit folgender Feuilleton-Persiflage unterbreitet in Anbetracht dessen Hasler einen dystopischen Vorschlag, wie die Not zur Tugend umzumünzen sei – indem man Politik als Computerspiel arrangiert! Dies bedeutet: «Website als Selbstinszenierung der Regierung, als Bühne für Beeindruckungskünste und Wahrnehmungssteuerung – Machtreklame statt Grundsätze, optische Signale statt Argumente, Ästhetik statt Substanz, Symbole statt Konzepte. Die Tendenz schreitet auch ohne Internet voran: Politik nach den Gesetzen der werbe- und medientechnischen Erzeugung von Prominenz. Im Internet ließe sich dies leicht perfektionieren: als interaktives Multimediaspektakel, als permanente Talkshow zwischen Regierung und Volk – und dies endlich ohne das lästige Dazwischenfunken einer kritischen Öffentlichkeit» (ebd.). Dem Schreckgespenst einer solchen E-Demokratie, in der politische Argumente durch ästhetische Signale und die kritische Öffentlichkeit durch ein interaktives Multimediaspektakel substituiert sind, scheinen wir heute, wo der Zeitgeist im Fitnesscenter weht und das öffentliche Leben ausstirbt, in Windeseile entgegenzuschreiten. «Politik ist nicht mehr hip», pfeifen die Spatzen von den Dächern, weil ästhetische Heiterkeit und ironische Distanz zu allen gemeinsamen Angelegenheiten jedes politische Engagement im Keim ersticken. Politik verliert das Pathos unserer Großväter und degeneriert zu etwas rein Unterhaltsamem.[31] Ironie als «Weigerung, sich auf die stets trügerische Welt wirklich einzulassen», aus lauter Angst, «dass alles Glauben, Hoffen oder Anteilnehmen immer nur in Enttäuschung enden kann», wird von verschiedenen Diagnostikern vermehrt zum Habitus unserer Zeit schlechthin auserkoren (Purdy: «Das Elend der Ironie», in: Die Zeit vom 7. 9. 2000, 11). Wie gelangen wir indes zur unausgesprochenen Überzeugung, dass uns in der intersubjektiven Wirklichkeit nur Enttäuschung, Verrat und Demütigung aufwarten, wodurch verantwortungsvolles öffentliches Handeln als allzu riskantes Wagnis erscheinen muss?

5.3 Information statt Erfahrung

Zweifellos korreliert der ironische Habitus als typische Haltung und gängiges Erscheinungsbild unseres Zeitgenossen mit einer spezifischen Erlebnis- und Erfahrungsweise der Wirklichkeit, die wir in Ansätzen bereits bei unserem Porträt des postmodernen Menschen in Kapitel 1.1 tangierten. Da die unleugbaren Parallelen von Zeit-Krise und Krise der Philosophie in puncto Denk-, Erfahrungs- und Wissensformen notwendig koinzidieren, dürfte es sich erkenntnismäßig auszahlen, an dieser Gegenwartsstelle des Entzauberungs-, Rationalisierungs- und Kolonialisierungsprozesses angelangt, etwas zu verweilen. Der Grund, warum uns Menschen und Institutionen so unzuverlässig, warum uns unser eigener Körper samt Sinnesorganen und die ganze Wirklichkeit so enttäuschungsschwanger erscheinen, liegt einerseits darin, dass wir über immer weniger aktive und direkte Erfahrungen verfügen, die allein uns im unmittelbaren Kontakt mit der uns umgebenden Umwelt Sicherheit und Vertrauen vermitteln könnten (1). Im Zuge der Arbeitsteilung und Spezialisierung lassen sich die Einflüsse und Wirkungen unseres Tuns kaum mehr abschätzen oder gar erleben – sofern wir nicht sowohl in Beruf wie Freizeit ohnehin nur in der Rolle eines Computer-Dieners chargieren –, weil unsere Technik unverkennbar alles besser und schneller verrichtet und uns dadurch in einen Zustand permanenter Abhängigkeit lanciert. Wenn uns technische Hilfsmittel immer mehr geistige und körperliche Tätigkeiten abnehmen, die wir im Prozess der Gewöhnung schließlich verlernen, ist die Konfusion beim Ausfall der Geräte perfekt, wie Sennetts einschlägiges Exempel aus der «Backstube» belegt: «Das computergesteuerte Backen hat die ballettähnliche körperliche Tätigkeit am Arbeitsplatz tiefgreifend verändert. Inzwischen kommen die Bäcker nicht mehr mit den Zutaten der Brotlaibe in Berührung, da sie den gesamten Vorgang mit Hilfe von Bildschirmsymbolen überwachen [...]. Brot ist ein Bildschirmsymbol geworden. [...] Als Resultat dieser Arbeitsweise wissen die Bäcker allerdings nicht mehr, wie Brot eigentlich gebacken wird.» Anlässlich unvermeidlicher Interruptionen des Informationsflusses können zwar die Arbeiter «diese Fehler teilweise am Bildschirm ausgleichen, sie können die Maschinen jedoch nicht einstellen, oder, wichtiger noch, Brot von Hand backen, wenn die Maschinen – wie so oft – ausfallen. Als programmabhängige Arbeitskräfte besitzen sie kein praktisches Wissen» (1998, 87). Wer könnte noch melken, wenn die Melkmaschinen ausfielen, wer noch kopfrechnen, wenn der Rechner versagte, wer noch Erfahrungen sammeln in direkter Berührung mit Ereignissen der intersubjektiven Wirklichkeit, wenn der Informationsfluss der Medien versiegte?

Der grassierende Rückzug direkter und aktiver Erfahrungen verdankt sich also sowohl der fortschreitenden Arbeitsteilung und Spezialisierung als auch dem Siegeszug der Technik mit ihrem Kulminationspunkt im omnipräsenten Internet. Letzteres bewirkte in Birkerts'

Worten, «dass sich heute über alles ein Kommunikationsnetz, ein weiches und schmiegsames Gewirk aus unsichtbaren Fäden, gelegt hat. Die sogenannte natürliche Welt, der Ort, wo wir lebten und der für uns lange Zeit das Maß aller Dinge war, ist jetzt nur noch wie durch eine Gardine wahrzunehmen. Natur, das war einmal» (1997, 163). Doch ist es angebracht, hier wehmütige Töne anzustimmen, wo alles nur noch durch Gardinen technischer und mikroelektronischer Medien wahrgenommen und erlebt werden kann? Muss der irreversible Schritt aus einer unreflektierten Einheit mit der Natur auf der Grundlage eines numinos-animistischen Naturverständnisses hin zu einem entzauberten, naturwissenschaftlich quantifizierten und dechiffrierten, kommunikationstechnologisch codierten künstlichen Universum nicht vielmehr als Befreiung gefeiert werden? Wissenschaft und Technik scheinen, erläutert Birnbacher, «der Natur etwas wegzunehmen, sie ärmer zu machen, sie auf ein zu beliebigen Zwecken zu gebrauchendes Material zu reduzieren. Aber so verbreitet und tief verwurzelt dieser Eindruck ist, er verdankt sich einem Missverständnis. [...] Ein natürlicher Gegenstand wird nicht ärmer dadurch, dass ich mehr über seine innere Struktur, seine Verhaltensweisen und seine Herkunft weiß – eher im Gegenteil. Wenn das Wissen über die Natur [...] etwas zerstört, dann allenfalls Irrtümer und Illusionen» (1991, 625). So plausibel dieses Verdikt klingt, dementiert Birnbacher es doch implizit selbst mit seinen späteren Hinweisen, dass wir (a) infolge der Übernahme des technischen Expertenwissens immer mehr auf eine reale Auseinandersetzung mit der Natur Verzicht leisten – und sie dadurch trotz gesteigertem *Wissen* über sie immer weniger *kennen*. Darüber hinaus wird (b) die Natur aufgrund des technischen Nivellierungseffekts allmählich auf einen kläglichen Restbestand zurückgedrängt.[32]

Während also einerseits das Natürliche sukzessive vor dem Künstlichen zurückweicht bis auf einen kümmerlichen Restbestand und uns mit einem gewaltigen Defizit an Eindrücken aus Tätigkeiten, Situationen und Ereignissen zurücklässt, an denen wir direkt beteiligt sind oder die wir mindestens selbst erleben, treten andererseits an die Stelle solch unmittelbarer Erfahrungen Informationen, die von Medienschaffenden, Politikern, Lehrern und Instrukteuren produziert werden (2): Je mehr wir uns von eigenen Erfahrungen lösen, desto stärker konzentrieren wir uns auf die passive und indirekte Informationsaufnahme via Fernsehen, Video und Internet. Natürlich verbietet es sich, persönliche Erfahrungen gegen künstliche Informationen aus zweiter Hand auszuspielen, weil deren Vorteile einer rascheren und schnelleren Aufnahmemöglichkeit sowie ihres sämtliche räumlichen und zeitlichen Grenzen unserer eigenen Körperlichkeit sprengenden Einzugsbereichs allzu evident sind. Allein die Informationen haben sich zu einem solch gewaltigen Überhang summiert, dass das notwendige Gleichgewicht zwischen direkter, aktiver Erfahrung und indirekter, passiver Informationsaufnahme völlig aus den Angeln gehoben ist und wir somit das meiste nur noch vom Hörensagen kennen. Fernsehen und Internet suggerieren uns immerfort, bei allen Geschehnissen dabei und somit rundum «im Bilde» zu sein, ja überhaupt nur dank ihrer autorisierten Vermittlung die Vorgänge «richtig» zu erfassen: «Oft wissen Reisende Stätten, die sie besucht haben, erst im nachhinein zu schätzen, dann nämlich, wenn diese auch im heimischen Fernsehen präsentiert worden sind; nicht der Ort selbst enthält den Ausweis seiner Schönheit oder Bedeutung, und nicht die direkte Wahrnehmung ist fähig, diese aufzunehmen, sondern erst die Medienrelevanz nobilitiert das Übersehene, erst vor dem Bildschirm sieht man ‹richtig›» (Welsch 1993, 63). Doch was ist zu befürchten, wenn sich in der «Tele-Ontologie» (ebd., 16) Erfahrung und Information in keiner Weise mehr die Waage halten? Welchen Schatten wirft die universelle Informiertheit?

Fabrizierte, auf dem Bildschirm feilgebotene Informationen halten im Gegensatz zu direkten Erfahrungen immer nur winzige Segmente der Wirklichkeit fest und flitzen zeitlich punktuell an uns vorüber, sodass wir uns nicht wirklich zu ihnen in Beziehung setzen und sie gegebenenfalls in unseren Erlebnishorizont integrieren können. «Denn der Begriff der Erfahrung schließt ein, dass die Wirklichkeit auf die eigene Person einwirkt, dass die empfangenen Eindrücke verarbeitet werden», akzentuiert Scheible: «Erfahrung wäre zu definieren als gelungene Vermittlung von Wahrnehmung und Eindrücken mit der eigenen Identität. Eben diese Vermittlung jedoch kommt bei der Nachrichtenübermittlung durch die Medien nicht zustande. Einmal, weil die Wirklichkeitsfragmente zu geringfügig sind, um angemessene Reaktionen überhaupt zuzulassen; zum andern werden, vor aller Beeinflussung durch bestimmte Inhalte, bereits durch die jeweilige Technik der Übermittlung die Gegenstände vorab in einem solchen Ausmaß präformiert, dass der Rezipient ihnen gegenüber heteronom bleiben muss» (1984, 15). Die eskalierende Informationslastigkeit und die dadurch bedingte mangelhafte Vermittlung der medial auf uns einrieselnden Eindrücke mit der eigenen Identität versetzen unser Verhältnis zu unserem Körper, zu uns selbst, schließlich zur Außenwelt in ein haltlos-unsicheres Schwanken. Je mehr der eigene Körper mit all seinen sinnlichen Organen zum bloßen «container» oder zur «black box» degradiert wird und man an der Stelle einer verantwortlichen Begegnung zwischen zwei Partnern das unverbindliche «Chatten» oder den «Cybersex» deutlich favorisiert, desto mehr steht unsere Personalität auf dem Spiel. «Im virtuellen Raum kann man sich heute aus der Ferne ‹berühren›, wir erleben eine elektronische Masturbation, die bis zur völligen Desintegration der Menschen führen kann», warnt Barloewen und schildert die befremdliche Telekopulation so: «Man streift sich einen Datenanzug über und schlüpft in eine Welt von Informationen. Der Körper ist mit einer zweiten Haut ausgestattet, einem muskulären und nervalen Interface. Mit diesem Überkleid, der elektronischen Jacke, das aus elektronischen Impulsen besteht, die jede Empfindung codieren und decodieren, beginnen die virtuellen Liebespaare ein virtuelles Spiel» (1998, 29 und 30).

Mit den neuen kybernetischen Erlebnisweisen verändern sich nicht nur unsere sozialen, familiären und intimen Strukturen, sondern es kommt zu einer Transformation unseres Bewusstseins von Wirklichkeit schlechthin. Indem, wie bereits in Kapitel 1.1 skizziert, der empirischen Wirklichkeit aufgrund ihres Konfliktreichtums und Enttäuschungsrisikos gegenüber der virtuellen Welt zunehmend weniger physikalisches Gewicht beigemessen wird, dient die passiv aufgenommene Information immer seltener als Anregung zur eigenen Urteilsbildung und Aktivität, bis dass «virtuelle Erfahrung» zur reinen «Unterhaltung» verkommt. Infolge des Realitätsverlusts nehmen wir frustrierende Erlebnisse nur noch als bedrohliche, allein durch Wegschauen «vermeidbare» Hindernisse wahr, weil wir der teilweise als Persönlichkeitseigenschaften angeborenen, zum großen Teil aber erworbenen psychischen Kompetenzen der Leidbewältigung und Frustrationstoleranz verlustig gegangen sind. Seit wir uns elektronische Jacken überstülpen, die sämtliche Empfindungen codieren und decodieren und willkürlich abrufbar machen, weil die Fähigkeiten der Sexmaschinen und der medialen Masturbation alles real Erlebbare tausendfach übersteigen, ist unsere Empfindungs- und Wahrnehmungsweise auf rasche Erregung und unser Verlangen auf unverzüglichen Genuss eingestellt.

Als Krisenphänomen eruiert Sloterdijk entsprechend «einen übermächtigen Trend zur Umorientierung der Medien von Information auf Erregungsproduktion», indem sie nicht länger differenziertes Denken und Urteilen fördern, sondern ihre Chance darin erblicken, «durch Reizwortjournalismus Massenpsychosen der Simplifikation auszulösen» (1999, 58). Wenn wir uns aber zu Hause vor dem Bildschirm bzw. in der elektronischen Jacke von schnellen Genuss bereitenden Reizen überfluten lassen und dabei eine hedonistische Lebens- und Weltanschauung internalisieren, bieten uns die realen persönlichen Erfahrungen, Erlebnisse und Gefühle nur mehr Enttäuschung, bloßen schalen Abglanz, Remakes.[33] Genauso, wie die aufgebauschten Informationen, statt zur eigenen Tätigkeit anzuregen, nur noch einen Unterhaltungs- und Vergnügungswert besitzen, hemmt die zunehmende Diskrepanz zwischen der nicht-virtuellen Erfahrung und verstiegenen Wünschen und falschen Erwartungen unseren natürlichen Betätigungsdrang, wodurch Unmut und Unsicherheit in der direkten Welt-Auseinandersetzung geschürt werden – und der Teufelskreis geschlossen wäre!

5.4 Grundordnung elektronischer Medien

Will man die von Vergnügungsindustrie und erregungsproduzierenden Medienschaffenden forcierten gegenwärtigen Erfahrungs- und Erlebnisweisen detaillierter betrachten, bietet es sich an, die divergierenden Grundorientierungen von Druckmedien und elektronischen Medien unter die Lupe zu nehmen, anhand deren sich die Transformation der Denkstrukturen präziser illustrieren lassen (vgl. Birkerts 1997, 165–176):

1. Während die Ordnung des Druckmediums linear ist und dieses durchgängig der Logik und Grammatik unserer Sprache verpflichtet bleibt, dominieren bei visuellen Medien optische Signale, rasch wechselnde Bildkompositionen und effektheischend-erregungssüchtige Aufmachungen auf Kosten von Detailgenauigkeit und logischer Ordnung. Komplexität und Spezifität des schriftlichen und mündlichen Ausdrucks haben einer Art «Primitiv-Sprech» im Telegrammstil zu weichen, weil die Breite des angesprochenen Publikums und die indirekten Übermittlungswege durch zahlreiche Zwischenstationen eine vollständige Nivellierung subtiler anspruchsvoller Diskursmuster erfordern. Stilphänomene wie Mehrdeutigkeiten, Symbole und Paradoxien machen Spruchblasen qua «sound bites» oder «bite-speak» Platz, sodass die Schulabsolventen nach Birkerts kaum mehr in der Lage seien, ihr Pflichtpensum an traditionellen Texten zu lesen (vgl. ebd., 167).

2. Auch wenn die lineare Ordnung des Druckmediums akkurat die Zeitachse hervorkehrt, indem wir beim Dahingleiten auf den Zeilen und beim Umblättern der Seiten gezwungenermaßen in der Zeit vorrücken, bleibt doch im Gegensatz zum Leser das Buch selbst statisch, mit seinem ganzen Inhalt auf der gesamten Lese-Strecke präsent und in jedem seiner Kapitel allzeit wiederholt konsultierbar. Sowohl das Lesetempo als auch die verschlungenen Wege unserer Aufmerksamkeit, wo ein Wissen vertieft werden soll, sind frei wählbar entsprechend unseren Lesezwecken. Die auf dem Bildschirm auftauchenden Inhalte indes, obschon grundsätzlich auch das Netz in all seinen Teilen stets zugegen und beliebig abrufbar ist, werden als flüchtig empfunden, weil sie durch leichten Tastendruck augenblicklich gelöscht oder variiert werden können. Das nicht weiter steuerbare Tempo des Fernsehens ist «rapide, ein Stakkato von Informationsschüben, die Grundbewegung mehr ein horizontales Assoziieren als ein vertikales Kumulieren» (ebd., 166), sodass uns keine Möglichkeit der Vertiefung offen steht.

3. Der geschilderte Kontrast zwischen dem sowohl Tempo wie Aufmerksamkeitsfokussierung gegenüber seinem statischen Druckmedium frei bestimmenden Leser und dem immerfort flüchtigen Informationsschüben ausgesetzten Fern-Sehenden zeitigt eine Modifikation des historischen Bewusstseins. In Absehung neuerer postmoderner Ex-

perimente mit Erzählperspektiven und -zeiten bis hin zum völligen Zerbersten eines Textes in einzelne Narrationsfragmente, die Birkerts bei seinen Analysen offenkundig ignoriert, scheint unsere lesende Aneignung eines Werkinhalts mit dem Prozess historischer Forschung zu korrespondieren: Vor- und wieder zurückblendend wird der in Schichten und in einem folgerichtigen Nacheinander aufgebaute Stoff sorgfältig erschlossen. «Die Feldtiefe der Erinnerung, die unseren historischen Sinn definiert», so assoziiert Birkerts, sei «in wesentlicher Beziehung im Buch und in der physischen Anhäufung von Büchern in Bibliotheksräumen und -depots verkörpert. Bei der Betrachtung einzelner Bände oder einer Masse von Bänden bilden wir uns eine Vorstellung von den vergangenen Zeiten als einer fortschreitenden Ablagerung von Schichtfolgen und bekommen eine Ahnung von deren Ausdehnung und Tiefe» (ebd., 175 f.). Wenn uns notorischen Internetsurfern solch schwärmerische Floskeln auch reichlich spekulativ erscheinen, wird doch niemand verleugnen, dass die uns in ewige Gegenwart, d. h. ins kometenhafte «Jetzt» hineinkatapultierenden Netzwerke jede Wahrnehmung historischer Dimensionen sabotieren.

4. Unser Bewusstsein wird aber durch die visuellen wie akustischen elektronischen Medien nicht nur auf einen verstärkten Gegenwartsbezug hin getrimmt, weil prinzipiell die Darbietungsweise die Informationsaufnahme und diese im Laufe der Zeit unsere Erwartungshaltung betreffs der Organisation von Informationen bzw. Erfahrungen generell prägt, sondern es verliert seinen Fokus: Während das Lesen als ein Buchstabieren, Decodieren und Interpretieren unsere ungeteilte Aufmerksamkeit erfordert, wird im multimedialen Zeitalter gerade die Fähigkeit vorausgesetzt, dank einer so genannten vielsträngigen Sensibilität seine Aufmerksamkeit zu ein und demselben Zeitpunkt auf heterogenste Dinge zu verteilen. Was von den E-Verteidigern als vielschichtige Auseinandersetzung mit der Wirklichkeit gepriesen wird, dementieren ihre Verächter indes «als eine unaufhörliche Positionsveränderung des Ich in einem Feuerhagel von außen auf es einstürzender Sinnesreize» (ebd., 171).

5. Wo die Aufmerksamkeit aufgefächert und das Bewusstsein zerstreut wird, kann infolge der Zersplitterung des Wissens in zusammen-

hangslose Puzzleteile ein postliterarisches Analphabetentum Konjunktur feiern. Je generöser die globale Bilderflut von Videos, Fernsehsendungen und Netzladungen uns nämlich zur Teilnahme an der ganzen Welt einlädt, desto weniger Einblick gewährt sie uns de facto in die Zusammenhänge der Wirklichkeit, da die Bilder und Websites von Tele und Internet «qua Bilder, im Unterschied zu Texten, grundsätzlich keine Zusammenhänge sichtbar mach[t]en, sondern immer nur herausgerissene Weltfetzen; also die Welt zeigend, die Welt verhüll[t]en» (Anders 1994, 4). Wohl nicht zuletzt daher, weil eine ganze Reihe von Pädagogen bereits den Ton darauf legt, wichtiger als das Erlernen und Wissen von Fakten sei bei weitem die Fähigkeit, in Wirkzusammenhängen, Prozessen und Analogien zu denken, setzt sich das Telelearning, die institutionalisierte und prüfbare Vermittlung von standardisiertem Wissen über das Datennetz erstaunlich zögerlich durch. Denn die «Befürchtung, dass komplexe und schwer verständliche Sachverhalte durch Animation, Klangeffekte, bunte Grafiken und konzentrationsschwächende Hyperlinks in benutzerfreundliche und mundgerechte Häppchen für den auf der Oberfläche surfenden Nutzer zerlegt werden, ist schwer zu entkräften», wie selbst Projektleiter von Cornelia-Online-Seminaren konzedieren (vgl. Berliner Tagesspiegel vom 17. 1. 2001: «Aus dem Bett direkt ans Netz», 32). Gleichwohl lauert in Kultur und Bildungswesen allerorts die große Gefahr, den Verlockungen des technisch Machbaren zu erliegen und «die entscheidenden Inhalte hinter einem quietschbunten, multimedialen Monitor-Feuerwerk verschwinden zu lassen» (ebd.). Nur dann aber, wenn der Tele-Student über ein außerordentliches Maß an Problembewusstsein sowie Selektions- und Konzentrationsfähigkeit verfügte, welche ihm durch bunte Signale und Klangeffekte der neuen Medien gerade abspenstig gemacht werden, könnte er angesichts eines unüberblickbaren potenziellen «Bildungs»-Angebots sein Abdriften in Beliebigkeit verhindern. Wie soll er aber eine selbstdisziplinierte Zielorientierung und ein Problembewusstsein entwickeln können, wenn im virtuellen Campus die altmodische zwischenmenschliche Interaktion und Face-to-Face-Kommunikation zugunsten ausgefeilter, hochaufgelöster Bildübertragungen eliminiert werden?

5.5 E-Studium und Tele-Learning

Mögen die Anbieter von E-Studiengängen noch mit gewissem Recht proklamieren, Rezeption und Diskussion des Lernstoffs ließen sich in virtuellen Unterrichtsräumen viel flexibler gestalten und besser integrieren, weil der Telestudent anders als in Präsenzlehrveranstaltungen beispielsweise bereits während der Online-Vorlesung mit seinem Kommilitonen über E-Mail- oder Chatfunktionen in Kontakt treten könne, ist das Defizit an interaktiven und sozialen Komponenten bei den frisch Verbreitung findenden Fernseh-Unterrichtsspektakeln für Schul- und Vorschulkinder ebenso verheerend wie flagrant. Postman berichtet von zwei in den USA gestarteten didaktischen Projekten – der «Sesam Straße» und «The Voyage of Mimi» –, die seitens der Lehrer wie der Schüler und nicht zuletzt auch aufseiten der Eltern stürmisch begrüßt wurden, deren schlechtes Gewissen darüber, ihre Kinder stundenlang regungslos vor dem Bildschirm verharren zu lassen, unverhofft beruhigt wurde (vgl. 1985, 174–188). Statt dass sich aber die verheißungsvollen Prophezeiungen bestätigt hätten, denen zufolge «der Lernerfolg steigt, wenn man die Informationen in einem spannenden Rahmen präsentiert, und dass das Fernsehen hierzu besser geeignet ist als jedes andere Medium» (ebd., 184), wird lediglich die herkömmliche Idee des Schulunterrichts, vom Klassenzimmer als Ort sozialer Interaktion, zunichte gemacht: Konnte man im Klassenraum bei Unverständnis jederzeit an die Vertrauensperson des Lehrers Fragen richten, bleibt der Bildschirm stumm. Während man dort gewisse Regeln des Sozialverhaltens zu beachten hatte und aufgrund mangelnder Aufmerksamkeit mit Sanktionen rechnen musste, wird vor dem Bildschirm nichts dergleichen geahndet. War der Spaß in der Klasse immer Mittel zum Zweck, weil im Zentrum die Sprachentwicklung der Abc-Schützen stand, arriviert das Amüsement inmitten multimedialer Effekte sukzessive zum Zweck an sich. Da aber menschliches Lernen «ein ganzheitliches, sozial-emotionales Geschehen [sei], bei dem das Denken mit sozial motiviertem Handeln eng verknüpft werden muss», entlarven Bildungsbeauftragte das Computer- und Tele-Learning als «Mythos» der Moderne (vgl. Berliner Tagesspiegel vom 18. 2. 2001: «Computerlernen ist Mythos», 33).

Der wesentliche Beitrag des Fernsehens zur postmodernen Pädagogik soll nach Meinung der Projektleiter gerade in seiner Demonstration gesehen werden, dass das Lernen und die schulische Akkulturation kein kontinuierlicher, viel Anstrengung und Ausdauer abverlangender Prozess sei, sondern Unterricht schlechterdings mit Unterhaltung kongruiere. Die fundamentalen Gebote der Fernseh-Bildungstheorie lauten daher: (1) «Du sollst nichts voraussetzen» – womit die Kontinuität und der stufenweise Aufbau von traditionellen Bildungsprozessen durchkreuzt werden. (2) «Du sollst nicht irritieren», weil Irritation und Notwendigkeit zum kritischen Selberdenken den kürzesten Weg zu niedrigen Einschaltquoten darstellen. (3) «Du sollst die Erörterung meiden», die sich wie alle anderen althergebrachten Elemente eines vernünftigen Diskurses von Gründen und Argumenten bis hin zu Beweis- oder Widerlegungsverfahren nicht visualisieren und dramatisieren lassen (vgl. Postman 1985, 180 f.). Dass schulischer Unterricht ohne Voraussetzungen, ohne Irritation und ohne Erörterung unter dem Genre Unterhaltung rubriziert werden darf, steht außer Zweifel. In der irregeleiteten Meinung, nur dank Unterhaltung sei das Interesse der Schüler zu wecken und ihre Lernfähigkeit zu potenzieren, bemühen sich die Lehrer von den Grundschulen bis hinauf zur Universitätsstufe beflissen um eine Steigerung der visuellen Stimulanz der Unterrichtsstunden, bis dass man – anlässlich eines Experiments in Philadelphia – den Schulunterricht in ein Rockkonzert ummünzt (vgl. ebd., 181)!

Wenn Postman im Rahmen der zunehmenden Ablösung des traditionellen Unterrichts auf der Basis des gedruckten Worts und der direkten Interaktion durch die elektronischen Medien von einer «neuen Bildung» spricht,[34] handelt es sich wohl um einen Euphemismus. Verschiedene breit angelegte empirische Erhebungen erbringen nämlich den Nachweis, die in spannendem Umfeld visuell dargebotenen Bedeutungsinhalte würden extrem segmentiert und äußerst konkret wahrgenommen, sodass sie nicht mit dem bereits gespeicherten Wissen und persönlichen Erfahrungsschatz verknüpft werden können und sich auch keine abstrakten und allgemeinen Schlussfolgerungen aus ihnen ableiten lassen (vgl. ebd., 185 f.). Befragt man Studenten über Nachrichteninformationen, die ihnen via Fernsehen, Radio oder Zeitung eröffnet wurden, fallen die Zahlen der richtigen Antworten bezüglich Personen und Vorkommnissen bei Übermittlungen in gedruckter Form bedeutend höher aus. Ohne dass sich also der erwartete Lernerfolg der hoffnungsfroh in Gebrauch genommenen medialen Unterrichtsmethoden einstellen würde, internalisieren die Schüler einzig und allein, dass Wissensaneignung eine Form der Unterhaltung sei – und sie werden mit dieser Erwartungshaltung in sämtliche anderen öffentlichen Räume und Institutionen entlassen: «Sie werden gar nichts anderes erwarten und daher ausgezeichnet vorbereitet sein, wenn ihnen Politik, Religion, Nachrichten und Wirtschaftsleben auf die gleiche vergnügliche Art und Weise nahegebracht werden» (ebd., 188). In jeder anderen Darbietungsform müssen dagegen alle gemeinsamen Angelegenheiten auf Unverständnis stoßen. Nochmals tritt somit in aller Schärfe zutage, dass infolge der stark visuell ausgerichteten neuen Medien das komplexe, schlussfolgernde Denken, die argumentativen Fähigkeiten und die öffentliche Urteilsbildung in Gefahr geraten, weil in Bildungswesen, Wissenschaft und Politik ernsthafte Diskursmodi bedenkenlos zugunsten von Unterhaltungsstrategien einer grassierenden Vergnügungsindustrie preisgegeben werden. Wenn die Menschen unserer postmodernen Moderne sich zu Tode amüsieren, leiden sie, so lautet Postmans letzter und zynischer Schluss, «nicht daran, dass sie lachen, statt nachzudenken, sondern daran, dass sie nicht wissen, worüber sie lachen und warum sie aufgehört haben, nachzudenken» (ebd., 198).

Rekapitulieren wir kurz die zutage geförderten mikro- und makroskopischen Signaturen postmoderner Denk- und Erlebnisweise als Korrelat des für unsere Gesellschaft maßgeblichen «Habitus der Ironie»: Zunächst mussten wir ein massives Ungleichgewicht zwischen direkten, aktiven Erfahrungen und indirekten, passiven Informationen konstatieren, welches in einem ausweglosen Teufelskreis zu einer passiv-rezeptiven, nach rascher Erregung und vergnügter Unterhaltung heischenden Erlebnissucht führt. Indem der realen Außenwelt aufgrund ihres unvermeidbaren Konfliktreichtums und Frustrationsrisikos immer weniger Gewicht beigemessen wird im Vergleich zur leichter handhabbaren virtuellen, ist einerseits infolge der eskalierenden Diskrepanz zwischen unseren medial aufgebauschten Wünschen und Erwartungen und den tatsächlich menschenmöglichen Erfahrungen unser natürlicher Betätigungsdrang in der aktiven Auseinandersetzung mit der Wirklichkeit gehemmt. Andererseits besitzen die medial präformierten Informationen in ihrer flüchtigen Präsentation und Fragmentarität, ohne mit unserer Identität vermittelt zu werden und als Anregungen für reales Handeln zu fungieren, nur noch reinen Unterhaltungs- und Vergnügungswert. Diese doppelte Tätigkeitshemmung erhöht zwangsläufig unsere Unberatenheit und Unsicherheit in der direkten Erfahrungsweise und mündet in einem verheerenden Vertrauensverlust gegenüber unseren Sinnen, unserem Körper, gegenüber uns selbst und der Außenwelt; in der Angst, dass jedes Anteilnehmen, jedes verantwortungsvolle öffentliche Engagement immer nur in Enttäuschung enden kann. Auch die mikroskopische Darbietungsweise der neuen elektronischen Medien, welche zweifellos die Art und Weise unserer Informationsaufnahme und diese wiederum im Laufe der Zeit unsere Erwartungshaltung betreffs der Organisation von Erfahrungen schlechthin prägt, scheint uns zur Flucht in eine ironisch distanzierte Welt-Stellung zu treiben: Aufmerksamkeit heischende, stakkatohaft an uns vorüberflitzende optische Signale und Reize ohne luziden Aufbau und logische Ordnung (1), hastige Informationsschübe ohne Möglichkeit der Vertiefung oder Aufmerksamkeitssteuerung (2) im Gegensatz zur Organisationsform der Druckmedien. Das pausenlose «Jetzt» scheint jede historische Dimension unserer Erfahrung zu tilgen (3), unsere Aufmerksamkeit ist zerstreut und das Bewusstsein fragmentiert (4), sodass der scheinbar über alles in der Welt kundige Netzbesucher nichts mehr erkennt und weiß, weil er überall anstelle von Prozessen und komplexen Zusammenhängen nur Weltfetzen erblickt (5). Wissensaneignung in Form der Unterhaltung ist, indem das äußerst konkret und allzu segmentiert Rezipierte nicht mit dem bereits gespeicherten Wissen verknüpft werden und zu abstrakten Schlussfolgerungen animieren kann, grundsätzlich zum Scheitern verurteilt.

6 Philosophie als Hoffnungsträgerin ihrer Zeit

Um uns vom Habitus der Ironie zu entwöhnen, der das öffentliche Engagement und die kollektive Verantwortung auszehrt, und um in der Folge politisch wieder mündig zu werden, müssten wir unstreitig das Vertrauen in die reale gemeinsame Wirklichkeit wiedergewinnen. Aber wie? Primär sollen «wir unsere Angst vor Enttäuschungen ablegen», rät Purdy, der junge amerikanische Verfasser politischer Essays. «Was immer uns wichtig ist, mag uns zuweilen auch betrügen. Der Trick liegt darin, sich diesem Risiko zum Trotz auf etwas einzulassen, das der Mühe wert ist» («Das Elend der Ironie» in: Die Zeit vom 7.9.2000, 11). Der Haken dieses simplen Trotz-Tricks ist doch aber, dass uns nichts mehr der Mühe wert erscheint, weil gerade der Verlust sämtlicher Werte, Hierarchisierungen und Ordnungen in der öffentlichen Sphäre uns zum narzisstischen Selbstgenuss stipulierte (vgl. Kapitel 7.3.). Es drängt sich in diesem Dilemma zaghaft die Frage in den Vordergrund, ob nicht die Philosophie, von jeher betreut mit den Aufgaben weltanschaulicher und lebensweltlich-normativer Orientierungshilfe, uns im Prozess der Rationalisierung und Technisierung einen Weg aus dem Fliegenglas zeigen könnte, bevor wir alle durch effiziente Automaten ausgewechselt oder überreizt in der Informationsflut versunken sind. Tatsächlich wendet sich manch hilfloser Zauberlehrling heute an die Philosophie, obgleich die einstige «Königin der Wissenschaften» seit dem neuzeitlichen Ehebund von Naturwissenschaften und Technik ihren Sonderstatus längst eingebüßt hat (vgl. Kapitel 2.). Während aber einerseits die Hoffnungen und Erwartungen an die Adresse der Philosophie, sie könnte allgemeine Orientierungskompetenz in persönlichen und gesellschaftlichen Fragen übernehmen, ins Unerfüllbare steigen, wird andererseits der vox populi innerhalb der Grenzen reiner akademischer Vernunft immer weniger Gehör geschenkt (vgl. Schmidt/Lohmann 1998, 7). Da angesichts dieses Dilemmas nicht nur das Misstrauen des Laienpublikums gegenüber dem, was als Relikt einer 2000-jährigen Kompetenzreduktion in den akademischen Gefilden sorgfältig gehütet und beschirmt wird, berechtigterweise exponentiell anwächst, sondern auch die Verlegenheit seitens philosophischer Fachvertreter bei allfälligen Selbstlegitimationsversuchen groß ist, dürfte folgende Faustregel beiderseits hilfreich sein: «Philosophie kommt zustande, wenn jemand Wissenschaft betreibt und trotzdem denkt»![35]

6.1 Hüterin der «Räume der Reflexion»

Sobald man Argwohn hegt, dass Bildung sich weder einfach runterladen lässt, wie uns das Edutainment mit seinem Werbeslogan «Aus dem Bett direkt ans Netz» suggeriert (vgl. Berliner Tagesspiegel vom 17.1.2001, 32), noch im Stil des amerikanischen Multimedia-Unterrichts ohne Verluste auf Unterhaltung transponierbar ist, könnte es zur vordringlichsten Frage eines sich auf die Reflexion der Reflexion verstehenden Philosophen werden, in unserer kolonialisierten Lebenswelt erst einmal «den Raum der Reflexion wiederzugewinnen» (Schmid 1998, 136). Denn die neuen, an Gymnasien propagierten didaktischen Methoden gehen zwar korrekterweise davon aus, dass es heute nicht mehr darauf ankomme, «Wissen zu ‹haben›, sondern zu wissen, wo und wie es zu haben ist» (ebd.). Sie greifen aber in ihrer Einseitigkeit eindeutig zu kurz, weil es wenig hilft, jederzeit jedes Wissen verfügbar zu haben, wenn man nicht weiß, was man denn eigentlich wissen will und zu welchem Zweck. «Informationsmanagement», wie es bereits in der populären Lebenshilfeliteratur grassiert, könnte daher auf professioneller Ebene vertieft und kritisch fortgesetzt werden, damit inmitten der medialen Reizüberflutung und der gesellschaftlichen Komplexität die Bedingungen der Möglichkeit einer Führung unseres Lebens, der so genannten Lebenskunst, erhalten bleiben. «Auf die Überflutung antwortet die existentielle Reduktion, die Zurückführung der Dinge auf ihre existentielle Wichtigkeit für das Selbst», diagnostiziert Wilhelm Schmid in seiner *Philosophie der Lebenskunst.* Vielleicht müsste allerdings entsprechend unserer Erkenntnisse in Kapitel 5.1 die «existentielle Reduktion» in einer «interexistentiellen Reduktion» integriert werden. Es scheinen sich jedenfalls beide Reaktionsweisen auszuzahlen, «auch auf die Gefahr hin, dann als therapiebedürftig zu gelten, da der elektronische Diskurs nur uneingeschränkt kommunikative Subjekte anerkennen kann» (1998, 136). Denn während die *verwaltende Führung des Lebens* problem- und grenzenlos unmittelbar von den neuen Informations- und Kommunikationstechnologien profitieren kann, weil alltägliche Aufgaben und Geschäfte leichter Hand per Mausklick zu erledigen sind, verlangt seine *orientierende Führung* nach einer reflexiven und kritischen Distanz, nach einer denkerischen Anstrengung.[36] Nachdem an die Stelle des «falschen Bewusstseins», dem die älteren Vertreter der Frankfurter Schule auf ihrem ideologiekritischen Feldzug den Krieg erklärten, längst ein fragmentiertes und unkritisches Bewusstsein getreten ist (vgl. Habermas: TKH2, 522), hat man diesem durch Herbeischaffung ausreichender «reflexiver Räume» primär wieder zur vollen Funktionstüchtigkeit zu verhelfen. Erst dann kann man sich Fragen orientierender persönlicher Lebensführung oder gemeinsamer Ziele betreffs Lebensqualität und Lebenswelt zuwenden.

Halten wir also fest: Weil das Vertrauen in die intersubjektive Außenwelt nicht mittels einer Kampagne gegen die neuen elektronischen Medien wiederzuerlangen ist, sondern nur kraft der reflexiven Besinnung auf normative Ziele und Richtlinien bezüglich unserer humanen Lebenswelt, könnte eine Philosophie, die immer da zustande kommt, wo man Wissenschaft betreibt und dennoch denkt, statt zur metaphysikverdächtigen «Hüterin des Seins» (Heidegger) zur Hüterin von «Räumen der Reflexion» avancieren. Denn solche sind dringend vonnöten, um sowohl die Bedingung der Möglichkeit einer orientierenden, nicht nur verwaltenden Führung unseres Lebens zu erhalten, als auch eine öffentliche Diskussion über unser kollektives Schicksal in Gang zu bringen. Zweifelsohne kann die bei der anvisierten Vermittlung von «technischem Fortschritt» mit der sozialen Lebenspraxis unabdingbare «lösende Kraft der Reflexion [...] nicht ersetzt werden durch die Ausbreitung technisch verwertbaren Wissens». Auch gehört die entsprechende Syntheseleistung «als eine Sache der Reflexion [...] nicht wiederum in die Zuständigkeit von Spezialisten» (Habermas: TWI, 119). Doch scheinen die Geisteswissenschaften – nomen est omen – geradezu dazu prädestiniert, durch das Schaffen reflexiver Räume einen solchen öffentlichen Diskurs zu protegieren. Blickt man hingegen genauer hin, erschrickt man, wie wenig Geist diese de facto vor der Verfachlichung, Verwissenschaftlichung und Etablierung als Spezialdisziplin zu verwahren vermochten (vgl. Kapitel 2). «Denn dem Begriff der Wissenschaft, der sich unaufhaltsam ausbreitete, seitdem sie und die Philosophie, aus beider Schuld und zu beider Schaden, auseinanderbrachen, ist die Entgeistung immanent», moniert Adorno mit exemplarischem Blick auf die Philosophie. «Bewusstlos schaltet akademische Bildung auch dort, wo es thematisch mit Geistigem zu tun hat, einer Wissenschaft sich gleich, deren Maß das Vorfindliche, Tatsächliche und seine Aufbereitung ist – jene Faktizität, bei der nicht sich zu bescheiden das Lebenselement des Geistes wäre» (1996, 57). Statt sich infolge der Krise des humanistischen Bildungsbegriffs entweder mit der Faktizität gleichzuschalten oder mit der eigenen Historie kurzzuschließen, könnten die Geistes-Wissenschaften ihr geistiges Potenzial zunächst für die Schaffung öffentlicher Räume der Reflexion und Gesprächsforen zum Einsatz bringen, damit wir eine von Weisheit gezeichnete, weit über die engen Fachgrenzen hinausreichende differenzierte Einsicht in die geschaffene gesellschaftliche Situation zu gewinnen vermöchten. Daraufhin gälte es etwa in Gestalt der sich vermehrenden Ethikkommissionen, zur unbedingten Verpflichtung auf konsensuell vereinbarte moralische Grundsätze und fundamentale kollektive Wertvorstellungen zu mahnen.

6.2 Philosophie zwischen Aufklärung und Wissenschaft

Wie bereits manifest wurde, schwebt der Geist der Geisteswissenschaften und mit ihm das humanistische Bildungsideal von dem Augenblick an in Gefahr, wo man vor dem geisteswissenschaftlichen methodischen Ursprungsproblem kapituliert, das theoretische Wissen mit der praktischen Sinnorientierung in einen widerspruchsfreien Begriffs- und Handlungszusammenhang zu bringen (vgl. Kapitel 2.4); wo das Kunststück nicht mehr gelingen will, bloße «Gelehrsamkeit in Bildung» zu verwandeln, wie dies Humboldt und dem in seinen Fußstapfen folgenden Schelsky vorschwebte (vgl. Hentig 1987, 44). Ausgehend von Schelers Dreiteilung des Wissens dürfte man sich indes rasch darüber einig werden, dass in den Geisteswissenschaften weder das positivistische naturwissenschaftliche Herrschafts- oder Leistungswissen noch das religiös-metaphysische Erlösungswissen als Wissen vom Weltgrund, sondern vielmehr das persönlichkeitszentrierte Bildungswissen aktiviert werden soll (vgl. Scheler 1980, 205). Statt «Wissenschaft» schlechthin zu verdammen, müsste man sie in ihrer spezifischen Verbindung mit dem «Geist» vielleicht mit Heidegger existenzial umdeuten zu einer «Weise der Existenz» oder einem «Modus des In-der-Welt-Seins, der Seiendes bzw. Sein entdeckt bzw. erschließt» (1927, 357). Ohne zwangsläufig «unwissenschaftlich» im Sinne von unvernünftig oder subjektiv-unverbindlich zu werden, müsste es der Philosophie damit gelingen, mehr zu sein als ein «todter Hausrath», von dem sich Fichte in seiner berühmten Sentenz über den Charakter der Philosophie distanziert: «Was für eine Philosophie man wähle, hängt sonach davon ab, was man für ein Mensch ist: denn ein philosophisches System ist nicht ein todter Hausrath, den man ablegen oder annehmen könnte, wie es uns beliebte, sondern es ist beseelt durch die Seele des Menschen, der es hat» (1945/46, 434). Die Wissenschaft des menschlichen Geistes oder der menschlichen Kultur(en) könnte dann in ihrer existenzialen Umdeutung als Existenzweise oder Modus des In-der-Welt-Seins oszillieren zwischen der «Wissenschaft» im herkömmlichen naturwissenschaftlichen Sinn und einer «Aufklärung» mit Blick auf das humanistische Bildungsideal eines freien, vernünftigen und selbstbewussten Menschen. Beide Begriffe rufen indes nach einer eingängigen terminologischen Explikation. Was kann mittels dieser Ortung der Philosophie zwischen Wissenschaft und Aufklärung gezeigt werden?

Wie Nietzsche uns in seiner ersten *Unzeitgemäßen Betrachtung* unermüdlich ermahnt, uns nichts anzueignen, sei es an Geschichtlichem oder Faktischem, das nicht in irgendeinem Bezug zu uns selbst steht, eruiert Rickert in seiner wissenschaftspropädeutisch-komparatistischen Studie als materiales Hauptmerkmal der Kultur- im Kontrast zu den Naturwissenschaften, dass sie sich mit Dingen oder Vorgängen der Gesamtwirklichkeit befassen, «die für uns eine besondere *Bedeutung* oder Wichtigkeit besitzen, und in denen wir daher noch etwas anderes sehen als bloße ‹Natur›» (1996, 31). Was die Philosophie qua Kultur- oder Geisteswissenschaft von reiner Naturwissenschaft unterscheidet, ist daher primär der Selbstbezug, die Rückbezüglichkeit des Erkennens auf den Erkennenden selbst und auf seine immer schon mit anderen geteilte Handlungs- oder Lebenssituation.[37] Kierkegaard deklariert diese für die Geisteswissenschaften typische reflexive Struktur der Wissensaneignung, die eine Veränderung des Selbst- und Weltbildes des Philosophierenden impliziert, als ethische «Doppelreflexion» des konkreten und subjektiven Denkens (vgl. 1988, 257 ff.): Im Unterschied zum *objektiven Denken*, gerichtet auf das Sein des Objekts unter Ausschaltung des Subjekts, sich gänzlich erfüllend im Abstrakten, zielt das *subjektive Denken* auf das Werden, die Vertiefung des Subjekts kraft der Verdoppelung, der Wieder-Holung des Denkens im Existieren: «Der Existierende ist ständig im Werden; der wirklich existierende subjektive Denker bildet beständig diese seine Existenz denkend nach und setzt all sein Denken in das Werden» (ebd., 78). Es wird dabei nicht «objektiv auf die Wahrheit als einen Gegenstand reflektiert, zu dem der Erkennende sich verhält», sondern «subjektiv» – wobei man auch bei diesem existenzialistischen Pochen auf den individuellen Einzelnen die intersubjektive Dimension hinzudenken müsste. «Wenn subjektiv nach der Wahrheit gefragt wird, so wird subjektiv auf das Verhältnis des Individuums reflektiert» (ebd., 190).

Während «Philosophie als Wissenschaft», wie sie einst bei den Vorsokratikern im 6. Jahrhundert v. Chr. ihren Anfang nahm, reine Theorie sein wollte, d. h. selbstvergessene Schau und Wiedergabe dessen, was an sich ist, brachten die Sophisten («die Weisen») als die ersten radikalen «Aufklärer» ein neues Philosophieverständnis und einen veränderten Begriff von *sophia* (Wissen) auf den Plan: Das Ideal der *theoria* (Betrachtung) wurde durch das der *arete* (Tüchtigkeit) substituiert und ein sozial wirksames Wissen mit ständigem Bezug zu praktischen Interessen zum Programm erhoben. Die Nachfrage nach solchem praxisbezogenen Wissen mit starkem Akzent auf der Rhetorik als Technik der Meinungsbeeinflussung vor der Volksversammlung, damals Parlament und Gerichtshof in einem, stieg zur Zeit der Polis-Demokratie stark an. «Philosophie als Aufklärung» im Gegensatz zur «Philosophie als Wissenschaft» ist daher in Martens und Schnädelbachs Worten «mehr als bloße Informationsaufnahme und -anhäufung. Nicht der ist aufgeklärt, der alles weiß, sondern der das Gewusste in Beziehung zu setzen vermag zu sich selbst und seinen praktischen Interessen. Aufklärung ist nicht primär Wissensfortschritt, sondern Naivitätsverlust (Horkheimer)» (1991, Bd. 1, 32). Philosophie als methodische Übung (Askese) des Geistes, der Willenskraft und der Lebenshaltung erforderte von da an in der gesamten griechischen Antike nichts Geringeres als eine radikale Änderung der gesamten Lebensweise, die sich im Kontrast zu neoliberalen Modellen immer nur im Einklang mit Polis und Kosmos, den überindividuellen, umgreifenden Ordnungsstrukturen perfektionieren ließ: «Lebensform war die Philosophie also sowohl, was ihre Mittel, das heißt ihre Übungen und Anstrengungen, die Weisheit zu erlangen, betrifft, als auch in ihrem Ziel, der Weisheit selbst. Die Weisheit nämlich vermittelt nicht nur Kenntnisse, sondern führt zu einer neuen Seinsweise» (Hadot 1991, 165). Primäres Ziel der Philosophie als einheitliche, verschiedenste Wissensbereiche umfassende Bemühung stellte eine von Seelenruhe *(ataraxia)* und innerer Freiheit *(autarkeia)* geprägte vernünftige Lebenspraxis dar.

Wem es scheint, die Philosophie hebe sich als eine Art, die Welt zu betrachten, bzw. als eine Art zu leben im Grunde selbst auf durch ihre «Ver-wirklichung», hat in Rechnung zu stellen, dass Philo-sophie (Liebe zur Weisheit), wie sie Sokrates und Platon in Absetzung von den sich prätentiös «sophoi» («weise») nennenden Sophisten vertraten, ein Strebensprozess auf die Lebensform der Weisheit hin darstellt. Dieser muss zwangsläufig begleitet und unterstützt werden von philosophischen Theorien und methodologischen Überlegungen zum vernünftigen und guten Leben, von «der Ausarbeitung rationaler Orientierungen in theoretischer Form, d. h. in der Ausarbeitung eines praxisstabilisierenden (theoretischen) Wissens» (Mittelstrass 1982, 168). Entsprechend trennten etwa die Stoiker den Diskurs über die Philosophie, aufgefächert in Logik, Physik und Ethik, von der Philosophie selbst als ungeteilter Lebensform und adäquater Umsetzung von Logik, Physik und Ethik (vgl. Hadot 1991, 167). Theoretisches Wissen und praktische Sinnorientierung, epistemische Wissenschaft und ethisch-asketisches Lebenswissen fanden, friedlich vereint, ihren Ausdruck in der Philosophie als Lebensweise: «Die Verknüpfung des epistemischen (theoretischen) Aspekts der Arbeit des Wissens, ausgeübt etwa auf den Gebieten der Arithmetik, Geometrie, Astronomie, Ontologie, mit dem ethisch-asketischen (praktischen) Aspekt einer Arbeit des Selbst an sich und einer Gestaltung des individuellen und gemeinsamen Lebens, wurde einst in der pythagoreischen Schule ausgeprägt. Und auch Sokrates hatte [...] nicht ein Wissen als Selbstzweck im Blick, sondern ein Lebenswissen, das auf die Frage nach der richtigen Lebensführung bezogen werden konnte: Der Logos verhilft zu einem Wissen, das nicht in sophistischer Manier nur als beliebige äußerliche Ware zu betrachten ist, sondern auf das Selbst und das eigene Leben bezogen wird, um ein philosophisches Leben zu führen» (Schmid 1998, 304), mithin zu einem «lebensentscheidenden Wissen» (Fischer 1989, 82). Indem sich die sokratische Philosophie im Kontrast zur sophistischen nicht im Zeichen eines radikalen Relativismus am praktischen Erfolg orientiert, sondern an demjenigen Logos (Satz), der sich im praktischen Diskurs als der beste erweist und somit Allgemeingültigkeit beanspruchen darf, kann sie den Anspruch eines ersten philosophischen Syntheseversuchs von Aufklärung und Wissenschaft erheben (vgl. dazu Kapitel 6.3).

Allein aufgrund einer in der Scholastik einsetzenden und sich in der Neuzeit verfestigenden schroffen Scheidung des epistemischen vom ethisch-asketischen Aspekt des Wissens wird aus dem Diskurs der Philosophie das Wissen verbannt, welches den einzelnen Philosophierenden «bildet», bildend verändert und seine Welt-Stellung entscheidend beeinflusst, wie es noch vom philosophischen Wissen der Antike erwartet wurde. So steht seit Descartes der Philosoph als nicht-asketisches allgemeines Wissenssubjekt seinem Erkenntnisobjekt in nicht-wiederholungs-fähigem Einwegdenken auf Distanz gegenüber, und seine philosophische Lehre dient eher der Information als der Formation. Pierre Hadot formuliert prägnant, dass «die moderne Philosophie mehr und mehr zu einem Diskurs eines Professors geworden ist, während die antike Philosophie eine Art zu leben war» (1991, Vorwort), und Schmid resümiert: «Die neue Wissenschaft dient nicht dem Lebenwissen und der Lebenskunst; sie hat, wie Husserl sagen wird, ihren Ausgangspunkt nicht mehr in der Lebenswelt, vielmehr wird sie um ihrer selbst willen betrieben, und das theoretische Wissen wird schließlich mit dem technischen Können zusammengespannt, um die Umgestaltung des gesellschaftlichen Lebens und der natürlichen Welt mit technisch hergestellten Objekten zu betreiben» (1998, 307). Mit derselben Emphase, mit der Nietzsche das Auseinanderdriften des wissenschaftlichen und gebildeten Menschen despektierte,[38] ist man im analytisch-technischen Zeitalter über alle Maßen «stolz auf die Überwindung des ‹Gurutums›», weshalb man «vom Philosophen weder eine besondere Lebensführung noch Charakterbildung» verlangt: Da in der öffentlichen Wahrnehmung jeder Philosophieprofessor automatisch als «Philosoph» identifiziert wird, tut Böhmes Darstellung zufolge auch die Zunft «alles dafür, hier keine Differenz sichtbar werden zu lassen». Mit gutem Recht fragt er sich allerdings angesichts akuter praktischer Orientierungsdefizite, «ob für Fragen moralischer Orientierung nicht viel eher ein gewisses Maß an persönlicher Reife als ein professionelles Training erforderlich» wäre; ob man sich vielleicht vermehrt «an den Universitäten in Deutschland in der philosophischen Ausbildung um die Entwicklung der Persönlichkeit der Adepten» kümmern müsste (1998, 104).

Obgleich also offenbar «Wissenschaft ohne Aufklärung genau das [ist], was wir in der Philosophie nicht suchen» (Martens/Schnädelbach 1991, Bd. 1, 34), weil uns die moderne Philosophiegeschichte die Lehre erteilt hat, «dass die Verwissenschaftlichung des Philosophierens immer die Gefahr heraufführte, dass der Philosophierende selbst sich dabei aus dem Auge verliert» (ebd., 35), zeigt uns die allerneueste Entwicklung der Philosophie wohl mit ebendemselben Gewicht, dass Philosophie bei gänzlichem Objektverlust (1) und in Absage an jede allgemein verbindliche «Vernünftigkeit» (2) in bezugslose Beliebigkeit und selbstgefälliges Schlittern auf signifikatenlosen Signifikantenketten abzudriften droht. Es gilt neben der Rücksicht auf die für jedes nicht-solipsistische Philosophieren unverzichtbaren Signifikaten unbedingt in Rechnung zu stellen, dass «seit den Vorsokratikern die Idee der Wissenschaft so tief mit der Vernunft verknüpft gewesen [ist], dass nicht bloß Vernünftigkeit auf Wissenschaftlichkeit verweist, sondern auch umgekehrt Wissenschaft immer als Garantie der Möglichkeit und Wirklichkeit menschlicher Vernunft galt» (ebd., 33). «Wider philosophische Unverbindlichkeit» zieht man infolgedessen heute vermehrt ins Feld, welche nicht nur im «Namedropping» und dem «akademische[n] Imponiergehabe à la ‹Wie wir aus Kants Zweiter Analytik wissen›» zum Ausdruck komme, sondern in einem generellen «Mangel an existentiellem Ernst, an Problembezogenheit und an Begründungsorientierung» (Krebs 1998, 133 f.). «Leider ist philosophische Unverbindlichkeit im deutschen universitären Philosophiebetrieb derzeit nicht die Ausnahme von der Regel, sondern die Regel», moniert Krebs und schließt daraus kühn: «Die Struktur aller philosophischen Seminare und Vorlesungen muss sich ändern» (ebd., 135)! Inwiefern könnte die philosophische Konjunktion der Aufklärung mit der Wissenschaft existenziellen Ernst und Verbindlichkeit verbürgen?

Wie die Philosophie aufklärend sein soll zum Zwecke möglicher Selbstwerdung, so soll sie wissenschaftlich sein im Sinne eines verstärkten Wirklichkeitsbezugs (1): Sie soll sich nicht länger in «Academias Apolitie» verschanzen, wo man sich unter dem Stern akademischer Selbstbezüglichkeit in «interner Problemerzeugung» zu üben pflegt, wie es Hentigs universitärer Erfahrungs- bzw. Leidensbericht bezeugt: «Ich litt mehr als an der fehlenden Einheit der Universität – an der philosophischen Stumpfheit der Wissenschaft, an ihrer Ferne zur Wirklichkeit, an Academias Apolitie, an der erschreckenden Verengung des historischen Bewusstseins unserer Kultur, am Ökonomismus und Bürokratismus des gesamten Bildungswesens» (1987, 51). Will die Philosophie den an sie gestellten gesellschaftlichen Anforderungen in irgendeiner Weise gerecht werden, muss sie die logisch-wissenschaftstheoretische Metaebene sowie das verstaubte Feld der philologischen Mikrologie verlassen, um sich mit den drängenden Grundfragen unserer Zeit zu konfrontieren. Stattdessen aber hat sich die Philosophie nach Lenk und Maring «in den verschiedenen Bereichen des Faches spezialisiert, sie organisiert sich in Scientific Communities, sie lebt wesentlich von interner Problemerzeugung, die vorherrschende Form der Veröffentlichung ist der Aufsatz in Fachzeitschriften, man schreibt primär für Kollegen, nicht fürs Publikum. [...] So gesehen hat der Auf- und Abstieg der analytischen Philosophie, der sogenannte Linguistic Turn, haben Diskurstheorie und Postmodernismus ziemlich wenig mit der gesellschaftlichen Wirklichkeit zu tun, sondern vielmehr mit den selbst erzeugten Problemen der Philosophical Community und mit Moden» (1998, 78). Wer sich daher entsprechend der akademiepolitischen Maxime «Publish or perish!» («Veröffentliche oder gehe unter!») in einem solchen Fachbereich behaupten will, hat sich nicht der Öffentlichkeit mit allgemein relevanten Forschungsresultaten oder Theoremen zu stellen, sondern beharrlich-unermüdlich «die Duftmarken seines Geistes in den umfriedeten Reservaten des Wissenschaftsbetriebes abzusondern» (Böckmann 1981, 124).

Das explikativ-evaluative Modell der «Philosophie zwischen Aufklärung und Wissenschaft» erhellt mithin Folgendes: Während Philosophie einerseits Aufklärung sein soll, indem sie um der Bildung als «Fähigkeit zur eigenen Lebensgestaltung»[39] willen stets den Bezug des Wissens zum Subjekt bzw. zur Wissensgemeinschaft im Auge behält und so einer praktisch folgenlosen Informationsanhäufung einen Riegel vorschiebt, hat sie ihre Wissenschaftlichkeit in zweierlei Hinsichten unter Beweis zu stellen: (1) Desiderat ist eine Problembezogenheit, die nicht bloß eine Bezogenheit auf intern erzeugte, allein für die Veröffentlichung in renommierten Fachzeitschriften bestimmte Probleme darstellt. Um sich nicht in Academias Apolitie zu verirren und zu verheddern, müsste es um gegenwartsdringliche Probleme gehen wie «die Frage nach ökologischer oder internationaler Gerechtigkeit, nach Willensfreiheit im Zeitalter immer intelligenterer Computer oder nach dem Konstruktionscharakter dessen, was wir ‹Realität› nennen» (Krebs 1998, 134). Anders als bei den Naturwissenschaften wird der Objektbezug somit weniger mit Blick auf natürliche Fakten bewerkstelligt als auf soziale, d. h. auf Probleme der gemeinsamen Lebenswelt, weil Philosophie eher «eine Problemdisziplin und kein reines Stoffach» ist (Lenk/Maring 1998, 78). (2) Neben diese Problembezogenheit tritt notwendig die Begründungsorientiertheit: Im Gegensatz zu den unsinnigen postmodernistischen Überspannungen des sprachlichen Differenzprinzips, die Wittgensteins Insistieren auf die vielfältige Verwendungsweise eines Zeichens als dessen beliebige und willkürliche Verwendung missverstehen und von der Kontextgebundenheit eines Zeichens auf sein rettungsloses Versinken in der kontextuellen Unbegrenztheit schließen lassen, darf die Philosophie ihre Begründungsorientierung nicht zugunsten allgemeiner Sprachkonfusion preisgeben. Wie die übrigen Wissenschaften hat sie ihr Wissen vielmehr in der Dialektik von Grund und Begründetem zu entfalten, statt sich nach postmodernistischer Manier auf das monologische Sich-Ereignen von inkommensurablen Sätzen oder Sprachspielen zu kaprizieren. Dank ihrer argumentativen Verfasstheit und methodischen Strukturiertheit soll die Philosophie von jedermann sowohl nachvollzogen als auch angefochten werden können.

Philosophie darf sich also nicht in postmodernistisch-selbsttransformatorischen Experimenten erschöpfen, sondern wäre vielmehr als Prozess der Gewinnung einer weltorientierenden Einsicht in sachgegebene und gesellschaftliche Zusammenhänge, des Verfügens und Einübens eines spezifischen, konsensuell bestimmten Modus des In-der-Welt-Seins zu begreifen. Macht man im Kampf wider Objektivitäts- und Objektverlust der Philosophie einen gemeinsamen Problembezug stark, lässt sich wohl auch eine Koinzidenz des Aufklärungs- und Wissenschaftsaspekts von Philosophie erlangen, die laut Martens und Schnädelbach schwerlich «in einem Konzept zu vereinigen» seien: «Die Fragerichtungen der Aufklärung und der Wissenschaft sind aber entgegengesetzt, und man kann nicht das eine Ziel erreichen dadurch, dass man das andere anstrebt» (1991, Bd. 1, 34). Es ginge dann nämlich weder um das Subjekt oder die Gemeinschaft mit ihrer Aufgabe der Lebensgestaltung (Aufklärung) noch um die objektive Erörterung roher bzw. institutioneller Tatsachen[40] (Wissenschaft), sondern um das Verhältnis des Subjekts/der Gemeinschaft zu System und Lebenswelt. Begreift man Philosophie als kollektiven Problemlösungsprozess einer mündigen, aufgeklärten wie sachbezogenen Wissensgemeinschaft, erkennt man auch leicht das Desiderat, die philosophischen Klassiker nicht als Forschungsobjekte, sondern als Gesprächspartner zu behandeln. «Nur möchte ich ganz entschieden dafür plädieren, dass der Philosoph – wenn man den Gebrauch dieses Namens nicht ebenso leichtfertigerwie überflüssigerweise ‹beugen› oder ‹umfunktionieren› will – die Klassiker seines Faches niemals zu *Gegenständen* der Forschung erhöhen oder vielmehr degradieren darf», appelliert Hoche: «Für den Philosophen sollten die philosophischen Klassiker nicht etwa *Forschungsobjekte*, sondern, im zeitenübergreifenden Dialog über die eigentlich angemessenen und gemeinsamen Forschungsobjekte der Philosophie, vielmehr *Gesprächspartner* sein» (1990, 12 f.). Beim grassierenden Sich-Festbeißen in den Bestand zu bewahrender und vermehrender philosophischer Begrifflichkeiten und Systementwürfe ist die Kunst philosophischer Gesprächsführung sowohl mit Klassikern als auch mit Gegenwartsphilosophen dem Untergang geweiht. Täte folglich eine da und dort tatkräftig in die Wege geleitete Rückbesinnung auf die sokratische Gesprächskultur Not?

6.3 Rückkehr zur sokratischen Gesprächskultur

Grundsätzlich unterscheidet sich das philosophische Gespräch von einer alltäglichen Unterhaltung dadurch, dass es nicht «der gegenseitigen Darstellung dessen, was man ist und was man meint, und der gegenseitigen Mitteilung dessen dient, was der Fall ist und was der Fall sein soll, sondern der (philosophischen) Wissensbildung» (Mittelstrass 1982, 138). Richten wir aber unvermittelt den Blick auf Sokrates: auf den Philosophen des 5. vorchristlichen Jahrhunderts, der gemäß einem bekannten Diktum Ciceros die Philosophie «vom Himmel heruntergerufen und in die Städte angesiedelt» hat. Er transformierte sie damit zum Politikum, indem er auf der öffentlichen Athener Agora seine Zeitgenossen hartnäckig zur Rede und auf die Probe stellte, d. h. in eigenartige Gespräche verwickelnd bezüglich dessen verunsicherte, was sie immer schon zu wissen wähnten. Dank seiner raffinierten dialogischen Gesprächspraktik, der maieutischen Technik oder Hebammenkunst, leitet er diese, nachdem er ihr Wissen als bloßes Meinen entlarvt, zu selbständigem argumentativem Denken, zur autonomen Bildung von klar durchstrukturiertem und begründetem, jederzeit diskursiv einlösbarem oder kritisierbarem Wissen an. «Ein Gespräch ist sokratisch, wenn es dem einzelnen Teilnehmer dazu verhilft, den Weg vom konkreten Erfahrenen zur allgemeinen Einsicht selber zu gehen», und wenn in ihm «durchgängig ein gemeinsames Erwägen von Gründen stattfindet», erläutert der Neosokratiker Heckmann (1981, 66 und 7). Ziel sokratischer Gesprächsführung ist also niemals die Vermittlung eines bereits verfügbaren «objektiven Wissens» oder das Plädoyer für partikuale Positionen, sondern in einem ersten Schritt die Schärfung der Urteilskraft. Diese lässt sich nämlich mitnichten durch das philosophisch-propädeutische Exerzitium logischer Grundsätze bewerkstelligen: «Die Kenntnis der logischen Grundsätze und Schlussregeln, und selbst die Fähigkeit, alle Trugschlüsse an Beispielen zu illustrieren, bleibt doch nur eine Kunst in abstracto», warnt Nelson, der Wiederentdecker der sokratischen Methode im 20. Jahrhundert. «Ein Mensch lernt dadurch noch nicht logisch denken, wenn er auch nach allen Regeln der Syllogistik gelernt hat, auf die Sterblichkeit des Caius zu schließen. Die Prüfung der eigenen Urteile, ihre Subsumtion unter die Gesetze der Logik ist Sache der Urteilskraft, und gar nicht Sache der Logik» (1970, 299).

Seit man sich im linguistischen Paradigma des 20. Jahrhunderts intensiv mit der Bedeutung der Sprache in unserer Lebenswelt auseinander setzte, erkannte man, dass sich die Urteilskraft und damit auch die praktische Vernunft als moralische Urteilskraft allein im intersubjektiven Kommunikationszusammenhang qualifizieren kann. Anstelle von akademieinternen Logikkursen müsste daher ein «sozialer Regelkreis der Vernunft» (Meyer 1989, 39), eine umfassende Kultur des vernünftigen Gesprächs etabliert werden. Zu kultivieren wäre eine Vernünftigkeit als soziale Kompetenz vergesellschafteter Individuen, eine philosophische Grundhaltung und moralische Orientierung in dem Sinn, dass jeder Interaktionspartner sowohl begründungsorientiert und verständlich argumentiert wie auch ernsthaft und wahrhaftig, d.h. alle Gesprächspartner als absolut gleichberechtigt anerkennend und sich ausschließlich dem zwanglosen Zwang des besseren Arguments beugend. Letzteres diskursethische, heute vornehmlich von Apel und Habermas verfochtene Prinzip hat Sokrates zweifellos antizipiert mit seinem Logos-Grundsatz: «Denn nicht jetzt nur, sondern schon immer habe ich ja das an mir, dass ich nichts anderem von mir gehorche, als dem Satze, der sich mir bei der Untersuchung als der beste zeigt» (Platon: Kriton, Bd. 1, 46b). Während das eristische Streitgespräch der Sophisten mittels eines Betrugs mit Worten die Durchsetzung der eigenen Meinung und des eigenen Willens intendiert, bleibt die elenktische Widerlegungskunst des Sokrates zum Zerschlagen von Scheinwissen prinzipiell dem Wahrhaftigkeitspostulat unterstellt. Auf dem Spiel stehen somit beim richtig verstandenen sokratischen Gespräch primär nicht irgendwelche Meinungen oder Probleme, sondern gleichursprünglich mit der Bildung philosophischen Wissens die Bildung philosophischer Subjekte. «Das heißt: der philosophische Dialog ist seiner Idee nach diejenige Form des Gesprächs, zu dessen Wirkungen von vornherein die Bildung oder Beförderung von philosophischem Wissen und philosophischer Orientierung sowie die Bildung oder Beförderung eines autonomen (philosophischen) Subjekts gehören sollen» (Mittelstrass 1982, 138). Ein sokratisches Gespräch gilt nicht bereits dann als gelungen, wenn man zu einem Konsens betreffs irgendwelcher technischer Problemlösungen vorgedrungen ist, sondern nur bei der Herstellung philosophisch orientierter Gesprächspartner, die sowohl hinsichtlich des vergangenen und gegenwärtigen als auch des antizipierten Handelns jederzeit zur philosophischen Wissensbildung im Gespräch bereit und fähig sind. Wissensbildungsprozesse im sokratischen Dialog sind damit primär und wesentlich Bildungsprozesse.

Unter der Voraussetzung einer sokratisch geschulten Urteilskraft und einer diskursethischen Gesprächshaltung kann in einem zweiten Schritt ein vernünftiger Konsens angestrebt werden, sei dies nun in theoretischer Hinsicht die Wahrheitsfindung bei divergierenden Meinungen, sei es in praktischen Belangen die Lösung moralischer Streitfragen, wobei der historische Sokrates im Sinne letzterer Alternative stets die Gewinnung der Idee eines «vernünftigen Lebens» im Auge hatte. Über das grundlegende Ziel der Herstellung philosophisch orientierter Gesprächsteilnehmer hinaus tendiert der sokratische Dialog also zur Herauskristallisation einer vernünftigen «Transsubjektivität als ‹Inhalt› der philosophischen Orientierung» (ebd., 157) und steht daher «nicht im Dienste der Vereinzelung der Subjekte, sondern der Überwindung ‹geteilter› Subjektivität» (ebd., 142). Während nach Platon die Mitteilbarkeit philosophischen Wissens unter Ausblendung des dialogischen und lebenspraktischen Kontextes «durch Transformation von Einsichten in Meinungen erkauft» wird, soll im philosophischen Gespräch vice versa «die Überführung von Meinungen in habituelle Einsichten» geleistet werden. Einsichten und Meinungen weisen dabei nur pragmatisch, nicht semantisch eine unterschiedliche Struktur auf, indem die habituelle Einsicht im Kontrast zur opportunistisch auswechselbaren Meinung ein «argumentatives Handeln unter einer Vernunftperspektive» verbürgt und den festen Bestandteil einer «Lebensform» darstellt (vgl. ebd., 151 f.). Die moralisch-praktische Vernunft entfaltet sich infolgedessen im Laufe des unbegrenzten sokratischen Gesprächs idealiter als eine Einheit von Einsicht und Entscheidung, weil ohne Inanspruchnahme des so genannten sokratischen Paradoxes eines moralischen Intellektualismus (vgl. Kapitel 4.4) die philosophisch-aufgeklärte Kernhaltung die willentliche Option für das von allen als vernünftig Erkannte im Grunde impliziert. Als Mitwirkende philosophischer Gespräche teilen wir immer schon die historisch-sokratische anthropologische Kernannahme, der zufolge jeder Mensch auf der Suche nach theoretischer Wahrheit oder moralischer Richtigkeit prinzipiell vernunftfähig und zur Einsicht in das bessere Argument bezüglich strittiger Sinn- und Wahrheitsansprüche in der Lage ist. Hingegen hat eine gegenwartsfähige diskursethische Maieutik auf Platons ontologisches Fundament zeit- und sprachenthobener Ideen als Bedingung der Möglichkeit intersubjektiver Klärung zu verzichten (vgl. Apel 1989, 56).

Im Kontrast zur historischen Situation des Sokrates wurde die dialogische Form erstmals von Nelson zum Gruppengespräch erweitert, bei dem ein Gesprächsleiter in lediglich formaler Hilfsfunktion für die wirkliche Verständigung der Gesprächsteilnehmer und die Koordination ihrer Beiträge sorgt. Sein Schüler Heckmann bereicherte die sokratische Gesprächspraktik als Desiderat unserer akademischen Strukturen zudem durch die Institutionalisierung des «Metagesprächs» zur metakommunikativen Klärung von Schwerfälligkeiten, Unergiebigkeiten oder Unübersichtlichkeiten im Gesprächsverlauf.

6.4 Der musiktreibende Sokrates

Eine Rückbesinnung auf die sokratische Gesprächskultur verfolgt mithin die grundlegende Aufgabe, die zunehmende Distanz zwischen der (akademischen) Philosophie und dem Leben zu verringern, indem der Akzent von Information und Unterricht zur *Bildung* der philosophischen Laien verlagert wird. Während sich der wissenschaftliche Mensch in der Lebenswelt retrospektiv, passiv oder bestenfalls reaktiv verhält, soll der philosophische seine Umgebung bewusst mitgestalten, aktiv und produktiv in die gemeinsame Lebenswelt eingreifen (vgl. Kapitel 2.1). Da anlässlich eines solch gestalterischen Engagements mutmaßlich neben einem reichen Erfahrungsschatz und einer diskursiv-argumentativ geschärften Urteilskraft auch kreative Vermögen mobilisiert werden müssen, inthronisiert Nietzsche das Ideal des «künstlerischen», präziser des «musiktreibenden Sokrates» (GT, 102), wobei Sokrates als «Urbild des theoretischen Optimisten» (ebd., 100), des «Philosophen» schlechthin figuriert. «Jener despotische Logiker hatte nämlich hier und da der Kunst gegenüber das Gefühl einer Lücke, einer Leere, eines halben Vorwurfs», weiß Nietzsche zu berichten, und er sei des Nachts immer wieder von derselben Traumfigur heimgesucht worden mit dem eindringlichen Appell: «Sokrates, treibe Musik!» (ebd., 96) Über das noch zu thematisierende «Unhistorische» hinaus (vgl. Kapitel 7.4) beschwört Nietzsche immer wieder die Kraft des «Überhistorischen» in Form der Kunst oder der Religion, die als Korrektiv und Gegenkräfte der Wissenschaft eine nicht zu überschätzende Rolle spielen. Um den wissenschaftlichen Optimismus, den Schein absoluter Objektivität sowie reiner historischer Faktentreue zu brechen, hilft nach Nietzsche am Ende nur die

Kunst, die mit den zu toten Begriffen erstarrten Metaphern und wissenschaftlichen Abstraktionen frei jongliert und sie zu neuem Leben erweckt: «Jenes ungeheure Gebälk und Bretterwerk der Begriffe, an das sich klammernd der bedürftige Mensch sich durch das Leben rettet, ist dem freigewordenen Intellekt nur ein Gerüst und ein Spielzeug für seine verwegensten Kunststücke: und wenn er es zerschlägt, durcheinanderwirft, ironisch wieder zusammensetzt, das Fremdeste paarend und das Nächste trennend, so offenbart er, dass er jene Nothbehelfe der Bedürftigkeit nicht braucht, und daß er jetzt nicht von Begriffen, sondern von Intuitionen geleitet wird» (Nietzsche: ÜWL, 888).

Nietzsches radikale Sprachkritik ist aufgrund der Despektierung der unkünstlerischen, sich einer all«gemein»en, ver«gemein»ernden Sprache bedienenden Herdensubjekte gegenüber den monologischen (Sprach-)Künstlern sicherlich bedenklich. Das große intuitiv-schöpferische Individuum, das aus dem «Land der gespenstischen Schemata, der Abstraktionen» flieht und nur noch «in lauter verbotenen Metaphern und unerhörten Begriffsfügungen» redet (ebd., 889), scheint nämlich gar nicht mehr verstanden werden zu können. Wenn man aber um der erhöhten «Objektivität» einer akademischen Studie willen den Darstellungsaspekt ignoriert, die lebendige Plastizität eines Gedankens der analytischen Detailschärfe aufopfert und seinen persönlichen Stil verkümmern lässt, erliegt man wohl einem hermeneutischen Irrtum. So stellt Nietzsche in Analogie zur Aufführungspraxis alter Musik klar, dass man ohne innerliche Beteiligung und eigenständigen künstlerischen Gestaltungswillen eine vergangene Epoche, ein historisches Werk trotz philologischer Akribie niemals wiederbeleben kann: «Soll man aber, bei dieser Erkenntniss, den später Kommenden das Recht versagen, die älteren Werke nach ihrer Seele zu beseelen? Nein, denn nur dadurch, dass wir ihnen unsere Seele geben, vermögen sie fortzuleben: erst *unser* Blut bringt sie dazu, *zu uns* zu reden. Der wirklich ‹historische› Vortrag würde gespenstisch zu Gespenstern reden. – Man ehrt die großen Künstler der Vergangenheit weniger durch jene unfruchtbare Scheu, welche jedes Wort, jede Note so liegen lässt, wie sie gestellt ist, als durch thätige Versuche, ihnen immer von Neuem wieder zum Leben zu verhelfen» (MA, 431 f.). Wo Philosophie mehr sein will als ein Geraune zu Gespenstern, als «todter Hausrath», den man ohne Wirkung und Schaden an- und ablegen kann (vgl. Kapitel 6.2), erfordert sie unser Blut und unsere Seele, ist neben Professionalität ein hohes Persönlichkeitsniveau und individuelle Stilbildung gefragt. Jeder Niedergang wahrer Bildung beginnt laut Nietzsche, der sich ebenso für den Bund von apollinischem Wort und dionysischer Musik in den attischen Tragödien wie für den musiktreibenden Sokrates begeistert, mit dem Sprachverfall, der «vollendeten Stillosigkeit», dem entkunsteten Wort: «Und so lange die deutschen Gymnasien in der Pflege der deutschen Arbeit der abscheulichen gewissenlosen Vielschreiberei vorarbeiten, so lange sie die allernächste praktische Zucht in Wort und Schrift nicht als heilige Pflicht nehmen, so lange sie mit der Muttersprache umgehen als ob sie nur ein nothwendiges Übel oder ein todter Leib sei, rechne ich diese Anstalten nicht zu den Institutionen wahrer Bildung» (ÜZB, 681). Nicht weniger heftig attackieren Horkheimer und Adorno in der *Dialektik der Aufklärung* die neuzeitliche Arbeitsteilung zwischen Wissenschaft und Kunst bzw. Wissenschaft und Dichtung, weil das Wort als totes Zeichen an die Wissenschaft gelange und damit «Sprache zur Kalkulation» ohne Bezug zum Erkannten verkomme.[41]

Ungeachtet dessen, ob der viel monierte, auf ein stakkatohaftes «Denglisch» zusteuernde Sprachverfall nun mehr einer in deutschen Gymnasien sowie in fortgeschritteneren wissenschaftlichen Bildungsstätten forcierten «gewissenlosen Vielschreiberei», der neuzeitlichen Arbeitsteilung zwischen Dichtung und Wissenschaft oder dem «bitespeak» der elektronischen Medien zur Last zu legen ist, hat man im linguistischen Paradigma mit Recht der Sprachvergessenheit den Kampf angesagt. Nachdem die analytischen Sprachphilosophen die Einsicht verbreiteten, dass unsere Sprache den Zugang zur Welt bestimmt und sich unsere Wirklichkeit somit in Begriffen verfestigt, zwingen die zahlreichen Krisen des «Projekts der Moderne» einerseits zu einer Reflexion auf die Regression unserer Sprache vom Bildhaft-Lebendigen zum abstrakten Kalkül und toten Vehikel. Andererseits mahnen Philosophen zu einer inhaltlichen Revision zentraler Schlüsselbegriffe wie Mensch, Wissenschaft, Technik oder Bildung, welche besagtem Projekt seine Form gaben: «Philosophische Arbeit besteht heute nicht darin, das Projekt der

Moderne philosophisch zu vollenden, sondern es in seinen begrifflichen Grundentscheidungen zu revidieren» (Böhme 1998, 106 f.). Statt dass also in der Philosophie die szientifisch-abstrakte Sprache oder das logisch-stringente Denken dem künstlerisch-verwegenen Stilwillen und der Intuition aufgeopfert werden müsste, hätte die Sprachanalyse einer gemeinsamen Arbeit an der Sprache zu weichen, wie sie im erweiterten sokratischen Gespräch vorgenommen werden könnte. Doch muss der Philosoph dabei wirklich zum Künstler mutieren und Sokrates zu musizieren beginnen? Oder sind wissenschaftliche Begriffe und Theorien in den von postmodernistischen Wissenschaftstheoretikern gern zitierten Worten Einsteins ohnedies nur «Fiktionen» und «freie Schöpfungen des menschlichen Geistes» (Feyerabend 1984, 111), sodass selbst in den «harten» Wissenschaften nicht anders als in den Künsten der Einzelne seine Persönlichkeit, seinen individuellen Stil und seine kreativen Ideen entfalten könnte?

In der Tat feiern die Attribute «ästhetisch», «künstlerisch», «schöpferisch» und «kreativ» heute Hochkonjunktur und machen bisweilen auch vor den Toren der (Natur-)Wissenschaften nicht Halt: «Auch in den Wissenschaften mehren sich die Stimmen jener, die wichtige wissenschaftliche Erkenntnisse nicht der schrittweisen Anwendung einer strengen Methode, sondern kühnen Einfällen der Wissenschaftler zuschreiben. Habt keine Angst vor den Wissenschaften – so rufen die Apostel des Schöpfertums dem breiten Publikum zu –, die Ausbreitung der Wissenschaften bedeutet nicht, dass jetzt alles vertrocknet und auf Formeln reduziert wird, denn große Wissenschaft ist von großer Kunst nicht sehr verschieden» (ebd.). Indem Wissenschaften nach Feyerabend eigentlich nur per analogiam Künste sind, weil sie bestimmten historisch-kontingenten Wahrheitsformen, Erkenntnismethoden und Rationalitätskriterien eines wissenschaftlichen Paradigmas gehorchen wie die Künste einer kunsthistorischen Epoche gewissen Stilgesetzen (vgl. ebd., 76 ff.), relativiert er die schöpferische Freiheit des in solche wissenschaftlichen Paradigmen eingebundenen Forschers beträchtlich (vgl. ebd., 113 ff.). Während seine Interpretation nahe legt, ein wirklich kreativer innovativer Wissenschaftler würde nichts Geringeres als eine wissenschaftliche Revolution, d. h. einen Paradigmenwechsel initiieren, sind schöpferische Entdeckungen, ist eine Synthese von Kunst und Wissenschaft sicherlich auch im Rahmen bestehender wissenschaftlicher Strukturen möglich. Ihre Wünschbarkeit wird bei einer eingehenden Klärung des inflationären Kreativitätsbegriffs manifest: Kreativität ist in Abgrenzung von rein analytischem Denken eine kognitive Fähigkeit oder Leistung, «Gegenstände in neuen Beziehungen und auf originelle Art zu erkennen, sie auf ungewöhnliche Weise sinnvoll zu gebrauchen und neue Probleme zu sehen, wo scheinbar keine sind» (Zeier 1992, 89). Das Korsett gewohnter Denkschemata und Sichtweisen sprengend, manifestiert sich kreative Tätigkeit in schöpferischem Denken und phantasievollen Einfällen, die bei außerordentlicher Innovativität, Unerwartetheit und Bedeutsamkeit das Attribut «genial» verdienen (vgl. ebd., 90). Auch wenn jedem Menschen in gewissem Ausmaß die Fähigkeit zur Kreativität gleichsam in die Wiege gelegt ist, verlieren die meisten Menschen sie beim Eintritt ins Erwachsenenalter, sofern sie nicht trainiert oder reaktiviert wird. Da Kreativität keineswegs mit Intelligenz gleichzusetzen ist, «wissen wir alle, wieviele Wissenschaftler mit einem hohen IQ sich ausschließlich mit dem, was bereits bekannt ist, beschäftigen, aus Furchtsamkeit, Konvention, Angst oder anderen Charakterdefekten, es polieren, neu arrangieren, klassifizieren, und andere damit herumspielen anstatt etwas zu entdecken, wie man es von ihnen erwartet» (Maslow 1977, 223).

Wenngleich das kognitive Vermögen der Kreativität für die Lösung der in rascher Folge auf den Plan tretenden Probleme unserer wissenschaftlich-technischen Zivilisation unabdingbare Grundvoraussetzung bildet, lässt man ihr im Wissenschaftsbetrieb immer weniger Raum, was mit der allmählichen Verdrängung des rechtshemisphärischen Denkens durch das linkshemisphärische zu korrelieren scheint: Im Gegensatz zu allen Wirbeltieren weist das zweiteilige Hirn des Menschen keine anatomische Symmetrie auf, sondern die beiden Großhirne üben, wie Untersuchungen an Split-Brain-Patienten belegen, völlig verschiedene mentale Funktionen aus. Die linke Hemisphäre ist auf strukturierende, logisch-mathematische, analytische und sequenzielle gedankliche Feinarbeit spezialisiert, enthält die motorischen und sprachlichen Zentren und kann dank Detailanalysen lineare Beziehungen zwischen Ursachen und Wirkungen in isolierten Teilsystemen eruieren. Der rechten Hirnhemisphäre sind hingegen sämtliche synthetischen Funktionen überantwortet. Sie denkt assoziativ und intuitiv statt abstrakt und logisch-stringent und vermag durch das Verbinden unzähliger Einzelinformationen zu Bildern oder Symbolen komplexe Zusammenhänge, tiefer liegende Prinzipien und korrelative Beziehungen zu erfassen (vgl. Zeier 1992, 101 ff.). Wird in den Wissenschaften immer einseitiger das linkshemisphärische, also sprachliche Denken gefördert, kommt das rechtshemisphärische Denken bald nur noch in den Künsten zum Zuge, wobei die Musik als kohärente, komplizierte Synthese von Tönen und Rhythmen hier gern als Paradigma fungiert. Das Ideal des musiktreibenden Sokrates verdient deswegen größte Beachtung, weil mechanistisch-computerähnliches, monokausales Denken sich ausschließlich für geschlossene, künstlich isolierte Teilsysteme eignet, nicht aber für biologische, kulturelle oder gesellschaftliche Systeme, in welchen die Kernprobleme unserer Zeit zu lokalisieren sind. Die kursierende Meinung, große Denker oder naturwissenschaftliche Entdecker müssten sich durch stark linkslastig entwickelte Hirne auszeichnen, wird durch viele biographische Recherchen widerlegt – war doch auch Sokrates ein Bildhauer und zählte das Violinspiel neben dem Segeln zu Einsteins bevorzugten Steckenpferden, während er in der Schule in Mathematik völlig versagt haben soll. Man berichtet daher über Einstein, «auf der rechten Hemisphäre habe er das Gesamtkonzept seiner Relativitätstheorie entwickelt, und auf der linken Hirnhemisphäre habe er die Formeln geschrieben. Einstein konnte seine genialen Leistungen wohl nur deshalb erbringen, weil er eben beide Hirnhemisphären benützte» (Zeier 1992, 105).

Da insbesondere biologische und historisch-gesellschaftliche Phänomene ein ganzheitliches Denken erfordern, müssten sich in den entsprechenden Wissenschaften trotz ihres Spezialisierungszwangs auf künstlich isolierte Teilsysteme das analytische Denkvermögen der linken und das synthetische Denkvermögen der rechten Hemisphäre wechselseitig stimulieren und ergänzen. Der kontemporäre Sokrates hätte in Rechnung zu stellen: Weder die notwendige Revision verfestigter Begriffe wie Mensch, Technik oder Verantwortung noch die Darstellung komplexer Zusammenhänge oder korrelativer Beziehungen in unserer wissenschaftlich-technischen Zivilisation kann allein mittels einer präzisierenden, zerlegenden fachspezialistischen Analyse ohne konstruktiv-synthetisches, assoziatives Denken in Bildern und Analogien geleistet werden. Um dem Ideal des musiktreibenden Sokrates, dem Gleichgewicht von synthetisch-kreativem und analytisch-exaktem Denken bewusst entgegenzuarbeiten, empfiehlt uns Zeier zum einen mehr Kontakte mit Lebewesen als mit Maschinen und Computerprogrammen, also mehr menschliche Kommunikation, sowie die Eindämmung der «Überflutung durch technische Kommunikationsmittel wie Zeitung, Telefon, Rundfunk und Fernsehen» bzw. Internet (ebd., 106 f.), zum anderen das Kultivieren des symbolischen und bildhaften Reichtums unserer zunehmend abstrakteren Sprache. Gernot Böhme, der statt im Ausgang von neueren hirnanatomischen Forschungsergebnissen im Rekurs auf Freuds spekulatives Instanzenmodell zu einer affinen dichotomischen Denkstruktur einer «chaotisch-produktiven Quelle» (Es) und einer «logisch-objektiven Kontrollinstanz» (Über-Ich) gelangt (1998, 112), bietet an der Technischen Universität Darmstadt experimentelle Denkübungen nach dem sokratischen Gesprächsmodell an. Bei diesen innovativen philosophischen Übungen soll neben dem Selbstvertrauen für das schöpferische, assoziative und intuitive Denken ein Bewusstsein für die wissenschaftlich-technischen Kontrollmechanismen unseres Denkens und das Zusammenwirken dieser beiden Denkformen gewonnen werden.[42] «Nimmt man die Aufgabe ernst, dass wir zur Lösung unserer gesellschaftlichen Probleme fundamentaler Veränderungen bedürfen, ist es insbesondere notwendig, das ‹Denken-Üben› als konstitutiven Teil der eigenen Bildung zu begreifen. Weil sich die Wirklichkeit in Begriffen verfestigt hat und weil das Denken begrifflich ist, müssen wir lernen, unsere Begriffe des Wirklichen neu zu konzipieren. Menschen können Veränderungen anstoßen, wenn sie sich der chaotisch-produktiven und der disziplinierenden Kraft des Denkens bewusst sind. Die philosophische Ausbildung kann dazu einen Beitrag leisten – wenn sie sich den an sie gestellten Anforderungen stellt» (ebd., 118).

7 Vom Geist der Geisteswissenschaften

Als im Potsdamer «Einstein Forum» Anfang 2001 drei namhafte Philosophen zur Debatte über die Zukunft der deutschen Philosophie zusammentrafen, war man sich einmal mehr in der generellen Diagnose einig: «Wir können so etwas wie eine gesamteuropäische Depression konstatieren», resignierte der Älteste von ihnen, Dieter Henrich, «die jegliche Denkkraft mit Bleigewichten beschwert und mit Mehltau überzieht.» Nicht nur die Krise der Philosophie, sondern die Krise des Geistes schlechthin wird seismographisch ausgerufen, man meldet den Bankrott der europäischen Denkkraft als solcher an. Ob man gegen diese geistige Erschlaffung mit Hilfe von Denkübungskursen und sokratischen Gesprächsforen im Rahmen philosophischer Seminare wie auch in der breiten Öffentlichkeit wirksam Front machen kann? Das Überhandnehmen eines sowohl im Wissenschaftsbetrieb einseitig geförderten als auch durch die Grundordnung der inflationierenden elektronischen Medien begünstigten linkshemisphärischen, logisch-analytischen, mechanistisch-monokausalen Denkens auf Kosten des holistisch-synthetischen, schöpferischen Denkens erwies sich jedenfalls als gefährlich (vgl. Kapitel 6.4). Nur dank der Stärkung des kreativen, produktiven, in der rechten Hirnhemisphäre lokalisierten Denkens und der Entfaltung einer begründungsorientierten, problembezogenen Gesprächskultur können wir die Hauptschwierigkeiten unseres wissenschaftlich-technischen Zeitalters noch meistern, die sich nicht durch Zerlegung und Analyse in künstlich isolierte geschlossene Teilprobleme auflösen lassen. Sollen die geistig-kulturellen Phänomene als Sujet der

Geisteswissenschaften nicht restlos durch ökonomische oder technische Teilsysteme substituiert werden, müsste in Henrichs Bild die Denkkraft von Philosophen wie Nicht-Philosophen von ihrem Mehltau gereinigt und der (Zeit-)Geist aus seiner gesamteuropäischen Depression befreit werden. So, wie sich aber im selben Jahr die Globalisierungsgegner in Porto Alegre zum furiosen Anti-Davos, zum ersten «Weltsozialforum» rüsteten – trat da nicht wieder das Dilemma zutage, dass man den handfesten Zahlen, Bilanzen und Fakten der systemischen Wirtschaftswelt wenig konkretes «Geistiges» entgegenzusetzen vermag? Drohten nicht die universellen humanitären Ideen und spezifischen kulturellen Werte, die man vor der unaufhaltsam ins Rollen gebrachten Globalisierung zu retten auszog, im Engagement der enthusiastischen bis rebellischen Atmosphäre unterzugehen?

7.1 Geist und Globalisierung

Während sich das verschneite Davos aus Furcht vor gewalttätigen Demonstranten im totalen Belagerungszustand befand, als das Weltwirtschaftsforum 2001 im schwer bewachten Konferenzbunker tagte, formierte man sich auf dem Gegengipfel zum karnevalsartigen «Marsch gegen den Neoliberalismus und für das Leben», es traten alsbald zwei Sambaschulen auf, gefolgt von Happenings brasilianischer Punks, bevor man in Workshops zu immer neuen, oft improvisierten Debatten über Genetik, Informatik, Ökologie, die Lage der Frauen oder der Gefangenen zusammentraf. Erklärtes Ziel der Organisatoren dieser chaotisch-heiteren Antithese zu Davos war es, im Zeichen des Kampfes «gegen die Barbarei des Kapitals, den amerikanischen Imperialismus, die Weltbank, den Weltwährungsfonds, den Rassismus, die Diskriminierung der Homosexuellen [...] eine neue Etappe in der Entstehung einer planetaren Zivilgesellschaft einzuleiten, die fest entschlossen den Beweis antreten will, dass eine andere Welt möglich ist» («Auf der Suche nach einer anderen Welt», in der Weltwoche vom 1. 2. 2001, 6). Die heterogene Schar von Umweltschützern über Linksintellektuelle bis hin zu etablierten Ökonomen und Ministern war sich zwar in der Front ihres gemeinsamen Widerstandes einig, nicht aber in politisch wirksamen positiven Direktiven. Obgleich man sich daher zu keiner verbindlichen Schlussdeklaration durchringen konnte, war doch immerhin ein «Signal der Hoffnung» gesetzt auf der Suche nach einer humaneren Welt. Wohl stieß man sich dabei am grundsätzlichen Widerspruch, dass sich viele lebensweltliche Probleme nur lokal oder national im Rahmen einer je eigenen Kultur lösen lassen, weil wir heute nach Barloewens überzeugender Darstellung folgende Trias unterscheiden müssen: «Es gibt die Globalisierung des Austausches, die Universalität der Werte und die Singularität der Formen, der Sprachen, der Kulturen» (1998, 103). Sowohl die Universalisierung lebensweltlicher Werte etwa in Form der Menschenrechte oder der Konzepte von Demokratie und Freiheit wie auch die singulären kulturellen Werte und Überzeugungen vom guten und sinnvollen Leben werden heute zunehmend bedroht von der systemischen Globalisierung der Technologien, Informationsmittel und Finanzmärkte infolge der erwirkten Promiskuität des Austauschs aller Waren und Dienstleistungen. Analog zur Kolonialisierungsgefahr der Lebenswelt durch die Anwendung systemisch-technischer Maßstäbe in nicht-systemischen Bereichen ist hier nämlich zu beobachten: Der «Unterschied zwischen einer Globalisierung und einer Universalisierung schwindet, das Universelle globalisiert sich selbst, die Menschenrechte werden zu einem Exportgut wie das Öl» (ebd., 102).

Das Anti-Globalisierungsprojekt zugunsten einer menschlicheren Welt hat grundsätzlich an zwei Fronten zu kämpfen: Zum einen muss das lineare, quantifizierende und eindimensionale Denken, die instrumentell-technische Rationalität mit ihrem Wertmaßstab der Effizienzsteigerung als Motor der wissenschaftlich-technischen Globalisierungsdynamik in seine Schranken gewiesen und das Trügerische eines ohne universelle Werte und lebensweltlich-kulturelle Ziele illusionären «Fortschritts» vor Augen geführt werden. Zum andern soll die Vielheit der Kulturen gewährleistet bleiben, weil die Grundvoraussetzung für die Zusammengehörigkeit aller Menschen zur planetaren Zivilgesellschaft das Empfinden der Zugehörigkeit zu einer spezifischen kulturellen Lebenswelt mit gemeinsamer Identität und geteiltem Schicksal bildet.[43] Diese notwendige Basis des interkulturellen Dialogs ist indes wiederum zerstört, sobald die kulturelle Identität ideologisch besetzt wird und eine fundamentalistische Grundhaltung zeitigt. Wie Johan Galtung, einer der wichtigsten Väter der Friedensforschung, signalisiert, kann der durch die Angriffswelle vom 11. September 2001 ausgelöste Anti-Terror-Krieg Amerikas gegen Afghanistan als Beispiel für die «Auseinandersetzung zwischen zwei Fundamentalismen: dem islamischen und dem christlichen» betrachtet werden (vgl. das Interview in der Sonntagszeitung vom 18. 11. 2001, 20). Wie auf der einen Seite der «Dschihad» der Mohammedaner zur Verteidigung und Ausbreitung des Islams führt, zeugt auf der andern die amerikanische Proklamation, Gott habe Amerika zur Befreiung der Welt vom Bösen eingesetzt, von einer fatalen dogmatischen Einstellung. Wie naiv es auch sein mag, angesichts solch bewaffneter Konflikte auf die Dialogbereitschaft als «Schlüssel zur Lösung des Problems» zu pochen, weil der Terrorismus «nur mit Dialog und dem Willen zur Versöhnung bekämpft werden könne» (ebd.), muss doch das gewalttätige Rezept «Krieg gegen Terror» ohne Aufweichung der kulturellen Fundamentalismen aussichtslos bleiben.

Statt die Kommunikation, den diplomatischen Austausch und das gegenseitige Verständnis zwischen den Kulturen zu fördern, wirkt die Globalisierung homogenisierend, mechanisch und zerstörerisch auf die Vielheit der Kulturen. «Zwar nimmt die Kommunikationstätigkeit zu, alles scheint in wechselseitiger Bewegung zu sein, die vielzitierte Vernetzung ist in vollem Gang, und dennoch steigt das Unverständnis, und die politischen Fiktionen nehmen zu», resümiert Barloewen: «Die technischen Möglichkeiten, die dazu führten, den Planeten Erde zu vereinen, sind zugleich diejenigen, die zu Kriegen und zur Zerstörung führen. Die Leere des politischen Denkens hat am Ende des Jahrtausends tragische Dimensionen angenommen. Das Unvermögen, die Gesamtheit der lokalen Probleme zu begreifen und die Fragen von globaler Bedeutung zu beantworten, beschreibt eine fatale Seite unserer Epoche» (1998, 96). Krieg im Zeitalter wissenschaftlich-technischer Rationalität wäre so gesehen ein Ausdruck der Leere politischen Denkens. Damit diese fatale Seite, also die kollektive Irrationalität unserer wissenschaftlich-technischen Gesellschaft durchschaut und korrigiert werden könnte, wäre aber eine tief greifende Reform unseres Denkens notwendig, die eine fragmentarisierte und reduktionistische Denkweise gleichsam aufhöbe in einer universal-anthropologischen, synthetischen, mehrdimensionalen Sichtweise. Während die modifizierte Denkweise auf weltweiter Ebene die ethische Universalisierung der Werte vor der ökonomisch-technischen Globalisierung des Austauschs zu retten versuchte, hätte sie dem menschlichen Bedürfnis nach Sinnstiftung und Verwurzelung in der intersubjektiven Welt im Rahmen singulärer kultureller Einheiten Rechnung zu tragen. Basiert aber nicht gerade jede Kultur auf Zwang und Unterdrückung der wahren menschlichen Bedürfnisse, wie Freud moniert (vgl. 1993, 111)? Muss man nicht die Kultur- bzw. Humanwissenschaften gleich Foucault einer gründlichen Kritik unterziehen, weil sie dem Menschen spezifische Gesten, Verhaltensformen und historisch-kulturelle Denkschemata aufoktroyieren, sodass sich die Genealogie der Humanwissenschaften und die Entstehungsgeschichte der Gefängnisse problemlos parallelisieren lassen?[44] Was meint eigentlich «Kultur» als Gegenstandsbereich der Kulturwissenschaften bzw. der «Mensch» der Humanwissenschaften als deren Spezialgebiet?

7.2 Kultur versus Zivilisation

Gemäß einem beliebten Topos vieler Kulturkritiker des 19. und 20. Jahrhunderts dient «Kultur» als das positive Pendant und Komplement zur «Zivilisation» – ein hierarchisches Kontrastpaar, das heute zwar aus der Mode geraten ist, aber in der habermasschen Dichotomie von Lebenswelt und System gleichsam wiederbelebt wurde. Es handelt sich zudem um eine deutsche Spezialität ohne Übersetzungschancen ins Französische oder Englische, die in Verbindung mit der Ideologie des «deutschen Sonderwegs» im Widerstand gegen die Amerikanisierung, Urbanisierung, Technisierung und Industrialisierung gesehen werden muss (vgl. Schnädelbach 1991, Bd. 2, 528 ff.). «Kultur und Zivilisation» meint dann konkret so viel wie: «Goethe und die Eisenbahn, Blockflöte und Fußball, Evangelische Akademie und Sechstagerennen, Schreiben mit dem Füller und mit dem Kugelschreiber» (ebd., 528). Mit dem Attribut «Kultur» wird vordergründig alles qualitativ Hochrangige, in einer Gemeinschaft Geschätzte und Wertvolle, das zur wahren Bildung Gehörende ausgezeichnet, das als Prozess, Zustand oder Resultat selbstzweckhafter Tätigkeit des Geistes zum Kern der Lebenswelt gehört. Das Etikett «Zivilisation» dagegen degradiert alle menschlichen Leistungen und Organisationsformen zum bloß Funktionalen, rein Administrativen und kommerziell Erfolgreichen, subsumiert es damit dem System als Reich der Mittel und stellt es hinter dem Reich der Zwecke zurück. Anders als die Naturwissenschaften, die das Immergleiche in der Wirklichkeit zu erfassen und deren Wirkungsweise in Gesetzesaussagen von höchster Allgemeingültigkeit auszudrücken trachten, wenden die Kulturwissenschaften ihr Erkenntnisinteresse den gesellschaftlich-historisch wandelbaren Kulturphänomenen zu; genauer den ihnen zugrunde liegenden Reflexionsfiguren von Sinn, Bedeutung und Wert, durch welche eine Sprech- und Handlungsgemeinschaft die sie umgebende Wirklichkeit wahrnimmt. Dieses ganze System von Ordnungs- und Deutungsformen, mit deren Hilfe eine Gemeinschaft die Geschehnisse der Welt interpretiert und in Sinnzusammenhänge strukturiert, bildet als unabhängige Kultur im engeren Sinn die Basis unserer Lebenswelt: «Das Konzept der Lebenswelt suggeriert ferner die Unabhängigkeit der Kultur von äußeren Zwängen. Die imperative Kraft der Kultur beruht auf der Überzeugung der Aktoren, die die überlieferten Deutungs-, Wert- und Ausdrucksschemata benutzen, erproben und fortbilden. Aus der Sicht kommunikativ handelnder Subjekte kann sich hinter dem kulturellen Symbolismus keine *fremde* Autorität verbergen. Die Lebenswelt bildet in der Handlungssituation einen nichthintergehbaren Horizont; sie ist eine Totalität ohne Rückseite» (Habermas: TKH2, 224 f.).

Auch wenn wir am Ende eines umfassenden Rationalisierungsprozesses notwendig zum modernen «Fachmenschentum», zum systemkonformen, verunpersönlichten und zivilisierten «Funktionieren» verpflichtet sind,[45] bleiben wir als «Kulturmenschen» zugleich sinnstiftende und wertende Wesen, welche die Welt unter bestimmten kulturellen «Wertideen» wahrnehmen. Die «transzendentale Voraussetzung» einer jeden Kulturwissenschaft, «daß wir Kulturmenschen sind, begabt mit der Fähigkeit und dem Willen, bewußt zur Welt *Stellung* zu nehmen und ihr einen *Sinn* zu verleihen» (Weber 1988, 180), scheint trotz der Krise der Kultur- oder Geisteswissenschaften weiterhin zu bestehen. Es kann also nicht um ein Nullsummenspiel gehen, bei welchem Fach- und Kulturmensch, Zivilisation und Kultur, System und Lebenswelt gegeneinander ins Rennen geschickt werden, sondern vielmehr um eine Klärung des gegenseitigen Verhältnisses. Während die uns zu Fachmenschen zurechtstutzende «Zivilisation» in der frühen Neuzeit für «Zähmung, Domestikation und Ende der Barbarei» stand und somit unzweideutig eine elementare Vorbedingung für alles kulturell «Höhere» darstellte, assoziiert man Zivilisation im Deutschland des 20. Jahrhunderts mit technisch-industrieller Modernisierung, sodass Zivilisationskritik und Technikkritik koinzidieren und Zivilisation von der kulturellen Vorbedingung zur kulturellen Bedrohung mutiert. Wenig Sinn macht wohl das neorousseauistische Insistieren auf der prinzipiellen Kontradiktion von wissenschaftlich-technischem, zivilisatorischem und moralisch-kulturellem «Fortschritt», weil entgegen dem aufklärerischen Optimismus die wissenschaftlich-technische Lebenserleichterung notwendig zu Müßiggang, Verschwendungssucht und sittlichem Zerfall führe.[46] Andererseits ist fraglich, inwiefern es sich beim Fach- und Kulturmenschen lediglich um verschiedene Beschreibungsperspektiven handelt, wie sich analog zu Habermas' durch die Dichotomie Kultur – Zivilisation inspirierter Betrachtungsweise der Gesellschaft einmal als Lebenswelt, dann als System vermuten ließe: Genauso nämlich, wie «Gesellschaft aus der Teilnehmerperspektive handelnder Subjekte als *Lebenswelt einer sozialen Gruppe* konzipiert» werden müsse, könne sie «aus der Beobachterperspektive eines Unbeteiligten nur als ein *System von Handlungen* begriffen werden» (TKH2, 179). Ist bei System und Lebenswelt, Zivilisation und Kultur, Fach- und Kulturmensch immer von ein und demselben Phänomen die Rede, lediglich aus verschiedenen Perspektiven betrachtet? Wie wäre dann aber eine «Entkoppelung» von System und Lebenswelt denkbar?

Als im 18. Jahrhundert mit dem Aufkommen der Geschichtsphilosophie, welche die Natur- um eine Kulturgeschichte erweiterte, Kultur zum eigenen Thema philosophischer Bemühungen arrivierte, erkannte Kant die *differentia specifica* von Kultur und Zivilisation in der «Moralität» als ethischer Gesinnung: Einem Bürger *(civilis)* ermangle Kultur so lange, wie er sich nur entsprechend den in einer Gesellschaft geltenden Regeln des Zusammenlebens verhalte, sei es infolge der Internalisation systemischer Normen, sei es aufgrund egoistischer Vorteilssuche, statt das Gute und Richtige um seiner eigenen Werthaftigkeit willen zu tun. Im Unterschied zu dem bis heute verbreiteten Optimismus naiver Aufklärer wähnt Kant dabei keineswegs, nach der Liquidation repressiver politischer Herrschaftssysteme und religiösen Aberglaubens müsse sich die Menschheit dank wissenschaftlich-technischer Errungenschaften oder natürlicher Sympathieinstinkte quasi automatisch in einer konfliktfreien und kulturell hochrangigen Solidargemeinschaft wiederfinden. Vielmehr fordert er als notwendige Grundlage zum kulturellen Fortschritt, d. h. zur Ausbildung einer moralischen Identität des Einzelnen, eine Verbesserung der politischen Verhältnisse bis hin zur gerechten und weltweiten Friedensgemeinschaft; bis zum höchsten universalen Wert und Endzweck der Menschheit, wie sie den Globalisierungsgegnern als humane «planetare Zivilgesellschaft» vorschwebt. «Wir sind im hohen Grade durch Kunst und Wissenschaft *kultiviert.* Wir sind *zivilisiert* bis zum Überlästigen, zu allerlei gesellschaftlicher Artigkeit und Anständigkeit. Aber, uns für schon *moralisiert* zu halten, daran fehlt noch sehr viel. Denn die Idee der Moralität gehört noch zur Kultur; der Gebrauch dieser Idee aber, welcher nur auf das Sittenähnliche in der Ehrliebe und der äußeren Anständigkeit hinausläuft, macht bloß die Zivilisierung aus. So lange aber Staaten alle ihre Kräfte auf ihre eitlen und gewaltsamen Erweiterungsabsichten verwenden und so die langsame Bemühung der inneren Bildung der Denkungsart ihrer Bürger unaufhörlich hemmen, ihnen selbst auch alle Unterstützung in dieser Absicht entziehen, ist nichts von dieser Art zu erwarten» (1993, A403).

Wenn daher Nietzsche, der «Stammvater des Ästhetizismus in der Kulturkritik»[47], diesen von Goethe und Humboldt weiterentwickelten Syntheseversuch von Kultur und Zivilisation mit der rhetorischen Waffe «innere Bildung – äußere Barbarei» attackiert und das ganze deutsche «berühmte Volk der Innerlichkeit» verpönt und verlacht (UB, 276), tut er ihnen augenscheinlich Unrecht: «und so ist die ganze moderne Bildung wesentlich innerlich: auswendig hat der Buchbinder so etwas darauf gedruckt wie: Handbuch innerlicher Bildung für äußerliche Barbaren» (ebd., 274)! «Wahre Bildung», mag sie auch «gelegentlich der gerade in Achtung stehenden Gebildetheit ernstlich schaden, mag sie selbst einer ganzen dekorativen Cultur zum Falle verhelfen können», müsste in Nietzsches Augen wie beim griechischen Volk einer höheren Kraft der sittlichen Natur entspringen und einer Kultur «ohne Innen und Aussen, ohne Verstellung und Convention, [...] als einer Einhelligkeit zwischen Leben, Denken, Scheinen und Wollen» (ebd., 334) den Weg ebnen. Einig sind sich Kant und Nietzsche darin, dass erstens die «Kultivierung» des Menschen nur unter der notwendigen Bedingung der «Zivilisierung», d. h. der äußerlichen Artigkeit und Anständigkeit bezüglich der herrschenden Bräuche und Institutionen, und zweitens vermöge der Unterstützung durch die Medien der Kunst und Wissenschaft vonstatten gehen kann. Drittens stehe aber die hinreichende Kultur-Bedingung in Abhängigkeit von der Politik, welche grundsätzlich weder der techno-ökonomischen Struktur noch der lebensweltlichen Kultur zugerechnet wird.[48] Allein wo Nietzsche in Reminiszenz an die hohe agonale Kultur der Griechen auf einen hierarchischen Staat mit einer kleinen Künstlerelite und einem funktionstüchtigen Fundament von Menschenmaterial zur Verwaltung und Produktion von Wissen und materiellen Gütern setzt, pocht Kant auf die Einrichtung von Rechtsverhältnissen nach Maßgabe der reinen praktischen Vernunft, konkret auf die Gründung von Rechtsstaaten und deren Assoziation in einer weltweiten Friedensgemeinschaft. Da wir angesichts der kulturbedrohenden Technisierung statt einer Versklavung der Herde im Zeichen einer nietzscheanischen Politisierung der Ästhetik eine politisch mündige demokratische Wissensgemeinschaft benötigen, stellt wohl die politische Umsetzung universaler Werte von Freiheit, Demokratie und Menschenrechten unabdingbare Voraussetzung einer kulturellen Identität dar. Denn diese kann weder bloße Anpassung an zivile Verhältnisse noch rein innerliche Gesinnung sein: Nur wenn wir im gemeinsamen Gespräch die Entwicklung von Zivilisation/Technik sowohl vor dem Horizont derjenigen lebensweltlich-kulturellen normativen Hintergrundüberzeugungen, die von jedermann akzeptiert werden können, wie auch mit Bezug auf die singulären geographischen, klimatischen und ökonomischen Gegebenheiten beurteilen und kontrollieren, ist ein kulturelles Auseinanderdriften von Innen und Außen vermeidbar.

Während Nietzsche – irrtümlich gegen Kant – für eine lebendige Kultur einer durchgängigen stilistischen Einheit in Denken und Handeln nach Vorbild der Griechen und zum Zweck schöpferischer Größe plädiert, erblickt Freud in allen bisherigen Kulturformen nur Zwang, nur Opfer, nur Triebverzicht. «Wir haben von Kulturfeindseligkeit gesprochen, erzeugt durch den Druck, den die Kultur ausübt, die Triebverzichte, die sie verlangt. Denkt man sich ihre Verbote aufgehoben, man darf also jetzt zum Sexualobjekt jedes Weib wählen, das einem gefällt, darf seinen Rivalen beim Weib, oder wer einem sonst im Weg steht, ohne Bedenken erschlagen, kann dem anderen auch irgendeines seiner Güter wegnehmen, ohne ihn um Erlaubnis zu fragen, wie schön, welch eine Kette von Befriedigungen wäre dann das Leben!» (Freud 1993, 118) Grundsätzlich die Trennung von Zivilisation und Kultur verwerfend (vgl. ebd., 110), bringt Freud einen rein funktionalistischen Kulturbegriff ins Spiel, welcher der so genannten Kultur ausschließlich systemisch-technische Aufgaben überantwortet und diese somit auf «Zivilisation» verkürzt. So expliziert er, «daß das Wort ‹Kultur› die ganze Summe der Leistungen und Einrichtungen bezeichnet, in denen sich unser Leben von dem unserer tierischen Ahnen entfernt und die zwei Zwecken dienen: dem Schutz des Menschen gegen die Natur und der Regelung der Beziehungen der Menschen untereinander» (1994, 55 f.). Freuds rein ökonomisch-technische Analyse der gesellschaftlichen Ordnungs- und Deutungsformen der Welt, dem naturwissenschaftlich-mechanistischen Denken und einer objektiven Beobachterperspektive verhaftet, erkennt das Positive der Kultur/Zivilisation mithin darin, die zwischenmenschlichen Aggressionen durch Regeln des Zusammenlebens zu mindern und die Naturgewalt dank technischer Mittel einzudämmen, also in typisch systemischer Koordination menschlicher Handlungsfolgen. Die negative Kehrseite aber bilde die Triebumlenkung (Sublimation) bzw. der Triebverzicht, welchen die gesellschaftliche Ordnung dem Einzelnen abverlangt (vgl. ebd., 62 f.).

Freud übersieht allerdings, dass die meisten kulturellen Phänomene nicht zweckrationalem Räsonnement entspringen, sondern Resultate nichtinstrumentellen Denkens und Handelns mit allenfalls «sekundärer objektiver Zweckmäßigkeit» darstellen, wie Gehlen am Beispiel des Totemkults nachweist (1986a, 394–494), und dass sie weniger aufgrund ihrer (sekundären) nützlichen Funktionen als um der in ihnen zum Ausdruck kommenden Werte willen gepflegt und in Ehre gehalten werden.[49] Statt sie aus objektivierender Außenperspektive erklären und ihre funktionale Leistung eruieren zu wollen, müssten die sich ihnen widmenden Kultur- oder Geisteswissenschaften vielmehr versuchen, sie aus lebensweltlicher Innenperspektive zu verstehen, zu interpretieren und auf Widersprüchlichkeiten im repräsentierten Wert-Gehalt hin zu prüfen. Es gälte darauf den Ton zu legen, dass eine lebensweltlich-kulturelle Gemeinschaft niemals nur aufgrund geographischer oder biologischer Gemeinsamkeiten oder der von Freud hervorgekehrten instrumentell-technischen Regelwerke und Rollenmuster zusammengehalten wird. Denn die «Viel-Einheit» der Gemeinschaft setzt die Ausrichtung all ihrer Mitglieder an geteilten Werten oder Zielen voraus: «Gesellschaft ist eine Viel-Einheit, in der die vielen Personen ihren Selbstand behalten. Das formale Element, das in den vielen Personen verwirklicht ist, besteht in der Ausrichtung auf einen gemeinsamen Wert, ein gemeinsames Ziel, das die Glieder der Gesellschaft als Geistwesen erkennend und strebend zu verwirklichen übernommen haben. Gesellschaft besteht also nicht etwa in den vielfältigen Beziehungen der verschiedenen Mitglieder zueinander. Aus dieser Vielzahl von Relationen ergäbe sich noch keine einheitliche Gesellschaft. Diese besteht vielmehr aus einer Vielheit von Beziehungen auf einen gemeinsamen Zielwert hin, der als solcher eine Identität besitzt» (Kerber 1998, 39).

Kultur als Insgesamt von gesellschaftlich-historischen Werten, Ordnungs- und Deutungsmustern zur Sinnorientierung in der gemeinsamen Lebenswelt erscheint bei Freud auch deswegen in einem schiefen Licht, weil der Hauptgegenstand der Humanwissenschaften, der Mensch, hier nur als biologisches Wesen, als Triebbündel von libidinösen und aggressiven Tendenzen in den Blick gerät, nicht aber als orientierungsbedürftiges, selbsttranszendierendes, sinnsuchendes Kultur- und Geistwesen. Reduziert man den Menschen im Zeichen eines grassierenden naturwissenschaftlichen Objektivismus in der Psychologie von einem «in die Welt hinein *agierenden* Homo humanus» zu einem «auf die Reize *reagierenden* oder Triebe *abreagierenden* Homunculus», zu einem «Nichts als» Opfer der Verhältnisse oder unbewusster Bedürfnisse (Frankl 1992, 47), kann er vermittels aufwendiger Zähmung und Triebsublimation bestenfalls zivilisiert, aber niemals kultiviert werden. Begreift man demgegenüber den Menschen wie Gehlen als ein nicht-festgestelltes, antriebsüberschüssiges Tier ohne angeborene, auf bestimmte Weltinhalte zugeschnittene Bedürfnisse (Instinkte), läge die (sekundäre) Bedeutung der Kultur nicht in Repression, sondern in Entlastung. Der individuelle Charakter eines Menschen stellte des Weiteren keine obskure Transformation von libidinösen Tendenzen im Laufe der Akkulturation dar (vgl. Freud 1994, 62), sondern einen bewussten Formierungsversuch eines offenen, organisierbaren und feststellbaren Antriebslebens (vgl. Gehlen 1986a, 360 f.): «Der Antriebsüberschuss ist also eine sehr entscheidende Tatsache. Er steckt ebenso in den über alle Worte großartigen Schöpfungen, in denen der Mensch die Natur nötigte, ihn zu tragen, wie in den entsprechenden durchgezüchteten und formierten, auf Dauer gestellten Antriebsstrukturen, deren Inbegriff man Charakter heißt» (ebd., 61).

7.3 Kultureller Wertverlust und wissenschaftliche Wertabstinenz

Damit die Kulturwissenschaften, speziell die Humanwissenschaften, das Objekt ihres Interesses, den durch einen Charakter festgestellten Homo humanus bzw. die seine Charaktermodellierung leitenden kulturellen Wert- und Deutungsstrukturen, nicht von vornherein verfehlen, hätten sie sich allererst ihrer «Wertabstinenz» zu entledigen – obgleich diese vordergründig gesehen durch die allgegenwärtige Klage eines gravierenden Wertverlusts legitimiert scheint. «Sobald es aber um den Umgang mit den Folgen von Wertewandel oder Werteverlust geht, fühlt sich die Öffentlichkeit von der Wissenschaft meist im Stich gelassen. Wenn das Ethos der Wertfreiheit in den Wissenschaften bedeutet, dass die Wissenschaften nur diagnostizieren, aber nicht therapieren können, dann ist diese Enttäuschung unvermeidlich», warnt Joas. Allerdings schiene mir anstelle der «Therapie» als kulturwissenschaftlicher Obliegenheit «Aufklärung» oder «Bildung» angemessener. «Die Wertabstinenz der Wissenschaften – und sogar oft der Philosophie – öffnet dann allerdings den Raum – oder die Marktlücke – für oberflächliche Synthesen oder gar einen bloß strategischen Umgang mit dem unbefriedigten Bedürfnis der Öffentlichkeit» (1999, 14). Der Verlust gemeinsamer kultureller Werte, dokumentiert durch den zunehmenden Zerfall familiärer und ehelicher Bindungen, Beschädigungen öffentlicher Räume und Denkmäler sowie erschreckende, oft völlig unmotivierte Jugendbrutalitäten und Terrorakte, schafft Raum für postmaterialistische, rein innenorientierte Werte wie Selbstverwirklichung, Lebensstil, Genuss und Aufreizung. Eine «Moral des Vergnügens» (Bell), eine hedonistische «Eventkultur» (Schulze) und eine neue «Ideologie der Intimität» (Sennett) münzen hartnäckig sämtliche moralisch-kulturellen und politischen in psychologische Kategorien um, sodass nicht ohne phänomenale Triftigkeit das «Ende der öffentlichen Kultur» und die «Tyrannei der Intimität» ausgerufen werden (vgl. Sennett 1983, insbes. 329–340). Die sensationelle Infrastruktur des Erlebens und eine «riesige therapeutische Industrie» (Luhmann 1986, 458) sorgen dafür, dass immer mehr individuelle oder gemeinsame Probleme unbedacht an den Psychotherapeuten, den Erlebnismarkt oder die sozialstaatlichen Einrichtungen delegiert werden, wobei Sennett die Wurzeln der «vollständige[n] Psychologisierung der sozialen Realität» unserer Gesellschaft so skizziert: «Der Glaube an den moralischen Wert ‹zwischenmenschlicher Nähe› ist in Wirklichkeit Produkt einer durch den Kapitalismus und den Säkularismus im 19. Jahrhundert hervorgerufenen tiefgreifenden Verschiebung. Aufgrund dieser Verschiebung begannen die Menschen, persönlichen Sinn in unpersönlichen Situationen, in Objekten und in den objektiven Bedingungen der Gesellschaft selbst zu suchen. Aber dort fanden sie keinen Sinn; in dem Maße, wie die Welt psychomorph wurde, wurde sie zur Mystifikation. Deshalb kehrten sie sich von ihr ab, um in ihren privaten Lebensbereichen [...] ein Ordnungsprinzip für die Wahrnehmung von Persönlichkeit zu finden» (1983, 335 und 329 f.).

Wo alles nach Entblößung, Nähe und Fun schreit und das zentrale kulturelle Phänomen die narzisstische Zurschaustellung von Privatheit, von Intimität wie paradigmatisch in Chéreaus Film «Intimacy» zu sein scheint, der 2001 den Goldenen Bären der Berlinale gewann, verbleiben als Ziele im öffentlichen Leben für Politiker wie Philosophen lediglich persönliche Annehmlichkeit und Karriere. Bei politischen Vertretern der Öffentlichkeit interessieren mehr ihre Affären, die von ihrer Rhetorik heraufbeschworene Wärme und Sanftheit sowie die Einfühlsamkeit eines «therapeutischen Politikers» à la Clinton als ihr gesellschaftliches Engagement und das tatsächliche Handeln. «Der therapeutische Politiker, idealtypisch verkörpert durch Bill Clinton, lebt von öffentlichen Verlautbarungen von hohem moralischem Gehalt. Seine übertriebene Einfühlung bringt so niederträchtige Sätze hervor wie ‹I feel your pain› – ‹Ich fühle euren Schmerz›. Clinton ist der Inbegriff des therapeutischen Politikers, weil er einfach alles, was er gerade sagt, tatsächlich zu glauben scheint. Er ist jederzeit fähig zu tiefster Rührung, von der wiederum sein Publikum gerührt ist», registriert Purdy: «Im diesjährigen Präsidentschaftswahlkampf kommen die Amerikaner bisher nicht über die Frage hinaus, wie viel Wohlgefühl die Kandidaten ihnen vermitteln. Deren sorgfältig getextete Metaphern sollen den Eindruck von Sensibilität, Sanftheit und ‹mitfühlendem Konservatismus› vermitteln. Diese Rhetorik, entrückt von jeder Absicht, tatsächlich zu handeln, führt zur allmählichen Ablösung der Politik von der Wirklichkeit» (Purdy: «Das Elend der Ironie», in: Die Zeit vom 7. 9. 2000, 11). Eine persönlichkeitszentrierte Politik, die sich dergestalt von der Realität entfernt und in den Dienst der Publikumsrührung stellt, statt die Öffentlichkeit an wichtigen Entscheidungen aktiv teilnehmen zu lassen, ist fraglos unverantwortlich, ist in Sennetts Worten «obszöne Politik». Denn ein solcher therapeutischer Politiker geht taktisch so vor: «Er lädt sich bei einer einfachen Familie zum Mittagessen ein und wird in der Öffentlichkeit damit ein riesiges Interesse wecken, und einen Tag später erlässt er ein Gesetz, das die Arbeiter seines Landes schwer trifft – aber das geht unbemerkt vor sich, denn alle Welt spricht nach wie vor von dem Mittagessen. Er spielt mit einem bekannten Fernsehschauspieler Golf, und niemand bemerkt, dass er soeben die Altersrente für Millionen von Bürgern gekürzt hat» (1983, 342). Doch ist eine Selbst-Kultur, welche alle Personen und Ereignisse der Außenwelt nur noch auf ihre Bedeutung «für uns selbst» hin bemisst und somit das gesamte gesellschaftliche Leben instrumentalisiert, nicht eine contradictio in adjecto, weil ich im Grunde die Welt nicht mittels individueller Wert- und Deutungsschemata strukturieren kann, genauso wenig, wie ich eine Privatsprache sprechen kann? Zeitigt eine Kultur, die nicht mehr um mitteilbare geistige Inhalte und politische Traktate, sondern um individuelle psychische Befindlichkeiten kreist, nicht notwendig völlige Desorientierung?

Wenn es im allvernetzten öffentlichen Raum immer stärker von punktuellen innenorientierten Zielen wie Authentizität, Erregung oder purer Lust wimmelt und die Aufgabe der persönlichen Charakterbildung und verantwortungsbewussten Lebensführung transformiert wird in das Erlebnisprojekt, sich gut zu fühlen, sind Unsicherheit und Enttäuschung vorprogrammiert. Denn «das schöne Gefühl ist eine Leerformel. Wer nur weiß, dass er ein schönes Gefühl haben möchte, weiß bei weitem nicht genug, um sich orientieren zu können» (Schulze 1994, 28). Er leidet vielmehr unter einer «narzisstischen Charakterstörung», weil ihm bei seinem Erlebnisautismus der Sinn für soziale Interaktionen verloren geht. Indem er somit keine kollektive oder kulturelle Identität mehr durch Verinnerlichung der mitmenschlichen Erwartungshaltungen und Fremdbeurteilungen ausbilden kann, gerät seine Ich-Identität als Gleichgewicht von persönlicher und sozialer Identität ins Wanken (vgl. Mead 1993, 207–229). Darüber hinaus ist er, je mehr er sich auf seine maßstabbildenden und angeblich ordnungsstiftenden «schönen Gefühle» konzentriert statt auf sinnvolles zielgerichtetes Handeln in der Außenwelt, immer weniger des Empfindens und Erlebens fähig, weil im Zeichen des hedonistischen Grundparadoxes ein Gefühl umso schwächer ausfällt, je heftiger es unmittelbar anvisiert wird. Wo man meint, kulturelle Werte in sich selbst begründen zu können, obgleich bereits Wittgenstein mit seinem Privatsprachenargument nachwies, dass wir unabhängig von öffentlichen Kriterien gar keine bedeutungshaltigen «privaten Empfindungen» identifizieren können, ist eine Sinn- und Identitätskrise absehbar. Denn die für unsere Identität konstitutiven Werte sind untrennbar mit unserer Person als einer in der Außenwelt agierenden verknüpft und müssen sich in unserem Handeln kontinuierlich und widerspruchsfrei «zeigen». «Der Begriff der Identität verweist uns auf gewisse Wertungen, die wesentlich sind, weil sie den unerlässlichen Horizont oder die Grundlage bilden, von wo aus wir als Personen reflektieren und werten», akzentuiert Taylor: «Diesen Horizont zu verlieren oder nicht gefunden zu haben, bedeutet in der Tat eine schreckliche Erfahrung von Auflösung und Verlust. Deshalb können wir von einer Identitätskrise sprechen, wenn wir nicht mehr im Griff haben, wer wir sind» (1988, 37 f.).

Dass die öffentliche Inszenierung von Intimität, betrachtet am Präzedenzfall einer florierenden Sexualfolklore, uns immer noch ebenso sehr anlockt wie frustriert, obgleich sich Tabubrechung und Nacktheitssteigerung in Zeitschriften und Off-Theatern, auf Bildschirm und Großleinwand längst erschöpft haben, lässt sich nur durch die existenzielle Ratlosigkeit einer selbstwidersprüchlichen Individualkultur erklären (vgl. Schulze 1999, 33 f.). Wenn im Zuge des Intimitätskults Sexualität nicht mehr als Erotik erscheint, bei welcher der sexuelle Ausdruck in Handlungen mit sozialen Dimensionen einging, sondern als expressiver Zustand der reinen Selbstoffenbarung auf dem Tauschmarkt intimer, zur «Affäre» verflachter Beziehungen, begeben wir uns in Sennetts Worten «auf eine endlose, enttäuschende Suche nach dem Selbst – vermittels der Genitalien»: «Im Bereich der Sexualität löst der Narzißmus die körperliche Liebe aus jeder Art von Anteilnahme, ob persönlich oder gesellschaftlich, heraus. Der bloße Umstand, sich auf etwas einzulassen, schränkt anscheinend die Möglichkeit ein, zu erfahren, wer man ist, und die ‹richtige› Person zu finden, die zu einem ‹paßt›. Jede sexuelle Beziehung, die im Banne des Narzißmus steht, wird um so unbefriedigender, je länger die Partner zusammen sind» (1983, 21 und 22). Vergeblich setzt man dann alle Hoffnungen im hedonistischen Zeitalter auf Encounter-Groups, das Sensitivity-Training oder Glückstherapien qua Anleitungen zum geschickten Arrangement erlebnisaktivierender situativer Auslöser vom Intimschmuck bis zum Kondomsortiment. Denn wenn die gesamte Lebenswelt, zu der auch der Partner gehört, entwertet, zum rein technisch handhabbaren Selbstbefriedigungsgerät uminterpretiert und auf die herbeigesehnten «schönen Gefühle» des je Einzelnen fokussiert wird, geht jede Wertdimension verloren, welche für eine Selbstkonstitution gerade unabdingbar wäre. Gleichzeitig wird auch dieses prekäre «Subjekt», bar jeder reflexiven Selbstbezüglichkeit, zur Sache reduziert, nämlich zum Konglomerat instrumentell regulierbarer psychischer Zuständlichkeiten oder Befindlichkeiten. Wie aber soll ich wissen, was mir gefällt oder wann ich ein «schönes Gefühl» habe, wenn ich nicht weiß, wer ich bin bzw. wer ich sein will?

Bei einem Blick auf den Wertewandel unserer Zeit entlarvt sich dieser als Wertverlust, weil sich keine Werte auf der Grundlage privater psychophysischer Erlebnisse begründen lassen und die Selbst-Kultur damit eine contradictio in adjecto darstellt. So bestätigt sich unser Porträt des postmodernen Menschen, gefangen im mikroelektronischen Netz einer zunehmend technisierten Welt, gleichsam aus lebensweltlicher Perspektive heraus: Der Sohn unserer Zeit zeigt sich ironisch distanziert zu allen öffentlichen Angelegenheiten und gemeinsamen kulturellen Werten, narzisstisch-hedonistisch, einsam, entindividuiert, stumm bzw. von rhetorischen Floskeln der Einfühlsamkeit überfließend, zersplittert in einzelne Funktionen oder erlebnisaktive instrumentelle Arrangements. Der akademische Philosoph verzettelt sich analog in notorische Inkompetenzkompensationsleistungen philosophiefremder Nebenaktivitäten wie Gründungsbeirat, Wissenschaftstourist oder gutachtlicher Papierfluterzeuger. Er wäre in Anbetracht solch gravierenden Wertverlusts mit Lübbe gesprochen «nichts anderes als der Repräsentant einer Zivilisation, die objektiv anwachsende Schwierigkeiten hat, sich ihrer selbst orientierungspraktisch gewachsen zu zeigen» (1988, 263), die Philosophie tatsächlich entsprechend Hegels Diktum ihre Zeit, in Gedanken gefasst. Die Rede von der Relevanzkrise der Philosophie bzw. von ihrem akuten Irrelevanzkrisenverdacht wäre bloß symptomatisch für die Krise des Geistes und der Kultur insgesamt und damit für die Krise unserer Zeit schlechthin, und es bliebe uns nichts anderes, als dem Akademiker angesichts der omnipräsenten Rede von der «Krise der Philosophie» das unvergleichlich hohe Krisenbewusstsein anzurechnen. Ein Grabmal jedenfalls hätten alle Intellektuellen von heute, die sich beispielsweise auf dem Weltsozialforum zum «Marsch gegen den Neoliberalismus und für das Leben» formierten, fraglos verdient. Doch warum sollte man diesen ungebrochenen Enthusiasmus und rebellischen Kampfgeist mit dem Ziel einer humaneren Welt und friedlichen Zivilgesellschaft als naives Weltverbesserungsphantom vorzeitig unter einer Wolke diffuser kulturpessimistischer Verdüsterung zu Grabe tragen? Sind wir denn «nichts als» Opfer einer einseitigen Rationalitätsentwicklung und einer unaufhaltsamen Globalisierung und Allvernetzung im nicht-kommunikativen Medium der Macht und des Geldes, die kulturellen und universellen geistigen Werten keinen Raum lassen, obgleich diese für ein menschenwürdiges Leben konstitutiv sind? Käme es nicht einer Vogel-Strauß-Politik gleich, die gesellschaftliche und kulturelle Entwicklung lediglich aus systemisch-objektiver Perspektive als empirisches Zusammenwirken verschiedener Faktoren zu betrachten statt als normative Angelegenheit der Selbstreflexion bzw. des gemeinsamen praktischen Diskurses, nur um endlich die individuelle Frage «Was für ein Leben will ich führen?» oder die kollektive «Was wollen wir eigentlich?» loszuwerden?

Mittelstrass' lakonisches Fazit stellt klar: «Die Verwissenschaftlichung der gesellschaftlichen Verhältnisse hat, so sieht es heute aus, keine Humanisierung der Gesellschaft zur selbstverständlichen Folge. Hier herrschen vielmehr gestörte Verhältnisse» (1982, 19). Gestört sind diese Verhältnisse nicht zuletzt aufgrund einer im Werturteilsstreit zu Beginn des 20. Jahrhunderts aufgerissenen Kluft zwischen allgemein überprüfbarer Objektivität von naturwissenschaftlichen Fakten und einer Vielfalt von subjektiven Meinungen, Wertungen und Weltanschauungen im Bereich geistig-kultureller Phänomene, die auf kontingenten persönlichen Gefühlen, Erfahrungen und Motiven beruhen sollen und daher wissenschaftlich definitiv nicht legitimierbar seien. Objektiv und wissenschaftlich wären dann allein der Aufweis von bestehenden Tatsachen sowie die instrumentell-rationale Beurteilung dessen, ob etwas als geeignetes Mittel zur optimalen Erreichung eines vorgegebenen Zwecks in Frage komme, nicht aber Probleme der Handlungsorientierung, der Zwecksetzung und der moralisch-praktischen Werturteile (vgl. Wuchterl 1997, 15–53). Max Weber, der Provokateur des besagten Werturteilsstreits, sämtliche humanen Geisteswissenschaften als empirische Wissenschaften begreifend und sich für die Wertfreiheit insbesondere der Sozialwissenschaften engagierend, leugnete entgegen falscher Unterstellungen indes nie, dass bereits die Auswahl eines wissenschaftlichen Forschungsbereichs bestimmte Werte und Zwecke widerspiegelt (vgl. 1988,

499 f.). Kritische Stimmen monieren, Wissenschaft sei gerade aufgrund dieser Bindung an vorwissenschaftliche Bedingungen streng genommen niemals wertfrei, denn der «Wissenschaftler kann sich gar nicht von denjenigen Lebenszusammenhängen abschneiden, die schließlich auch sein eigenes Tun erst verständlich machen» (Mittelstrass 1982, 23). Allerdings erweisen sich infolge der hochgradigen Arbeitsteilung und der tendenziellen Entkoppelung wissenschaftlicher Subsysteme von der Lebenswelt diese «Lebenszusammenhänge» als zunehmend intransparent (vgl. Kapitel 4), sodass der extrem spezialisierte Fachwissenschaftler bei wachsender Sachkompetenz immer inkompetenter bezüglich der moralischen Bewertung des letzten Zwecks und der Folgen des gesamten Forschungsprozesses wird. Irrationalität droht sich dann in solche objektive «wertfreie» Forschung immer dann einzuschleichen, wenn es sich um einen quasi selbstläufigen Prozess ohne Zielreflexion handelt oder seitens der Forscher und Auftraggeber persönliche Motive wie Macht oder Gewinnsucht dominieren.

Angesichts der gegenwärtigen Komplexität eines ausdifferenzierten Wissenschaftssystems scheint mir eine Arbeitsteilung zwischen Naturwissenschaftlern, die sich auf Verfügungs- und Mittelwissen, und Geistes- sowie Sozialwissenschaftlern, die sich auf Orientierungs- und Zweckwissen spezialisieren, keineswegs abwegig (vgl. Kapitel 2.4), ohne dass die von Letzteren zu thematisierenden Werte und Zwecke in den Bereich des Unwissenschaftlichen, Rein-Subjektiven, Irrationalen verbannt werden müssten. Webers Wertfreiheitspostulat führt nämlich nur deshalb in die Irre, weil seiner Ansicht nach sämtliche die Natur-, Sozial- und Geisteswissenschaften in Art und Auswahl determinierenden gesellschaftlich-lebensweltlichen Zwecksetzungen aus externen, vorwiegend historisch-religiösen Quellen stammen (vgl. 1991). Damit würden sich die verschiedenen praktischen Wertungen einer rationalen Begründung gänzlich entziehen und «in unlöslichem Kampf untereinander stehen» (ders. 1988, 603). Wie seine Opponenten zu Recht kontern, müssen aber normative Fundierungsbemühungen wissenschaftlicher Theoriebildungen weder ideologisch-gesellschaftlichen Verzerrungen noch egoistischen Motiven einzelner Wissenschaftler unterliegen, sofern sie nämlich Ergebnisse eines sozial- und humanwissenschaftlichen Reflexions- oder eines diskursethischen Kommunikationsprozesses darstellen. Wissenschaft erweist sich dann als «ein vernünftiges Stück menschlicher Arbeit», wenn solche ideologischen und subjektiven Bedingungen, von denen sich der Wissenschaftler niemals wirklich zu *befreien* vermag, *transzendiert* werden im Hinblick auf transsubjektive gesellschaftliche Zwecke (vgl. Mittelstrass 1982, 23). Von viel höherem Gewicht als die Erforschung und Beherrschung der Natur oder die Steigerung des Lebensstandards und die auf diese Weise erzielte sukzessive Erweiterung des menschlichen Handlungsspielraums ist heute die diskursive, rationale Gewinnung von Bewertungsmaßstäben und daraus folgenden Handlungsvorschlägen für die sich infolge immer raffinierterer Technologien rasch verändernde gesellschaftliche Wirklichkeit.

Nachdem sich der verbreitete Glaube, über die Errungenschaften im Bereich der mikroelektronischen Kommunikation, Gentechnologie oder Reproduktionsmedizin einer an sich wertfreien Wissenschaft und Technik ließe sich in einer politischen Diskussion nachträglich beraten und aufgrund unerwünschter Nebeneffekte auch gegen sie entscheiden, als naiv entpuppte, verlangten wir nach einer demokratischen Wissensgesellschaft (vgl. Kapitel 5.1). In ihr sollte nicht nur die wissenschaftlich-technische Forschung in die politische Verantwortung eingebunden, sondern die Meinungsfreiheit mit der Meinungsbildungspflicht untrennbar verkoppelt sein. Obgleich gemäß der marxistischen Vorstellung der «Wissenschaft als gesellschaftlicher Veranstaltung» nicht die Wissenschaft selbst wertet und orientiert, sondern die Gesellschaft (vgl. Mittelstrass 1982, 20 f.), könnten die Geistes- und Sozialwissenschaften die gesellschaftliche Begründung von transsubjektiven Normen vorantreiben, sobald sie sich nicht länger fürchteten vor dem unhaltbaren «Tabu reiner Wissenschaft», das beispielsweise nach der Emeritierung seines Leiters Carl Friedrich von Weizsäcker die Schließung des «Instituts zur Erforschung der Lebensbedingungen der wissenschaftlich-technischen Welt» der Max-Planck-Gesellschaft zur Folge hatte. Erst wenn die Humanwissenschaften, die Sozial- und Politikwissenschaften «nicht nur von der Gesellschaft handelten, sondern auch für sie da wären, also den notwendigen Diskurs unterstützten, könnten wir mit etwas mehr Hoffnung ins nächste Jahrtausend blicken» (Meyer-Abich: «Irrglaube an die reine Wissenschaft» in der Millenniumsbeilage der Süddeutschen Zeitung vom 15. 12. 1999). Dank der Unterstützung gesellschaftskritischer Wissenschaften mag es uns gelingen, als eine demokratische und politisch mündige Wissensgemeinschaft vermittels der Festlegung allgemeiner Ziele und Richtlinien bezüglich der Qualität unserer Lebenswelt und einer in dieser gewährleisteten humanen Lebensweise den Prozess wissenschaftlich-technischer Entwicklung kritisch zu begleiten und falls nötig umzuleiten. Die Gefahr eines Auseinanderdriftens von instrumenteller Vernunft des Homo Faber und praktischer Vernunft des Homo Sapiens leuchtet indes beispielsweise dann auf, wenn bezüglich der lang ersehnten Entschlüsselung des menschlichen Erbguts der skrupellose, profitgierige unabhängige Unternehmer und Präsident der Firma Celera Genomics dem wohl etwas behutsamer arbeitenden, von der öffentlichen Hand getragenen Forscherteam des internationalen Humangenom-Projekts auf eigene Rechnung Konkurrenz macht. «No means without ends», ermahnt uns entsprechend Winner: «As we study the prospects offered by new technologies, it is always essential to ask: Why? Why are we doing this? What are the ends we have chosen and how well do they fit the pattern of means available?» (1997, 298).

Erschreckenderweise scheint sich aber das «Höchstmaß an Technikkritik, das Geistesmenschen zur Zeit formulieren können», im Lamento zu erschöpfen, «dass das Computerbetriebssystem des Marktbeherrschers den Bedürfnissen von Kulturwissenschaftlern nicht angepasst ist» («Von der Apokalypse-Angst zur Euphorie» im Berliner Tagesspiegel vom 24. 2. 2001, 27)! Wie sinnvoll angesichts der verbreiteten unkritischen, rein pragmatischen Einstellung zur Technik auch das Pochen auf die Notwendigkeit qualifizierter Medienkompetenz, der Appell an einen gezielten und verantwortungsbewussten persönlichen Einsatz von Energie- oder Kommunikationstechnologien sein mögen, greifen diese doch zu kurz, wo nicht nur unsere lebensweltlichen Foren der diskursiven Verständigung auf kulturelle und universelle Werte, sondern auch unsere Umwelt, die Grundlage menschlicher Existenz, gefährdet sind. Wenn man meint, die Einlösung des aufklärerischen Projekts einer Verbesserung des Menschengeschlechts dank einer grenzenlosen Ausweitung der nicht-normativen Handlungssphären forcieren zu können mit der Vision, bald sämtliche Dienstleistungen vom Einkauf bis zur Seelentherapie online anbieten und nutzen und nicht zuletzt den ganzen Bildungs«gang» vor dem eigenen Bildschirm «absitzen» zu können,[50] befindet man sich im Irrtum. Nicht zu überschätzen ist nämlich die Bedeutung der vertrauensfördernden Face-to-Face-Kommunikation, der verantwortungsvollen persönlichen Begegnung und der sozialen Interaktion für unsere kulturelle Identität, für verbesserte soziale Beziehungen, Toleranz gegenüber Fremden und größere Bildungschancen für alle. Weil die Addition aller Meinungen der Fachexperten, welche meist als Agenten von Institutionen eines «unabhängigen Sachverstandes» agieren, niemals eine lebensweltliche Orientierung leisten kann, verdienen die technisch unentscheidbaren Zweckstrukturen in einer Gesellschaft, die mehr sein will als ein bloß funktionierendes technisches System, erhöhte Aufmerksamkeit. Ziel wären vernünftige und humane gesellschaftliche Verhältnisse, die sowohl jedermann zumutbar und allgemein konsensfähig sind wie auch «als Grundlage zukünftiger begründeter Entwicklungen» dienen können (Mittelstrass 1982, 180).

Was nur demokratische politische Entscheide leisten können, darf man sich nicht von der Technik erhoffen, nur weil man den «Willen Gottes» durch den ebenso irrationalen «Sachzwang» substituierte und bereits jeder, der gar nicht den kulturellen Niedergang beklagt, sondern allein die Technik als generelle Problemlösungsinstanz in Zweifel zieht, als Kulturpessimist, ja paradoxerweise als Misanthrop verschrien wird. Im doppelten Kampf gegen kulturellen Wertverlust und wissenschaftliche Wertabstinenz, zum Schutz des eigentlich Humanen, könnte Kants systematische Unterscheidung zwischen Schul- und Weltbegriff der Philosophie erhellend sein: Während der Schulbegriff eine Wissenschaft als «eine der Geschicklichkeiten zu gewissen beliebigen Zwecken» fasst, tangiert die philosophische Wissenschaft ihrem Weltbegriff nach die letzten Zwecke der menschlichen Vernunft, das sind die brennenden Fragen nach dem, was ich wissen kann, tun soll und hoffen darf (vgl. KrV, A839/B867). Trotz und teilweise gerade wegen des Siegeszugs der Wissenschaft und Technik sind wir permanent gezwungen, nach neuen Interpretationen der Welt zu fahnden und Zwecke zu setzen, welche die Richtung unseres Hoffens und Handelns bestimmen. Nachdem die von

Kant hervorgekehrte monologische Vernunft aber irreversibel durch das sinnige Modell einer diskursiven Vernunft substituiert wurde, lässt sich philosophische Bildung nicht mehr auf die Förderung der individualethischen Fähigkeit «orientierender Lebensführung» des Einzelnen eingrenzen. Ziel unseres philosophischen Strebensprozesses, eine von Weisheit *(sophia)* gezeichnete Lebensweise, kann daher auch nicht mehr durch die Attribute persönlicher Seelenruhe *(ataraxia)* oder innerer Freiheit *(autarkia)* ausreichend bestimmt werden wie in der Antike, sondern wir haben uns vielmehr in kollektiver Anstrengung auf eine humane Form der Weiterentwicklung von Wirtschaft, Wissenschaft und Technik zu einigen, welche die optimale Entwicklung einer gemeinsam zu konkretisierenden würdigen Menschenexistenz zum Leitprinzip erhebt. Die von den Alten und den Humanisten anvisierte geistig-seelische Entwicklung zur Ausprägung einer individuellen sittlichen Grundhaltung muss also um die politische Dimension erweitert werden, weil sich eine solche «nicht mehr in der Privatsphäre der Bildung, sondern nurmehr auf der politisch relevanten Ebene einer Übersetzung des technisch verwertbaren Wissens in dem Kontext unserer Lebenswelt einlösen läßt» (Habermas: TWI, 109).

7.4 Die andere Genauigkeit der Geisteswissenschaften

Wo man sich mit komplexen Fragen nach dem Verhältnis von wirtschaftlicher Globalisierung, Universalisierung von Werten und kultureller Singularität, nach sozialer Gerechtigkeit, Verantwortung und schließlich nach dem, was wir eigentlich wollen, geisteswissenschaftlich auseinander setzt, kommt man nicht weniger nah an die «Realität» heran als die Naturwissenschaften mit ihren experimentellen Explorationen, aber an eine «gesellschaftliche Wirklichkeit» qua Lebenswelt. Auch ist der geisteswissenschaftliche Ansatz nicht weniger genau als der naturwissenschaftliche, er gehorcht nur einer anderen Art von Genauigkeit: Sind die Naturwissenschaftler genötigt, beim Streben nach Exaktheit ihren Forschungsgegenstand zunehmend zu isolieren, gewinnt die geisteswissenschaftliche Erörterung gerade dadurch an Genauigkeit, je mehr es ihr gelingt, weite Brücken zu schlagen, um lebensweltliche Phänomene in ihrer Komplexität und ganzen Tragweite aufleuchten zu lassen – und damit zugleich der Zerstreuungstechnik der Unterhaltungsindustrie entgegenzuarbeiten. «Philosophie ist aber auch nicht weniger *genau* als die exakten Wissenschaften», erläutert in diesem Sinn Borsche. «Sie hat nur, entsprechend ihrem andersartigen Gegenstand, auch ein andersartiges Maß von Genauigkeit. Während die Wissenschaften auf der Suche nach größerer Genauigkeit genötigt sind, ihr Gebiet immer mehr einzuengen und ihre Fragen immer weiter zu differenzieren, gewinnt die historische Erörterung einer philosophischen Frage gerade dadurch an Genauigkeit, dass sie deren ganze Geschichte in den Blick zu nehmen versucht» (1990, 27). In Anbetracht ihres Selbstverständnisses als hermeneutische und historisch-philologische Wissenschaften hätten sämtliche Geisteswissenschaften grundsätzlich in Rechnung zu stellen: «es gibt kein absolutes Maß für historische Genauigkeit» (ebd., 24). Da die Gegenstände einer historischen Betrachtung oder philosophischen Fragestellung nicht wie naturwissenschaftliche Fakten «gegeben» sind, sondern erst durch die Darstellung selbst greifbar werden, steht die Art der Genauigkeit einer geisteswissenschaftlichen Studie streng genommen in Abhängigkeit vom dargestellten Gegenstand: «Die Genauigkeit der Darstellung bemißt sich folglich an dem in ihr sich bildenden Gegenstand. Aus einer immer auch möglichen anderen Sicht wird jede Darstellung mehr oder weniger ungenau erscheinen» (ebd.).

Allerdings droht die Gefahr, dass die hermeneutisch arbeitenden Geisteswissenschaften sich inmitten einer Flut immer kritischerer Editionen, immer archivalischerer Detailstudien und spezialisierterer Interpretationen historischer Dokumente zu philologischen Fingerübungen ohne Bezug zu akuten Gegenwartsproblemen und fern aller möglichen Zukunftsperspektiven verleiten lassen (vgl. Kapitel 2.3.). Beim Bestreben, die Methoden und Erkenntnisziele der historischen Geisteswissenschaften dem naturwissenschaftlichen Gesetzesdenken anzugleichen, soll der Philosoph bzw. Historiker nach Nietzsche nicht nur eine «ausgeblasene Persönlichkeit» an den Tag legen, sondern sei der geschichtliche Sinnzusammenhang in Ermangelung jedes Interessenhorizonts, jeder orientierungstiftenden Zukunftsperspektive gänzlich aus dem Blickfeld entschwunden. «Nur soweit die Historie dem Leben dient, wollen wir ihr dienen», lautet daher Nietzsches Parole im Kampf gegen eine szientifisch eingeengte Geschichtsbetrachtung, die den Menschen nicht mehr wirklich bildet, d. h. ihn zum «Baumeister der Zukunft» formiert (UB, 245). Angesichts der zahlreichen Konvergenzen seiner Geschichtskritik mit dem Frankfurter Palladium gegen die szientifisch geprägten Strömungen des 20. Jahrhunderts vom Neopositivismus bis zum Kritischen Rationalismus scheinen seine *Unzeitgemäßen Betrachtungen* über den Nutzen und Nachteil philosophiehistorischer bzw. philologischer Recherchen immer mehr «an der Zeit». Wenn der Mensch auch unter Nietzsches Prämissen ein genuin «geschichtliches Tier»[51] ist – wie sollen die Philosophen als Hoffnungsträger ihrer Zeit mit dem akkumulierten Wissen von Jahrtausenden umgehen?

Obgleich Nietzsche zur Eindämmung des Historismus emphatisch das «Unhistorische» heraufbeschwört, teilt er grundsätzlich Dantos Einsicht, dass der Mensch gar nicht anders denken und erleben kann als historisch, dass also all sein Denken und Erleben einen Richtungssinn, einen vektoriellen Charakter aufweist und dass er Mensch nur ist kraft seines historischen Daseins.[52] «Das Unhistorische ist einer umhüllenden Atmosphäre ähnlich, in der sich Leben allein erzeugt, um mit der Vernichtung dieser Atmosphäre wieder zu verschwinden. Es ist wahr: erst dadurch, dass der Mensch denkend, überdenkend, vergleichend, trennend, zusammenschließend jenes unhistorische Element einschränkt, [...] also erst durch die Kraft, das Vergangene zum Leben zu gebrauchen und aus dem Geschehenen wieder Geschichte zu machen, wird der Mensch zum Menschen: aber in einem Uebermaasse von Historie hört der Mensch wieder auf, und ohne jene Hülle des Unhistorischen würde er nie angefangen haben und anzufangen wagen» (UB, 252 f.). Das «Unhistorische» als Gegengift gegen die «historische Krankheit» meint mithin die Fähigkeit des Vergessen-Könnens, die dafür verantwortlich ist, dass die Gewalt des geschichtlich Erinnerten uns nicht erdrückt, sondern dass wir in einem überschaubaren Horizont Heiterkeit und Vertrauen für die «frohe Tat» bewahren (vgl. ebd., 251). Auch der akademische Philosoph als philologisch versierter Begriffsverwalter, sofern er nicht den Horizont des Zweckesetzens zerschlagen und die forsche Neugier und Aktivitätslust des Rezipienten in der historischen oder aktuellen Informationsflut ersticken will, ist damit nicht nur berechtigt, sondern vielmehr dazu angehalten, den Sehkreis seiner Abhandlungen überschaubar zu halten und zu gestalten. Mut zum Vergessen, zum Übersehen, zum Darüber-hinweg-Lesen durch das vorsätzliche Schließen etlicher Argusaugen lautet die Devise, um nicht im spezialistisch zersplitterten Ökonomismus und Bürokratismus des ganzen Bildungsapparats das kritisch reflektierende, Einheit und Orientierung stiftende (historische) Bewusstsein zu betäuben.

Ein Ausblenden oder Vergessen aller kulturellen Wertreservoirs und philosophischen Reflexionsarsenale im Rahmen geisteswissenschaftlicher Forschung würde andererseits jede mögliche wissenschaftliche Genauigkeit eskamotieren. Wenn Lütkehaus in seinem Pamphlet der Universitätsphilosophie vorwirft, wo «drängende Probleme auf der Tagesordnung stehen, da wirbelt sie bestenfalls den Staub der Archive auf» (vgl. «Fachgiganten und Lebenszwerge» in: Die Zeit vom 25. 5. 2001), entgegnet Früchtl zu Recht: «Keines der Extreme ist zu wünschen, weder Philosophie als sinnferne Historie noch als theoretisch verbrämte Sinnsuche. Beides ist unverzichtbar, aber das Ideal liegt nicht schlicht in der Mitte, sondern es kann sich nur auf dem Weg über die Interpretation historischer Texte entfalten. Nur über diesen Weg gelangt man zu einer zugleich nichtdilettierenden und zeitbezogenen Philosophie» («Schwarze Katze im Dunkeln»: ebd., am 8. 6. 2001). Statt sich von vornherein auf das sichere akademische Terrain von Historie und Exegese zu retten oder aber in philosophischen Cafés, wo der «Mut zur Lücke [...] ans Tollkühne» grenzt, zu dilettieren (Lütkehaus: ebd.), findet man den richtigen Weg zu einer anderen Genauigkeit der Philosophie und den anderen hermeneutischen Wissenschaften nur dann, wenn man seine eigene oder die studentische Aufmerksamkeit zunächst auf Sachthemen lenkt und erst dann auf den Fundus philosophiegeschichtlicher Reflexionspotenziale zurückgreift. Dazu müsste es gelingen, die herkömmlichen Seminarstrukturen, in denen sich immer nur wenige und zumeist eher um der Selbstprofilierung als um der Sache selbst willen an der Seminargestaltung beteiligen, zu durchbrechen, indem man das engagierte Problemlösungsinteresse der Studenten weckt mittels kontroverser philosophischer Fragen und der sokratischen Methode, die Menschen da abzuholen, wo sie stehen (vgl. Krebs 1998, 135 ff.). «Wo der pragmatische Zusammenhang fehlt, ist die eigentliche Leistung des Dialogs, nämlich die Überführung von Meinungen in habituelle Einsichten, damit Teil einer philosophischen Orientierung, wieder rückgängig gemacht», mahnt Mittelstrass (1982, 151 f.). Soll Philosophie mehr sein als bloße Verwaltung eines Bestandes philosophischer Erkenntnisse, hat man sich nicht in technischen oder interpretatorischen Details der Textauslegung zu verlieren, sondern die selbständig-argumentative Bildung philosophischen Wissens und eines philosophischen Habitus zu fördern.

Nach allem bisher Erörterten muss schließlich mit Kant gegen Hegel verteidigt werden, dass man eigentlich nicht Philosophie, sondern nur das Philosophieren lernen und lehren kann (vgl. 1982, A27). Diese Einsicht hat Sokrates, indem er nichts Schriftliches hinterließ, als Erster und mit aller Konsequenz in die Tat umgesetzt. Wenn überzeugte Neosokratiker heute in dieselbe Kerbe schlagen, verfehlen sie aber in meinen Augen die «andere Genauigkeit der Geisteswissenschaften» durch ein Überziehen des nietzscheanischen Arguments des lebensnotwendigen «Unhistorischen», da wir weder auf problemrelevante traditionsgeschichtliche Erkenntnisse noch auf einschlägige Informationen der Sachkundigen im philosophischen Diskurs verzichten können (vgl. Kapitel 8.3). «Wer im Ernst philosophische Einsicht vermitteln will, kann nur die Kunst des Philosophierens lehren wollen», artikuliert exemplarisch Nelson: «Er kann seine Schüler nur anleiten, selbst den beschwerlichen Rückgang anzustellen, der allein die Einsicht in die Prinzipien gewährt. Soll es also überhaupt so etwas wie philosophischen Unterricht geben, so kann es nur Unterricht im Selbstdenken sein, genauer: in der selbständigen Handhabung der Kunst des Abstrahierens. Und so verstehen wir nunmehr die von mir eingangs aufgestellte Behauptung, daß die sokratische Methode als philosophische Unterrichtsmethode die Kunst sei, nicht Philosophie, sondern Philosophieren zu lehren» (1970, 283). Mit gutem Grund jedoch widersetzt sich Nelson nicht anders als Nietzsche der Philologisierung bzw. Historisierung oder Verwissenschaftlichung der Philosophie: Wer nach der Art der mathematisch-axiomatischen Lehre «*Philosophie* vorträgt, behandelt sie wie eine Wissenschaft von Tatsachen, die man zur Kenntnis nimmt, und so trägt er in Wahrheit bestenfalls nur *Geschichte* der Philosophie vor. Denn was er übermittelt, ist nicht die philosophische Wahrheit selbst, sondern nur die Tatsache, dass er oder ein anderer dieses oder jenes für eine philosophische Wahrheit hält. Indem er aber doch den Anspruch erhebt, damit Philosophie zu lehren, betrügt er im Grunde sich selbst und seine Schüler» (ebd.).

Die Angst vor Ungenauigkeit im philosophischen Diskurs über lebensweltliche Fragen treibt uns allzu leicht zum Betrug an der Philosophie, die man mit Mittelstrass als «argumentatives Handeln unter einer Vernunftperspektive», als «Lebensform» redefinieren könnte (1982, 152). So wird manch ein viel versprechender philosophischer Diskurs mit folgenden Ausweichmanövern vorsorglich beendet: «Für diese Frage bin ich nicht spezialisiert», oder variationsmäßig: «Lesen Sie dies bitte nach in meinem vor fünf Jahren verfassten Artikel in Zeitschrift XY, wo ich mich differenziert mit dieser Frage auseinander gesetzt habe»! Inmitten kaum mehr überschaubarer geisteswissenschaftlicher Studien und zersplitterter Spezialdiskurse müsste vielleicht die Tugend der Naivität, die Kunst unschuldigen Fragens und Vermutens rehabilitiert werden, auf dass sie einer anderen Exaktheit der Geisteswissenschaften den Weg ebnete: «Es gehört wohl eine gute Portion Naivität dazu, heute noch (oder wieder) von Wissenschaft als Lebensform zu sprechen. Allerdings ist Naivität in der Philosophie [...] nichts Ungewöhnliches. Sie lässt sich sogar als eine Tugend begreifen, die der in der Philosophie überhandnehmenden Reflexion schließlich zu Resultaten verhilft, zu denen sie allein reflektierend nur schwerlich gelangte. In diesem Sinne herrschen in der Philosophie ähnliche Verhältnisse wie in Kleists Marionettentheater. Man verhaspelt sich hoffnungslos, wenn man nicht gelegentlich ganz einfache Dinge, in wieder beanspruchtem Stande der Unschuld, sagen könnte» (ebd., 11). Philosophische Naivität, wie sie noch unter Gymnasiasten und Erstsemestern herrscht, bringt uns hin und wieder zu Bewusstsein, dass wir uns ob der immer weiter getriebenen Reflexionen auch immer weiter von dem entfernt haben, was wir eigentlich suchten – sodass man sich dann mit dem Polyhistor Hans Blumenberg fragen muss: «Was war es, das wir noch wissen wollten?»

8 Der Schritt zur Interdisziplinarität

Verbindliches Miteinander-Philosophieren erfordert also formal betrachtet eine hohe Gesprächskultur mit Besinnung auf diskursethische Normen, inhaltlich gesehen eine lebensweltliche Problembezogenheit anstelle einer philologischen Aufbereitung historischer Texte. Zweifellos können aber die meisten Probleme, die unsere Lebenswelt betreffen und somit praxisrelevant sind, aus einer fachlichen Perspektive immer nur partiell angeschnitten werden. Gerade in dem allgegenwärtig zur Debatte stehenden Bereich der Technikfolgen oder der Ökologiekrise beispielsweise gibt es «keine *additiven Lösungen*, etwa nach dem Motto, wenn jeder nur das Seine tut, wird das Ganze schon gelingen» (Mittelstrass 1987, 155).[53] Vielmehr tritt zutage, «dass das Wissenschaftssystem mit seiner Departmentalisierung und Spezialisierung, seinem ‹linearen› und ‹eindimensionalen› Denken mehr Probleme erzeugte, als es löste: kurz, dass seine disziplinäre Struktur den praktischen Problemen nicht entsprach, zu deren Lösung es doch beitragen sollte» (Weingart 1987, 159). Niemals können lebensweltliche praktische Probleme also von «Schreibtischphilosophen» im Alleingang oder auch im institutionalisierten philosophischen Gespräch bewältigt werden, sondern sie erfordern eine interdisziplinäre Diskussion mit Vertretern anderer Fachrichtungen. «Es ist klar», konzedieren Lenk/Maring: «Ein Philosoph kann heute beispielsweise nicht mehr über Fragen einer gerechten Gesellschaft oder der Gerechtigkeit in der Wirtschaft reflektieren, ohne die Ergebnisse der beschreibenden Ökonomie bezüglich der Einkommens- und Vermögensverteilung zur Kenntnis zu nehmen oder theoretische Modelle über die Wirkung unterschiedlicher Anreizstrukturen zu kennen» (1998, 78). Doch wer weiß eigentlich genau, was mit der Zauberformel der «Interdisziplinarität» heraufbeschworen werden soll?

8.1 Interdisziplinarität als Kompensationsphänomen

Der vermehrte Ruf nach Interdisziplinarität zeigt allererst an, dass die Einheit der wissenschaftlichen Rationalität, dass die Einheit der Wissenschaften oder des Wissens, wie sie ursprünglich unter dem Namen «Philosophie» figurierte, welche längst selbst zum «Fach» verkam, irreversibel verloren gegangen ist. Interdisziplinarität ist also keineswegs etwas Normales oder gar die Regel der wissenschaftlichen Ordnung, sondern vielmehr ein Reparatur- oder Kompensationsphänomen: ein Korrektiv zur wissenschaftlichen Fehlentwicklung hin zur Disziplinarität eines ausdifferenzierten Systems von Fächern, bei welchen die disziplinären Grenzen zu Erkenntnisgrenzen zu erstarren drohen. Postmodernes Wissen scheint infolgedessen nur noch als Wissen von autopoietischen Wissenssystemen Bestand zu haben. Ziel der Interdisziplinarität kann aber auch nicht mehr das Desiderat der ursprünglichen Einheit der Wissenschaften sein, sondern lediglich deren Integration (vgl. Mittelstrass 1987, 152). Dabei stellt nicht die zunehmende Spezialisierung und Ausdifferenzierung der Disziplinen bzw. Teildisziplinen in der neuzeitlichen Wissenschaftsentwicklung an sich ein Problem dar. Alarmierend ist nur die Kalamität, dass der einzelne Forscher – geschweige denn der Laie – vor lauter Bäumen partikularer und disparater Aspekte der Wirklichkeit den Wald nicht mehr sieht, d. h. diese zu keinem einheitlichen Welt- und Menschenbild mehr zu verknüpfen in der Lage ist. Die zum Kompensationsphänomen der Interdisziplinarität drängende geistige Desintegration breitet sich im Reservat der Wissenschaften aus, weil «so ein exklusiver Fachgelehrter [...] dem Fabrikarbeiter ähnlich [ist], der sein Leben lang nichts anderes macht als eine bestimmte Schraube oder Handhabe» (Nietzsche: ÜZB, 670), ohne vom hergestellten Gesamtprodukt auch nur eine Ahnung zu haben. Ist für diese Ignoranz nun eher das System oder das wissenschaftliche Subjekt selbst verantwortlich zu machen?

8.2 Das Generalisieren der Spezialisten

Diese die zunehmende, an sich durchaus erstrebenswerte Spezialisierung zum Problem verwandelnde Ignoranz der großen Zahl der Forscher gründet, wie der «Höhenpsycholog» Frankl herausstellt, nicht so sehr im systemgegebenen Spezialistentum selbst, also «im Mangel an Universalität, als vielmehr im Anschein der Totalität des Wissens, den sich so manche Wissenschaftler geben»; in nuce darin, dass «die Spezialisten generalisieren». «In dem Augenblick», so präzisiert er, «in dem dies geschieht, schlägt Wissenschaft aber auch schon um in Ideologie. Was im besonderen die Wissenschaft vom Menschen anlangt, wird in diesem Augenblick aus Biologie Biologismus, aus Psychologie Psychologismus und aus Soziologie Soziologismus» (1972, 137 f.). Eine jede solche ideologische Wissenschaft verfällt dem «Pars-pro-Toto-Prinzip», also der Tendenz, die Gesetzmäßigkeit ihres Forschungs- und Wirklichkeitsfeldes auf alle anderen Wissenschaften und Lebensbereiche blind zu übertragen. Damit entpuppt sich die monierte Ignoranz als weitgehend selbstverschuldet. Statt das Rad der wissenschaftlichen Entwicklung unter Humboldts Devise «Universalität gegen Spezialität» zurückzudrehen, ginge es in Anbetracht dessen primär darum, die generalisierenden Spezialisten, die sich «auf der Höhe» wähnen und sich doch niemals zum nietzscheanischen Über-, Um- und Niederblick aufzuschwingen vermögen, zur Bescheidenheit aufzurufen und damit dem wissenschaftsinternen Reduktionismus den Boden zu entziehen. Interdisziplinarität stellt also keineswegs einen Gegensatz dar zur Disziplinarität, da die interdisziplinäre Kompetenz gerade die disziplinäre Kompetenz voraussetzt, sondern lediglich zur Spezialisierung um jeden Preis.

Gelingt es nicht, die disziplinären Engführungen und hybriden Generalisierungen zu überwinden, droht den Wissenschaften die Gefahr, sukzessive ihr Subjekt wie auch ihr Objekt zu verlieren: Wo sich einerseits die spezialisierten Gelehrten in ihre «disziplinären Partikularitäten» bzw. «disziplinären Hobbys» selbstzufrieden zurückziehen, nimmt Wissenschaft die Gestalt subjektloser, verantwortungsfrei-anonymer Prozesse an (vgl. Mittelstrass 1987, 154). Andererseits leiden die Wissenschaftsideologien unter massivem Gegenstandsverlust, weil die Segregation der disziplinär organisierten Forschung quer steht zur Komplexitätssteigerung unserer wissenschaftlich-technischen Gesellschaft und ihren Nöten: Je weiter die Wissenschaften in wissenschaftliche Partikularitäten und innerakademische Fachdiskurse dividiert werden, desto mehr nimmt angesichts sich immer komplexer gestaltender Problemfelder wie Umwelt oder Technologiefolgen zwangsläufig deren Wirklichkeitsferne zu. «Spezialisierung um jeden Preis löst nicht nur die Wissenschaft in wissenschaftliche Partikularitäten auf, sie ist auch *wirklichkeitsfremd.* Gemeint ist: Probleme, die technische Kulturen, d. h. die modernen Industriegesellschaften, heute im überreichen Maße haben, tun uns nicht den Gefallen, sich als Probleme für disziplinäre Spezialisten zu definieren. Als Stichworte seien genannt: Umwelt, Energie, Technologiefolgen. Es gibt eine Asymmetrie von Problementwicklung und disziplinärer Entwicklung, und diese wächst in dem Maße, in dem die disziplinäre Entwicklung durch zunehmende Spezialisierung bestimmt ist» (Mittelstrass 1987, 154 f.). Käme, um diesem verheerenden Subjekt- und Objektverlust der Wissenschaften Einhalt zu bieten, als theoretischer Ort der interdisziplinären Integration vielleicht die Philosophie in Frage?

Längst macht man auch in den eigenen Reihen keinen Hehl mehr daraus, dass selbst im Ressort der Philosophie die Spezialisierung auf Teilgebiete bedenklich weit getrieben worden ist. Am Präzedenzfall der analytischen Philosophie lässt sich die fragliche Wissenschaftsideologisierung exemplifizieren, obgleich die bei vielen Analytikern frappierende «Engstirnigkeit, die eigene Philosophie mit der Philosophie überhaupt zu verwechseln», im Grunde «zu den Aufrufen der Nüchternheit in merkwürdiger Spannung» steht, wie Bubner registriert (1991, 450): Wo sämtliche Sachfragen infolge der Monopolisierung der angeblich unterschiedslos auf alles anwendbaren Methode der Sprachbetrachtung unter der Hand zu Wortfragen mutieren, wo aufgrund einer absonderlichen Substitution des Inhalts durch die Form die «philosophische

Arbeit zu einer fachgerechten *Technik*» umgemünzt wird, kann der Wald, können die konkreten lebensweltlichen Sachzusammenhänge nicht mehr ins Blickfeld geraten. Bubner rät hier zur «historischen Bildung» als einem «gesunde[n] Korrektiv gegen solche Borniertheit» – «aber historische Bildung ist unter strengen Analytikern verpönt»[54] – und stellt klar: «Ganz allgemein darf man wohl behaupten, dass die analytischen Philosophen weniger ein Thema als eine *Einstellung* verbindet. Die Einstellung ist gegen den Überschwang der Spekulation und die großen Theorien gerichtet, um eine sorgfältige Klärung einzelner, wohl umgrenzter Sachfragen mit Hilfe der Untersuchung der dabei verwandten sprachlichen Mittel an die Stelle zu setzen. Diese Einstellung ist überaus sympathisch, und das nüchterne Ethos sauberer Begriffsklärung sollte zum philosophischen Handwerkszeug eines jeden zählen. Fraglich ist nur, ob man Philosophie darauf reduzieren kann, so als gäbe es neben dem Organon keine Inhalte mehr» (ebd., 450). Wo man Systematik und Akkuratesse zum Selbstzweck erklärt, redet man zwar klar, aber über nichts (vgl. Kapitel 2.3).

Die analytische «Ideologie» von Nüchternheit und Sachlichkeit, das Ethos sauberer Begriffsklärung und Detailschärfe in der Argumentationsstruktur vermag infolgedessen kaum davor zu schützen, einen Einzelaspekt von Mensch oder Wirklichkeit unter der Hand als isoliert-reduziertes Pars pro Toto zu totalisieren. Immerhin setzen sie dem romantischen Traum vom «Universalgenie» oder der «Harmoniethese» der popularistischen «Propheten-Philosophen» ein Ende, welche im Namen weltlichen Erlösungsversprechens alles Differente und Heterogene in einem großen «Sinnbrei» zu amalgamieren pflegen. Lohmann etwa opponiert gegen die in den Sozialwissenschaften beliebte «Platzhalter-These», der zufolge man die widersprüchlichen Positionen und Ergebnisse «nur richtig (und mit Blick auf ein kulturelles und historisches Ganzes) interpretieren [müsse], dann werde deutlich, dass sie sich nicht widersprechen» (1998, 67). Denn damit ist natürlich nur einer Entdifferenzierung statt einer Integrationsarbeit Vorschub geleistet. Mit Sicherheit soll und darf auch der nietzscheanische «Höhenphilosoph» nicht mehr zu Integrationszwecken wie in der platonischen Staatsutopie als König oder Priester inthronisiert werden,[55] weil sich dadurch die

Kluft zwischen ethischer Theorie und lebensweltlicher Praxis verschärfen würde. Legt man nicht den Residenzstolz ab, um sich mit den konkreten Erfahrungen und relevanten empirischen Kenntnissen der Kollegen aus anderen Fachdisziplinen zu konfrontieren, wird die Abwehrhaltung der medizinischen Zunft gegenüber seriöser Medizinethik sich nämlich kaum aufweichen und erhält die General-Kampagne gegen Bioethik weiterhin Nahrung. Inmitten der gegenwärtigen Informationsflut im vernetzten Cyberspace würde der Philosoph, in den oftmals hochfliegende Erwartungen und Hoffnungen gesetzt werden, dass er den interdisziplinären Diskurs der auseinander driftenden und in nicht-normativen Handlungssphären schwebenden Einzeldisziplinen lancieren könnte, als «Universalgenie» eine allzu lächerliche Figur abgeben: «Der ‹Spezialist für das Allgemeine›, als der der Philosoph traditionell oft bezeichnet wurde, der philosophische Universalist oder Globalist, der neben dem erfahrungswissenschaftlichen Generalisten und dem Fachspezialisten stehen sollte, kann heute angesichts der Problem- und Informationsexplosion der letzten Jahrzehnte kein Universalgenie mehr sein» (Lenk/Maring 1998, 75). Könnte sich der kontemporäre Philosoph aber nicht in sokratischer Funktion für die interdisziplinäre, auf lebensweltliche Probleme fokussierte Zusammenarbeit nützlich machen?

8.3 Sokratik und Interdisziplinarität

Da seitens der Philosophen eingestanden werden muss, dass Leibniz als letzter Universalgelehrter gelten durfte, scheint inmitten einer drastischen Informations- und Datenexplosion als einzig gangbarer Weg zu neuer Ganzheit des zersplitterten Wissens in der Tat ein gesprächsoffenes Philosophieren übrig zu bleiben. Wenngleich interdisziplinäres Arbeiten im Gegensatz zu religiösen Prophezeiungen ebenso disziplinäres wie diszipliniertes Arbeiten zur Voraussetzung hat und sich daher die Philosophen in der disziplinierten Auseinandersetzung mit schriftlichen Überlieferungen philosophischer Reflexionen zu qualifizieren haben, gilt es um des konstruktiven interdisziplinären Gesprächs willen, vom disziplinären Fachjargon Abstand zu nehmen. Denn interdisziplinäre Integrationsarbeit gelingt nur dort, wo man sich aus dem atemberaubenden «Dickicht aus Fremdwörtern, Fachjargon und name dropping» (Krebs 1998, 133), d. h. dem Hauptkennzeichen eines verstiegenen Spezialdiskurses befreit und das Maß terminologischer Exaktheit hinter das Primat wechselseitigen Verstehens zurückstellt. So findet denn auch das Sprachproblem im Zusammenhang mit interdisziplinären Pilotprojekten meist an erster Stelle Erwähnung. «In interdisziplinären Gruppen», resümiert Vossenkuhl, «besteht ein Zwang zur Verständlichkeit über die fachterminologischen Grenzen hinaus. Die Bedingung der Möglichkeit für einen Dialog zwischen den beteiligten Forschern ist wechselseitiges Verstehen, nicht ein bestimmtes Maß von Exaktheit der Begriffe» (1987, 99). Solange sich jeder Spezialwissenschaftler im Generalisieren und prätentiösen Fachsimpeln gefällt und sich ein «gewaltiger Weiser» dünkt, ist weder gegenseitige Verständigung noch ernsthafte Zusammenarbeit möglich, weil sich diese gemäß einer alten Erkenntnis des Sokrates nur unter «schlichten Menschen» ereignen kann: «Wenn wir also gewaltige Weisen wären, du und ich, die schon alles durchgeprüft haben in Gedanken, so würden wir von nun an immer weiter nur zum Zeitvertrieb einander versuchen, und auf sophistische Art einen eben solchen Kampf beginnend jeder den Reden des Andern mit den seinigen ausweichen. Nun wir aber nur schlichte Menschen sind, werden wir doch zuerst die Sache an sich selbst betrachten wollen, wie das wohl beschaffen ist, was wir behaupten, ob es untereinander stimmt, oder vielleicht nichts weniger als das.» (Platon: Theaitetos, Bd. 6, 154d f.)

Neben der sokratischen Bescheidenheit, um der interdisziplinär-transversalen Verbindungen willen von Fachjargon und Detailschärfe zeitweilig Abstand zu nehmen, ist bei zunehmender Ausdehnung überfachlicher Problemverflechtungen weder «existentielle Reduktion» (Schmid) noch «Komplexitätsreduktion» (Luhmann) vonnöten, sondern «Mut zur Lücke» im Sinne einer «Beschränkung auf das Wesentliche» in Bezug auf das gemeinsam zu lösende Ziel (vgl. Lenk/Maring 1998, 75). Neben der reduktiven Synthese der Erkenntnisse aus dem eigenen Fachbereich mit Blick auf das anvisierte Ziel erfordert das Überschauen der Problemlage zugleich eine Entgrenzung der Fachperspektive, sodass für sämtliche Natur- und Geisteswissenschaften gilt: Interdisziplinarität entbindet keineswegs von fach- und fächerübergreifenden Kompetenzerfordernissen, weil sie immer *«im eigenen Kopf* anfangen muß» (Mittelstrass 1987, 157). Die Bedingung der Möglichkeit interdisziplinären Forschens, also das Verbindende der separatistischen Spezialdisziplinen, muss dabei weniger in theoretischen oder methodischen Eigenarten als in äußeren praktischen Aufgaben gesucht werden (vgl. Kocka 1987, 9). Mit Berufung auf Gehlen ließe sich letztendlich postulieren, dass auch «die Synthese der Wissenschaften gerade nicht mehr in den Köpfen, wohl aber in der Wirklichkeit der Gesamtgesellschaft zu erreichen sei, dass ihr Zusammenhang in der gesellschaftlichen Praxis bestehe» (Krüger 1987, 106). Gegen die Vielheit der Wissenschaften hilft nur die Einheit der Welt! Erst wenn sich die Philosophie nach ihrem Rückzug auf eine unantastbare Metaebene der Spezialdiskurse von Sprachphilosophie und Logik über Wissenschaftstheorie bis hin zur Ethik als Theorie moralischer Begründungen erneut inhaltlichen Problemen, der Natur, Technik, Umwelt oder dem Menschen zuwendet, könnte sie als Wiederentdeckerin der sokratischen Gesprächskultur zum kommunikativen Forum interdisziplinärer Integrationsbemühungen arrivieren. Denn zu den Grundfesten des sokratischen Gesprächs gehört das Credo, es dürfe keine noch so abstrakte philosophische Systembildung geben, die nicht bei der Wirklichkeit, bei lebensweltlichen Erfahrungen oder Problemen ihren Ausgang nimmt (vgl. etwa Raupach-Strey 1989, 108 ff.). Doch wie hätte man sich die Aufgabe der Sokratiker im Rahmen eines interdisziplinären Diskurses konkret vorzustellen?

Wollten die philosophischen Fachvertreter sokratisch zur Interdisziplinarität animieren, müssten sie ihre disziplinäre Selbstgenügsamkeit ablegen zugunsten geistiger Offenheit, umfassender Informiertheit – sozusagen eines «fachwissenschaftlichen Mitverständnisses» qua «Zweitkompetenz» (Lenk/Maring 1998, 77) – sowie weitreichender Verständigungs- und Kooperationsfähigkeiten. Ihre neue Aufgabe bestünde nach Hentings originellem Rezept darin, die Wissenschaften «philosophisch» zu machen, dabei diejenige Methode bemühend, die zu Zeiten ihrer unhinterfragten Herrschaft und Blüte der «Zitterrochen» Sokrates praktizierte: «Wie macht man Wissenschaften philosophisch? Indem man ihnen philosophische Fragen stellt, sie sokratisch der Belanglosigkeit ihrer Antworten überführt, sie zwingt, über das Motiv ihrer Erkenntnis nachzudenken» (1987, 52). Philosophie verlegte ihr Zentrum somit von schriftlichen Forschungsergebnissen zu prozessualen Verfahren und elementarem Fragen, auf dass aus den generalisierenden Fachgelehrten kooperationsbereite «schlichte Menschen» werden. Neben dem disziplinierten, disziplinären Arbeiten (1) wären diese um klare und verständliche Forschungsbeiträge (2), strenge Begründungsorientiertheit und lebensweltlichen Problembezug (3) bemüht. Der zeitgemäße sokratische Philosoph, der wie ein «ehrlicher Makler» (Lenk/Maring 1998, 77) die Perspektiven der Einzeldisziplinen kritisch-konstruktiv analysiert und gegeneinander abwägt, verhinderte dabei sowohl eine Fragmentarisierung des Alltags- und Forscherbewusstseins als auch eine subjektlose, verantwortungsfreie Weiterentwicklung der Wissenschaften qua anonymer subsystemischer Prozesse. Philosophie in diesem Sinn wäre keine «Residualwissenschaft», sondern versuchte, die Spezialisten in allgemeines Interesse weckende Diskussionen hineinzuziehen, ihre begrenzten Antworten zur gegenseitigen Korrektur zu zwingen und vermittels Integration und Koordination der unterschiedlichen Ansätze einen konkreten Beitrag zu leisten zur aktuellen Welt- und Handlungsorientierung: «Philosophie ist daher nicht nur Residualwissenschaft, aus der sich bis in die jüngste Gegenwart hinein und auch in der Zukunft einzelwissenschaftliche Disziplinen entwickeln und schließlich verselbständigen und der ungelöste und mit einzelwissenschaftlich etablierten Methoden unlösbar erscheinende Probleme überlassen bleiben», appelliert auch Nida-Rümelin, «sondern sie führt diese disziplinären Antworten zusammen, interpretiert sie, regt neue Fragestellungen an und schlägt die Brücke zur Lebenswelt. Die theoretische Philosophie hat diese integrative Aufgabe im Hinblick auf Fragen des Weltverständnisses und die praktische Philosophie im Hinblick auf Fragen der Handlungsorientierung» (1998, 39) – wobei sich hier der bereits mehrfach zur Sprache gebrachte geisteswissenschaftliche Auftrag einer Harmonisierung von theoretischer Weltsicht und sittlich-praktischer Weltorientierung anschlösse.

Bei Hentings lapidarer Forderung, die Wissenschaften sollen zum Zwecke gemeinsamer Problemlösungen «einfach, verständlich, philosophisch und verantwortlich werden» (1987, 52), meint «philosophisch» wohl zum einen «selbstkritisch» im Sinne der Philosophie als «Reflexion der Reflexion» und im Rahmen einer Interdisziplinarität, die unter sokratischer Ägide ein «Medium der Selbstreflexion und Selbstkontrolle der wissenschaftlich-technischen Welt» (Kocka 1987, 10) darstellte. Das sokratisch-interdisziplinäre Gespräch erreicht zum anderen grundsätzlich immer dann eine philosophische Ebene, wenn es nicht mehr bloß um einzelne Fakten oder empirische Daten geht, sondern um die Zusammenhänge zwischen ihnen sowie um ihre Bewertung (vgl. Krohn 1989, 10). Ziel eines solchen Kommunikationsprozesses wäre in einem ersten Schritt wie zu Zeiten des Sokrates das Schärfen der Urteilskraft, insbesondere der moralischen Urteilskraft, und das Einüben im öffentlichen Gebrauch der (praktischen) Vernunft. In einem zweiten Schritt gälte es, das Vertrauen in die kollektive Vernunft, wie man es in binnenphilosophischen sokratischen Gesprächen bei der Erfahrung überraschend selbstloser Denkanstrengung aller Kommunikationsteilnehmer und der gelingenden vernünftigen Konsensfindung gewinnt, auf den erweiterten interdisziplinären Gesprächsrahmen zu übertragen. Dazu müsste das Kunststück gelingen, die Einzelwissenschaftler «philosophisch» zu machen gemäß den diskursethischen Prinzipien gegenseitiger Anerkennung, der Pflicht zu kommunikativem, nichtstrategischem Handeln und zum ausschließlichen Zwang des besseren Arguments. Da es heute generell nicht mehr praktikabel ist, im sokratischen Dialog mittels maieutischer Provokation des Selberdenkens zu allgemeinen Erkenntnissen oder Orientierungsvorschlägen vorzustoßen – auch wenn man dabei mögliche Voten und Argumente von Experten zu antizipieren sucht –, muss zum gestärkten Selbstvertrauen in die Vernunft notwendig die einzelwissenschaftliche Aufklärung durch die Fachvertreter hinzutreten. Der Konsens bezüglich strittiger Fragen der Welt- oder Lebensorientierung als Fernziel des sokratisch-interdisziplinären Gesprächs ist daher zwar nur unter der Bedingung umfassender Information dank der Mitarbeit von Experten begründet, muss aber prinzipiell von jedem vernunftfähigen Lebewesen einsehbar sein.

Angesichts sich zu verselbständigen drohender Subsysteme von Wirtschaft, Wissenschaft und Technik mit erheblichem Zerstörungspotenzial bezüglich unserer natürlichen Lebenswelt und unserer demokratischen Gesellschaftsstrukturen müsste sich die sokratische Praktik vernunftgeleiteter, auf das Ganze unserer Lebenswelt bzw. die maßgeblichen obersten Zwecke systemischer Dynamik gerichteter Gespräche «klug in die gesellschaftlichen Selbsterhaltungssysteme einzunisten versuchen» (Fischer 1989, 100). Indem einerseits die gegenwärtige Lage nach Vernunft schreit, andererseits infolge der Monopolisierung der wissenschaftlich-technischen Rationalität tief greifende Zweifel an der menschlichen Rationalitätsgeschichte überhaupt evoziert wurden, könnte nämlich eine sich rasch ausbreitende, die Demokratie gleichsam von innen her konsolidierende sokratische Gesprächskultur die Wiedergewinnung des Vertrauens in die praktische Vernunft stimulieren. «Vielleicht führt die gegenwärtig sich abzeichnende Menschheitskrise ja dazu», mutmaßt Meyer, «dass nach einer Zwischenphase verständlicher Irritation am Ende viele Menschen bereit sind, ein neues Zeitalter – nicht des Wassermanns, sondern der praktischen Vernunft – zu beginnen» (1989, 37). Wer sich in vernunftarmer Zeit entschließt, Philosophie zu lehren, und mit der doppelten Intention einer Überwindung der Zeit-Krise und der Krise der Philosophie zur sokratischen Methode greift, nährt die Hoffnung, den Salto mortale der Vernunft am Ende einer negativen Dialektik sowie die Gefahren menschlicher Selbstzerstörung als Ultima Ratio abwenden zu können. Er hätte uns allererst aus dem kybernetischen (Alp-)Traum einer instinktiven Selbststabilisierung zu wecken, bei welcher «das Wertesystem auf Maximierungsregeln für Macht und Wohlstand und auf das Äquivalent für den biologischen Grundwert des Überlebens um jeden Preis, auf Ultrastabilität zusammengeschrumpft» ist (Habermas: TWI, 118). Sich auf die durchgängig politisch motivierte Tradition des sokratischen Gesprächs besinnend, die bei Nelson und Heckmann etwa durch den Kampf gegen die Gefahr des Nationalsozialismus Auftrieb erhielt,[56] formuliert der Landesverband der Volkshochschulen in Niedersachsen den jährlichen Ausschreibungstext sokratischer Fortbildungskurse so: «In unserer industriellen Gesellschaft haben die Sachzwänge aller Art die Macht übernommen, so daß sich eigenes Denken und eigene Zielbestimmung zu erübrigen scheinen. Sie werden vorgegeben. Die in einer solchen Welt sozialisierten Menschen sind des Selbst-Denkens entwöhnt. Das Sokratische Gespräch will diesen Zustand durchbrechen» (Horster 1989, 150).

8.4 Philosophie als Aktivität

Im Rückgriff auf Gehlens bereits ins Spiel gebrachtes Diktum, dem zufolge die einzelwissenschaftlichen Erkenntnisse und Sichtweisen letztendlich nicht mehr in den Köpfen oder im Konsens eines sokratisch-interdisziplinären Gesprächs, sondern erst in den realen Handlungszusammenhängen eigentlich integriert werden können, müsste Philosophie selbstreflektierte Tätigkeit und gesellschaftspolitische Praxis einschließen. Nicht anders als an ihren Anfängen wäre sie als dialogisch-interaktive methodische Übung des Geistes, der Willenskraft und der ethischen Haltungen nicht reine Wissensanhäufung, sondern Lebensform (vgl. Kapitel 6.3). Theoretisches Wissen und praktische Sinnorientierung, epistemische Wissenschaft und ethisches Lebenswissen synthetisierend, ereignete sich «Philosophie» wie bei den Stoikern als lebenspraktische Umsetzung dessen, was sich in einem jede philosophische Lebensweise notwendig begleitenden «Diskurs über die Philosophie» als das Vernünftigste, als die argumentativ am besten zu begründenden Ziele unseres individuellen oder kollektiven Lebens und Handelns erweist. Wenn sich Philosophie, am Ende ihrer Kompetenzreduktionsgeschichte angelangt und befreit von aller Kompetenznostalgie, als eine «Bewegung», als eine «Aktivität» wiederfände, stellte diese somit aus individueller Perspektive ein kreatives Streben nach Bildung und Selbsttransformation kraft einer kritischen Auseinandersetzung sowohl mit der Vergangenheit wie mit den gegenwartsmächtigen Denkmodellen und Gesellschaftsstrukturen dar. Foucault formuliert dies frivol so: «Philosophie als *Aktivität.* Denn Philosophie ist eine Bewegung, mit deren Hilfe man sich nicht ohne Anstrengung und Zögern, nicht ohne Träume und Illusionen von dem freimacht, was für wahr gilt, und nach anderen Spielregeln sucht. Philosophie ist jene Verschiebung und Transformation der Denkrahmen, die Modifizierung etablierter Werte und all der Arbeit, die gemacht wird, um anders zu denken, um anderes zu machen und anders zu werden als man ist» (1990, 22).

Um dieses Zitat nicht postmodernistisch misszuverstehen, müsste man freilich versuchen, gleichsam den «frühen» mit dem «späten» Foucault zusammenführend, das Subjekt der selbsttechnologischen Spätreflexionen in die Diskurs- und Machtstrukturen der vorangehenden epistemologischen bzw. genealogischen Epochen zurückzuversetzen.

Transponiert auf die gesellschaftliche Ebene der Lebenswelt bedeutete Philosophie als Aktivität somit eine kollektive Suche nach neuen Denkmustern, Werten, Sinn- und Deutungsstrukturen der intersubjektiven Wirklichkeit, nachdem sich die alten abgenützt oder als unhaltbar entpuppt haben, ein «gemeinsam praktizierter Prozess» (Schlothfeldt/Schmidt 1998, 161) qua aufklärerisches Projekt, bei dem jeder dazu aufgerufen ist, selber zu denken und seine spezifischen Kompetenzen für die verantwortungsbewusste Kooperation einzusetzen. Erst wenn wir uns vermehrt auf unsere lebensweltlichen Fundamente, auf normative Ziele und Richtlinien einer humanen Zivilgesellschaft konzentrieren und in Verabschiedung des ironischen Habitus wieder Vertrauen gewinnen in die gemeinsamen öffentlichen Angelegenheiten und die kollektive Vernunft, lässt sich die Paradoxie einer narzisstisch-hedonistischen Selbst-Kultur auflösen. Man gewänne gleichzeitig Distanz zur Irrmeinung, die Eskalation der instrumentell-technischen Rationalität mit ihrem Wertmaßstab, der Effizienzsteigerung im Zeichen der Globalisierung, stelle bereits ohne kulturelle oder universelle Werte und Zwecke einen «Fortschritt» an sich dar. Eine Lösung des Grunddilemmas unserer wissenschaftlich-technischen Zivilisation schiene sich abzuzeichnen: «Was wir *wissen* und was wir *können*, hat nicht unbedingt mehr (und faktisch nur noch selten) etwas mit dem zu tun, was wir *begründet tun*» (Mittelstrass 1982, 41).

Soll ein neues «Zeitalter der praktischen Vernunft» anbrechen, brauchen wir eine politische Organisation des Gemeinwesens, in welcher eine aufblühende Kultur des vernünftigen sokratischen Gesprächs den sich verselbständigenden wissenschaftlichen, technischen, wirtschaftlichen und bürokratischen Systemen entzieht, was nur Sache der autonomen Entscheidung aller Betroffenen sein kann: die philosophische Begründung vernünftiger Zwecke kollektiven Handelns und ihre praxisorientierte Vermittlung im öffentlichen Raum. «Zur Rückgewinnung der Orientierung in einer unübersichtlichen Welt brauchen wir eine *neue Gesprächskultur*», appelliert Meyer, «in der wir lernen und zur Gewohnheit werden lassen, die Zwecke, um die es überall gehen soll, gemeinsam zu ermitteln und zu begründen» (1989, 38). In der von ihm projektierten aktiven, partizipativen und dialogorientierten Demokratie mit einem etablierten «sozialen Regelkreis der Vernunft» sähe man «das Ziel eines menschenwürdigen Lebens nicht in der möglichst ungehemmten Entbindung subjektiver Empfindungen und Empfindlichkeiten oder in der blinden Gefolgschaft für tradierte Werte [...], sondern vielmehr in der Befähigung zur vernünftigen Selbstbestimmung mit anderen» (ebd., 37).

Begreift man «Philosophie als Arbeit und Bildung» (Böhme 1998, 104) mit dem Ziel, als notwendig erkannte fundamentale Veränderungen bei sich selbst wie in der gemeinsamen Lebenswelt mittels einer Revision überkommener Handlungsorientierungen und Wertsysteme vorzunehmen, erweist sich die übliche professionelle Ausbildung in der Tradition des Fachs Philosophie als defizitär. Man hegt dann unter dem akademischen Volk plötzlich den Verdacht, ob der eine oder andere «wirklich ein Philosoph oder nur ein sehr kluger Mann»[57] sei. Der akademische Unterricht müsste im Hinblick auf das Ideal der sokratischen Maieutik reformiert werden, weil sich nur dank einer solchen Unterrichtsweise, die «ein sehr direkter Zugriff auf die Person des Zöglings war oder, besser gesagt, ein Angriff, in dem sich so etwas wie die Person im Zögling überhaupt erst herausbilden sollte» (ebd., 110), nicht aber durch eine trockene Beschäftigung mit formaler Logik zum Erwerb eines Logikscheins, verantwortungsbewusstes Selberdenken sowie die für Auseinandersetzungen mit allem Nicht-Philosophischen reife Persönlichkeit entwickeln können. Im sokratischen Dialog bzw. in seiner Expansion zum interdisziplinären Gesprächsforum einer allgemeinen Wissens- und Handlungsgemeinschaft wird nicht nur der Kolonialisierung der Lebenswelt durch instrumentell-technische Denk- und Handlungsmuster, sondern vor allem auch der gängigen Computer-Metapher für den «klugen Menschen» entgegengewirkt. Da sich gemäß einer Erkenntnis Kants letztlich sämtliche lebensweltlichen philosophischen Fragen auf die anthropologische Kernfrage «Was ist der Mensch?» zurückbuchstabieren lassen (vgl. Logik, A26), muss nämlich vorab dem anthropologischen Reduktionismus in Psychologie, Soziologie, Biologie und Medizin ein Riegel vorgeschoben werden. Damit vom Menschen in einer auf die Spitze getriebenen fraktionierenden Betrachtungsweise nicht nur ein bloßer Draht oder ein elektrisches Kabel übrig bleibt, «an dem die zur Marionette gewordene Existenz ihre toten Bewegungen ausführt» (Plessner 1975, 37), braucht es primär «Mut zum Menschen»[58] – denn «der Mensch ist nichts anderes als wozu er sich macht» (Sartre 1989, 11)! Statt im Banne eines reduktionistischen «Subhumanismus»[59] die menschliche Dimension wegzukürzen und die einzelnen menschlichen «Bestandteile» unter künstlichen Bedingungen zu isolieren und zu analysieren, sähe man sich in sämtlichen menschlichen Belangen gezwungen, zugunsten der «Weisheit», d. h. einer ganzheitlichen, mehrdimensionalen, integrativen Betrachtungsweise, von Zeit zu Zeit einen Schritt von der «Wissenschaft» um jeden Preis zurückzutreten.

Mut zum Menschen ist im postmodernen kybernetischen Cyberspace aus dem Grund dringend vonnöten, weil ein Mensch, der Wissen nur in gespeicherter Form, wenngleich jederzeit abrufbar im Powerbook gesammelt und gelagert hat, immer weniger fähig ist, im Alltag zum Zwecke der menschenkonstituierenden Tat die notwendigen Synthesen und analogischen Verknüpfungen selbständig und verantwortungsvoll herzustellen (vgl. Kapitel 1.1). Die fundamentale Krux unserer Zeit aus der lebensweltlichen Perspektive der Handelnden findet ihren unübertroffenen Ausdruck in Mittelstrass' lakonischem Fazit: «Wir können zu viel, wir wissen zu viel und wir sind zu wenig» (1982, 41). Im Gegensatz zum nach Allmacht und Omnipräsenz trachtenden Computer- und Internet-Freak oder akademischen Brotgelehrten und Wiederkäuer wüsste indes der neosokratische Philosoph bzw. philosophisch Aufgeklärte, dass er nichts weiß, hätte aber lieber den Spatz in der Hand als die Taube auf dem Dach: das heißt, er favorisierte jeden sinn- und wertstiftenden Handlungsvollzug in der Lebenswelt vor dem subjektlos-unverbindlichen Surfen im Internet. Obgleich die pseudonyme Publikation eines für «Philosophie als Aktivität» und «Mut zum Menschen» plädierenden philosophischen Manifests als Sich-Entziehen jeglicher Verantwortung, als unethischer Akt rein ästhetischen Maskenspiels beargwöhnt werden mag, tritt die innere Konsequenz dieser Mitteilungsform bei einer alternativen Interpretationsweise durch ihren Sympathisant Foucault klar zutage: «Ich habe die Anonymität nicht etwa gewählt, diesen oder jenen zu kritisieren – das tue ich nie. Es ist ein Weg, mich direkter an den eventuellen Leser zu wenden, an die einzige Person, die mich interessiert: ‹Da Du nicht weißt, wer ich bin, bist Du nicht der Versuchung ausgesetzt, nach den Gründen zu suchen, warum ich sage, was Du liest; nimm Dir die Freiheit, Dir ganz einfach zu sagen: das ist wahr, das ist falsch. Das gefällt mir, das gefällt mir nicht. Punkt, Schluss›» (1990, 13). Statt dass der dingfest zu machende Autor zur Zielscheibe etwaiger Empörungen des Lesers mutieren und als Sündenbock für vermeintlich falsche Sicht- oder Orientierungsweisen hinhalten könnte, welche man allzu leicht durch den Verweis auf persönliche Probleme des Verfassers zu explizieren, entkräften und ad acta zu legen beliebt, ist man so den mitgeteilten lebensweltlich-existenziellen Fragekomplexen ausgesetzt, über die man sich eine eigene Meinung zu bilden hat.

Nach Ansicht Kierkegaards handelt es sich bei pseudonymen Veröffentlichungen um eine «doppelt reflektierte Mitteilungsform», um eine «Mitteilung in der Form des Experimentierens», gewählt nicht primär, um sich selbst von jeder Verantwortung bezüglich des Erörterten loszusagen, sondern vielmehr zur Demonstration des eigenen Nichtwissens mit der primären Intention, dem zur Reflexion, Kritik und Tat aufgerufenen Leser die eigene Verantwortung hinsichtlich seiner Lebens- und Weltorientierung bewusst zu machen. Entsprechend der für sämtliche Geisteswissenschaften typischen reflexiven Struktur der Wissensaneignung hat sich der Leser in ein «selbstwirksames Verhältnis» zum Dargestellten zu setzen – wobei um einer vernünftigen Selbstbestimmung mit anderen willen die gesprächsweise Kontaktnahme mit Ko-Lesern immer im eigenen Interesse liegen dürfte. Genauso wenig, wie der nichtautorisierte Text in direkter Weise eine objektive Wahrheit verkündet, sondern den Adressaten mit gegenwartsdringlichen Aufgaben und Dilemmata konfrontiert, ist eine theoretisch-abstrakte Rezeption erwünscht: Es soll im Leser eine persönliche Wahrheits- und Selbstsuche, eine Selbsttätigkeit oder «ethische Doppelreflexion», d. h. eine Wieder-Holung des als vernünftig Erkannten im Existieren initiiert werden. «Wollte hingegen jemand so höflich sein anzunehmen, ich hätte eine Meinung, triebe er gar die Liebenswürdigkeit so weit, diese Meinung anzunehmen, weil sie die meine sei, so tut es mir leid für seine Höflichkeit, daß sie einem Unwürdigen zuteil wird, und für seine Meinung, wenn anders er keine andere hat als die meine», bemerkt Kierkegaard alias Climacus ironisch (1991, 5 f.) und kehrt das zugleich Spielerisch-Experimentelle und Ernsthaft-Verbindliche der pseudonymen, indirekten Mitteilung hervor: «Das Experiment ist die bewußte, Schabernack spielende Zurücknahme der Mitteilung, was für einen Existierenden, der für Existierende schreibt, immer von Wichtigkeit ist, damit das Verhältnis nicht in das eines Plapperers verwandelt wird, der für Plapperer schreibt» (1988, 258). Da im Kontrast zur Karikatur des allwissenden Plapperers die Realfigur des Weisen schon immer als wissender Nichtwisser gedacht wurde, müsste jede philosophische Reflexion von existenziellem Ernst streng genommen mit dem sokratischen Bekenntnis enden: «Ich weiß, dass ich nichts weiß!»

Anmerkungen

1 Günther Anders' *Antiquiertheit des Menschen* mutet fraglos selbst antiquiert an, wo er dieses Erfüllungspotenzial dem Radio- und Fernsehkonsum zuschreibt: «Es gibt nichts, was diesen unbegreiflichen Hunger nach Omnipräsenz und Rapidität des Wechsels so vollständig befriedigte, wie Radio und Fernsehsendungen» (1994, 137).

2 Sennett entwirft hierzu ein schönes Bild: «Ein Grund für diese entwürdigende Oberflächlichkeit ist die Desorganisation der Zeit. Der Pfeil der Zeit ist zerbrochen; er hat keine Flugbahn mehr in einer sich ständig umstrukturierenden, routinelosen, kurzfristigen Ökonomie» (1998, 131).

3 Vgl. die entsprechenden zentralen Definitionen des Aristoteles zu Beginn seiner *Politik*: Weder seine Vernunft noch seine politischen Tugenden kann der Mensch ganz für sich allein ausüben und perfektionieren.

4 «Wir erleben nur noch Schweigetypen», erläutert Barloewen, «die maschinenorientiert sind, die folglich weder leer noch voll erscheinen und nicht über den Seltenheitswert der Stille verfügen, wie ihn die schweigende Versenkung der Meditation noch kannte» (1998, 32).

5 Der «philosophische Zombie» stellt – im Kontrast zu den untoten Gestalten aus den einschlägigen Gruselschockern – ein theoretisches Konstrukt des Philosophen David Chalmers (University of California in Santa Cruz) dar, das er konzipierte, um das Credo der materialistischen Bewusstseinsforschung ad absurdum zu führen. Vgl. dazu und zum Folgenden den Artikel von Rolf Degen: «Denn sie wissen nicht, was sie tun» (Berliner Tagesspiegel vom 10. 7. 1999).

6 Vgl. zum Historismus-Begriff etwa Gerner: «Dieser schwierige, weil mit mehreren Bedeutungen versehene Begriff reflektiert in seinen unterschiedlichen Definitionen die Probleme des geschichtlichen Denkens dieser Zeit. Er wird als Synonym für ‹historische Bildung› verwendet und taucht mit Bezug auf die mehr oder weniger idealistische Geschichtsbetrachtung des vergangenen Jahrhunderts auf. In negativem Gebrauch kennzeichnet er einen Positivismus der Geisteswissenschaften oder bezeichnet den historischen Relativismus, vor allem den Wertrelativismus» (1994, 13 f.).

7 Vgl. zu diesem gewitzten Feldzug gegen die Normalsprachphilosophie Marcuse 1970, 188 f. Vor allem im einleitenden Kapitel von Gilbert Ryles *Der Begriff des Geis-*

tes und bei Wittgensteins *Philosophischen Untersuchungen* sind Marcuse solche direkten Anreden Stein des Anstoßes.

8 So heißt es am Ende einer Einführung in Quines Philosophie unmissverständlich: «Philosophie im besonderen ist seit der Verwendung logischer Techniken Sache der Spezialisten und deshalb dem Laien weitgehend unzugänglich geworden» (Lauener 1982, 167).

9 Vgl. Gehlen: «Der Mensch lebt nicht, er führt sein Leben» (1986a, 165).

10 Jürgen Habermas: TKH1, 107. Vgl. präzisierend auch Bd. 2, 224 f.: «Die imperativische Kraft der Kultur beruht auf der Überzeugung der Autoren, die die überlieferten Deutungs-, Wert- und Ausdrucksschemata benützen, erproben und fortbilden. Aus der Sicht kommunikativ handelnder Subjekte kann sich hinter dem kulturellen Symbolismus keine *fremde* Autorität verbergen. Die Lebenswelt bildet in der Handlungssituation einen nicht-hintergehbaren Horizont, sie ist eine Totalität ohne Rückseite.»

11 Vgl. Harris' Explikationen: «Die Ausbildung von Traditionen der Werkzeugherstellung und des Werkzeuggebrauchs wäre für jede intelligente Spezies von großem Nutzen. Warum sind dann aber derartige Traditionen bei allen Tierarten mit Ausnahme unserer unmittelbaren tierischen Vorfahren so rudimentär geblieben? Die Antwort lautet, daß außer einer fortgeschrittenen Intelligenz eine geeignete Form der Gliedmaßen, Finger und Daumen notwendig ist» (1989, 38).

12 Vgl. Platon: Phaidros, Bd. 6, 274e–275b, sowie Postman 1992, 11 ff. Postman interessiert sich an dieser Stelle indes lediglich für die Ambivalenz in der Technikbewertung, die uns vor einseitigen Stellungnahmen schützen soll, ohne die geistesgeschichtlichen Hintergründe ans Licht zu bringen.

13 «Das griechische Wort Techne wird von den Anfängen philosophischer Reflexion bis *Platon* meist synonym mit Wissen (Episteme) verwendet und meint: sich auf etwas verstehen, mit einer Sache vertraut sein und umgehen können» (Artikel «Technik», in: Höffe 1997, 297).

14 «Deshalb sprach die antike Philosophie übrigens auch vom *bios theoretikos*, vom theoretischen Leben, und nicht von Theorie, die das wissenschaftliche Subjekt etwa aus Neigung betreibt. *Theoria* ist für Aristoteles eine über die historische Kontingenz politischer und technischer Verhältnisse hinausführende *allgemeine Orientierung* und eine *Lebensform*. In zugespitzter Deutung von Theorie wird diese als höchste Form der Praxis begriffen» (Mittelstrass 1982, 22). Vgl. dazu auch Kapitel 6.2.

15 Zählte man zu den «mechanischen Künsten» sowohl Handarbeiten als auch künstlerische Tätigkeiten im engeren Sinn, setzen sich die «Septem artes liberales» aus dem «Trivium» Grammatik, Rhetorik und Dialektik und dem «Quadrivium» Arithmetik, Geometrie, Astronomie und Musik zusammen.

16 Vgl. zur Systematik der «Machbarkeits-Utopien» Mack, der sie in eine «progressive Form» bei erwünschten, d. h. positiven Technikfolgen und eine «apologetische Form» bei negativen Folgen dividiert (1991, 34 f.).

17 «Während in traditionalen Gesellschaften der Staat eine Organisation darstellt, in der sich die Handlungsfähigkeit des Kollektivs, d. h. der Gesellschaft im ganzen *konzentriert*, verzichten moderne Gesellschaften auf die Kumulation von Steue-

rungsfunktionen im Rahmen einer einzigen Organisation. Die gesamtgesellschaftlich relevanten Funktionen verteilen sich auf verschiedene Handlungssysteme. Mit Verwaltung, Militär und Rechtsprechung spezialisiert sich der Staatsapparat darauf, über bindende Entscheidungen die kollektiven Ziele zu verwirklichen. Andere Funktionen werden entpolitisiert und an *nicht-staatliche Subsysteme* abgegeben. Das kapitalistische Wirtschaftssystem markiert den Durchbruch zu dieser Ebene der Systemdifferenzierung» (Habermas: TKH2, 255).

18 «Die Behauptung, dass sich die politisch folgenreichen Entscheidungen in den Vollzug des immanenten Sachzwangs verfügbarer Techniken auflösen und daß sie deshalb zum Thema praktischer Überlegungen gar nicht mehr gemacht werden können, dient am Ende bloß dazu, naturwüchsige Interessen und vorwissenschaftliche Dezisionen zu verschleiern. Sowenig wie die optimistische Annahme einer Konvergenz von Technik und Demokratie, sowenig stimmt auch die pessimistische Behauptung, als sei Demokratie durch Technik ausgeschlossen» (Habermas: TWI, 117).

19 Vgl. stellvertretend Ropohl, der mit bemerkenswertem Engagement im Bereich der neu aufkeimenden Technikethik die Initiative ergriff: «Wahrscheinlich werden diese Fragen niemals abschließend zu beantworten sein, aber das enthebt die Praktische Philosophie nicht der Verpflichtung, den gegenwärtigen Strategien der Technikgestaltung und Gesellschaftspolitik eine Grundlegung anzubieten, die sich als Minimalkonsens diesseits der fortwährenden theoretischen und praktischen Spezialkonflikte erweisen könnte und doch mehr ist als ein Poesiealbum unverbindlicher Leerformeln» (Ropohl 1996, 308 f.).

20 «Die Politik älteren Stils war allein schon durch die Legitimationsform der Herrschaft gehalten, sich im Verhältnis zu praktischen Zielen zu bestimmen: Die Interpretationen des ‹guten Lebens› waren auf Interaktions-Zusammenhänge gerichtet. Das gilt auch noch für die Ideologie der bürgerlichen Gesellschaft. Die heute herrschende Ersatzprogrammatik bezieht sich hingegen nur noch auf das Funktionieren eines gesteuerten Systems. Sie schaltet praktische Fragen aus, und damit die Diskussion über die Annahme von Standards, die allein der demokratischen Willensbildung zugänglich wären. [...] Im Maße der Ausschaltung der praktischen Fragen wird auch die politische Öffentlichkeit funktionslos» (Habermas: TWI, 78).

21 Die Schwarzweißmalerei von Gewinnern und Verlierern scheint mir in diesem Zusammenhang höchst irreführend zu sein, weil zum einen im Dunkeln bleibt, in welcher Hinsicht hier überhaupt von Gewinnern und Verlierern gesprochen werden kann, indem die zuvor eingeführten Kategorien («Erinnern» und «Erinnerung», vgl. Postman 1992, 12) nicht in Rechnung gestellt werden. Zum anderen gesteht Postman selbst ein, dass es prinzipiell bei allen «gesellschaftlichen Wandlungsprozessen, gleich welcher Art, fast immer Gewinner und Verlierer» gäbe (ebd., 19). Was wäre also gegen die angeklagten Gewinn-Unternehmer anderes einzuwenden, als dass sie gewinnen?

22 Postman erläutert: «Die Uhr hat ihren Ursprung in den Benediktinerklöstern des 12. und 13. Jahrhunderts. Hinter ihrer Erfindung stand der Wunsch, dem Tageslauf im Kloster, der sieben Perioden der Andacht umfaßte, eine mehr oder minder präzise Regelmäßigkeit aufzuprägen. Das Läuten der Klosterglocken sollte die kanoni-

schen Stunden anzeigen; die mechanische Uhr war die Technik, die diesen Andachtsritualen Präzision verleihen konnte. [...] Die Mönche sahen indessen nicht voraus, daß die Uhr ein Instrument ist, mit dem sich nicht nur die Zeit messen läßt, mit dem man vielmehr auch das Handeln von Menschen synchronisieren und kontrollieren kann» (1992, 22).

23 Vgl. ein weiteres anschauliches Exempel von Winner: «what is interesting, however, is not only the fact of Ms. Garrett's firing, but her response to it. She pointed out that some portion of her time each day was spent talking with people who dial a telephone operator because they are lonely or in distress – elderly people who live alone, [...]. Ms. Garrett argued she would not hang up on such people just to meet the phone company's hourly quota. It is resonable to conclude that she was behaving responsibly, serving a role in civic culture, but not a role recognized by the norms of efficiency and productivity in the system that employed her. This is a case in which conditions of technical rationality and cultural rationality meet in flagrant conflict» (1997, 293). Leider erläutert Winner diese beiden Rationalitätstypen nicht näher, sondern geht alsbald dazu über, die «technologisierte Gesellschaft» mit der modernen Demokratie zu kontrastieren.

24 Wie die speziell auf den Menschen gemünzte Frage nach dem «guten» Leben erstmals in der antiken Philosophie bei Platon und Aristoteles gestellt wurde, zeichnet Ursula Wolf nach (1999, 31–60).

25 Vgl. dazu etwa Bauman: «Hätte man die Juden auf einen Schlag umbringen wollen, wäre offensichtlich gewesen, dass es keine Überlebenschance und daher keinen Entscheidungsspielraum gab. In diesem Fall hätte allgemeiner jüdischer Widerstand entstehen können, hoffnungslos vielleicht, jedoch die bessere Alternative, als wie ‹Hammel zur Schlachtbank zu gehen›. Aus deutscher Sicht musste diese Deutlichkeit vermieden werden, um nicht die Kosten der Vernichtung zu erhöhen» (1992, 153 f.).

26 Bei Apel lesen wir: «Erstens muss es in allem Tun und Lassen darum gehen, das *Überleben* der menschlichen Gattung als der realen Kommunikationsgemeinschaft sicherzustellen, zweitens darum, in der *realen* die *ideale* Kommunikationsgemeinschaft zu verwirklichen» (1988, 431).

27 Im Rückgriff auf Isajah Trunks Studien über die Judenräte schreibt Bauman: «Was sollten sie auch tun: Angesichts der deutschen Übermacht und einer hemmungslos betriebenen Vernichtungsmaschinerie blieb innerhalb der knapp bemessenen jüdischen Entscheidungssphäre immer deutlicher nicht eine einzige Option, die nicht den deutschen Zwecken gedient hätte» (1992, 151).

28 Die antidemokratischen Tendenzen der zeitgenössischen Technik beschreibt er, wenig präzise, so: «Power is centralized. The few talk and the many listen. There are barriers between social classes. The world is hierarchically structured. The good things are distributed unequally. Women and men have different kinds of competence. One's life is open to continual inspection» (Winner 1997, 294).

29 Vgl. den Artikel «Demokratie als Computerspiel» in der Weltwoche vom 25. 1. 2001, 42: «Internetangebote nutzen vorwiegend Jüngere, vorwiegend Männer, gut Ausgebildete, besser Verdienende – also Leute, die ohnehin schon viel wissen und gleichzeitig die intensivsten Nutzer der bisherigen Medien (Zeitungen, Zeitschrif-

ten, Radio, Fernsehen) sind. Daraus muss man folgern: Die Hoffnung, mit neuer Technologie auch neue Politikinteressen zu animieren, ist bereits im Eimer.»

30 Vgl. zu den besagten Wahlen ebd. Winner umschreibt die «ideology of modern democracy» so: «That ideology holds that human beings flourish, achieving what is best in their potential, under conditions of freedom, equality, justice, and self-government. In that light, societies ought to create social conditions and political institutions that make it possible for each human being's potential to develop» (1997, 295).

31 Mit Berufung auf die Frankfurter Allgemeine Zeitung vom 8.10.1955 berichtet Gehlen, wie die Wahlen zu einer Art von nationalen «Endrunden» umfunktioniert werden. «In dieser Linie sei in Erinnerung gerufen, daß erstmalig im Oktober 1955 in Deutschland ein Wahlkampf sich der Kabarettveranstaltungen, Modeschauen und Freilicht-Spielfilme bediente, weil die ‹Parteiversammlungen alten Stils mehr oder weniger rar besucht würden›» (1957, 66).

32 Den ersten Punkt erläutert Birnbacher so: «Etwas zu wissen ist jedoch etwas anderes, als den Gegenstand dieses Wissens auch zu kennen. Man kann alles über einen Menschen wissen, ohne ihn zu kennen. Man kann einen Menschen kennen, ohne sehr viel über ihn zu wissen. Das gilt auch für die Natur. Mag die These, daß uns die Technik der Natur entfremdet, auch nicht auf das Wissen von der Natur zutreffen, so scheint sie doch für die *Bekanntschaft* mit der Natur zu gelten. Dafür gibt es zwei Gründe. Erstens tendiert die Technik dazu, uns in demselben Maße, in dem sie die kognitive Auseinandersetzung mit der Natur erleichtert, von der realen Auseinandersetzung mit der Natur abzuschirmen. Je erfolgreicher sich die technischen Experten theoretisch und praktisch mit den ‹Tücken des Objektes› und der Widerständigkeit der Natur auseinandergesetzt haben, desto mehr bleibt sie dem Nützer der perfektionierten Technik erspart» (1991, 627 f.).

33 Vgl. Purdy: «Die Kommerzkultur macht unsere Gefühle und unsere Sexualität erbarmungslos zur Ware. Wir besitzen keine privaten Worte der Zuneigung oder der Ablehnung mehr, die wir nicht längst von irgendwem auf der Leinwand eines ausverkauften Kinos gehört hätten. So unbeabsichtigt wie unvermeidlich spiegeln sich romantische Filme, Popsongs und Werbespots in unserer Liebe und in unserem Zorn. Kein Wunder, dass uns selbst eigene Gefühle wie bloße Remakes, Wiederholungen, Neuauflagen vorkommen» («Das Elend der Ironie», in: Die Zeit vom 7.9.2000, 11).

34 Vgl. Postman 1985, 177: «Wir haben es heute mit dem raschen Zerfall der Grundlagen einer Bildung, in deren Mittelpunkt das langsame gedruckte Wort stand, und mit dem ebenso raschen Aufstieg einer neuen Bildung zu tun, die auf dem lichtgeschwinden elektronischen Bild beruht.»

35 Horster 1999, 264, wobei Horster hier ein Zitat von Seitters modifiziert.

36 Schmid, der diese terminologische Differenzierung auf den Plan bringt, legt dementsprechend den Akzent auf die orientierende und gestaltende Führung des Lebens eines «informierten Menschen» im Cyberspace: «Die Erfindung eines individuellen Gebrauchs setzt der Entgrenzung durch Information und Kommunikation eine bewußte, kalkulierte Begrenzung entgegen und stellt so die Form wieder her. Die Nutzung der neuen Technologien eröffnet der Lebens- und Selbstgestaltung

mindestens so viele Möglichkeiten wie die herkömmlichen Medien der Schrift; zugleich kann ihr selbsttechnologischer Gebrauch dazu beitragen, der Gefahr einer bloßen Unterwerfung des Selbst unter die technologischen Bedingungen zu entgehen» (1998, 136).

37 Als formales Abgrenzungskriterium fungiert daselbst die historische gegenüber der naturwissenschaftlichen Methode (vgl. Rickert 1996, 32 f.).

38 Vgl. Nietzsche: «[...] denn der wissenschaftliche Mensch und der gebildete Mensch gehören zwei verschiedenen Sphären an, die nur hier und da sich in *einem* Individuum berühren, nie aber miteinander zusammenfallen» (ÜZB, 683).

39 «Bildung befähigt das Individuum zur Gestaltung seiner selbst und zur eigenen Lebensgestaltung» (Schmid 1998, 310). Wie sich noch zeigen wird, muss dieser Bildungsbegriff unbedingt um die soziale und politische Dimension erweitert werden.

40 Vgl. zur Differenz roher und institutioneller, d. h. physischer und sprachlicher/sozialer Tatsachen Searle 1997, 44 f.

41 «Mit der sauberen Scheidung von Wissenschaft und Dichtung greift die mit ihrer Hilfe schon bewirkte Arbeitsteilung auf die Sprache über. Als Zeichen kommt das Wort an die Wissenschaft; als Ton, als Bild, als eigentliches Wort wird es unter die verschiedenen Künste aufgeteilt, ohne daß es sich durch deren Addition, durch Synästhesie oder Gesamtkunst je wiederherstellen ließe. Als Zeichen soll Sprache zur Kalkulation resignieren, um Natur zu erkennen, den Anspruch ablegen, ihr ähnlich zu sein. Als Bild soll sie zum Abbild resignieren, um ganz Natur zu sein, den Anspruch ablegen, sie zu erkennen» (Horkheimer/Adorno 1992, 24).

42 Etwas konkreter hat man sich diese philosophischen Denkübungen so vorzustellen: «Das erste Prinzip bestand in der Isolierung der einzelnen Elemente, die zum Denken gehören. So wurde beispielsweise geübt, sich seinen Assoziationen zu überlassen. Eine andere Übung bestand darin, sich zu einem bestimmten Gegenstand Fragen einfallen zu lassen. Wiederum eine andere darin, die logischen Voraussetzungen bzw. die Konsequenzen einer These aufzusuchen. Dann gab es natürlich eine ganze Reihe von Übungen, in denen die Kontrollmechanismen explizit gemacht wurden» (Böhme 1998, 116).

43 Barloewen spricht hier vom Empfinden für das irdische «Vaterland» – ein Ausdruck mit etwas antiquiertem Nachhall für postmoderne Ohren: «Jeder Versuch, die Globalisierung menschlich zu gestalten, setzt ein Gefühl für ein irdisches Vaterland voraus. Ein Vaterland definiert sich durch eine gemeinsame Identität, sei sie mythisch oder real, ein gemeinsames Schicksal» (1998, 101).

44 «Wenn wir nach dem Zeitalter der Untersuchungsjustiz in das der Überprüfungsjustiz eingetreten sind, wenn das Prüfungsverfahren ganz allgemein die gesamte Gesellschaft so weitgehend erfaßt hat und den Wissenschaften vom Menschen zum Durchbruch verholfen hat, so war eine Voraussetzung dafür die Vielfältigkeit und das straffe Zusammenspiel der verschiedenen Einkerkerungsmechanismen. Es handelt sich nicht um die Behauptung, die Humanwissenschaften seien aus dem Gefängnis hervorgegangen. Aber sie konnten sich nur formieren und die bekannten Umwälzungen in der Episteme auslösen, weil sie von einer spezifischen und neuen Spielart der Macht getragen waren» (Foucault 1988, 393).

45 Vgl. dazu Weber 1991, 172. War das «moderne Fachmenschentum» zur Zeit des tragenden protestantischen Glaubens noch «ethisch verklärt», trat im Zuge der Säkularisierung der Widerstreit zwischen dem unpersönlichen technischen Rationalismus der modernen Welt und der sittlichen Persönlichkeit allmählich zutage.

46 Vgl. Rousseaus Preisschrift *Über Kunst und Wissenschaft*, in welcher Kunst im Sinne von griechisch *techne* abzüglich der «freien Künste» verstanden werden muss, also so viel wie «Technik» («mechanische Künste») meint: «In dem Maße, in dem unsere Wissenschaften und Künste zur Vollkommenheit fortschritten, sind unsere Seelen verderbt geworden» (1995, 15).

47 Schnädelbach 1991, Bd. 2, 532. Kultur ist für Nietzsche primär kein moralisches, sondern ein ästhetisches Phänomen.

48 Bell unterteilt daher die Gesellschaft in die drei Bereiche der techno-ökonomischen Struktur, der politischen Ordnung und der Kultur (vgl. 1991, 20 ff.).

49 Weil die sich mit kulturellen Phänomenen konfrontierenden Wissenschaften sich zwar unstreitig auf «Geistiges» konzentrieren, dieses aber als «geistiger Wert» mit Akzent auf den für jede Kultur konstitutiven «Wert» konkretisiert werden muss, zieht Rickert den Begriff «Kulturwissenschaften» demjenigen der «Geisteswissenschaften» vor. «Kultur» begreift er dementsprechend als «Gesamtheit der realen Objekte, an denen allgemein anerkannte *Werte* oder durch sie konstituierte Sinngebilde haften, und die mit Rücksicht auf diese Werte *gepflegt* werden» (1996, 46).

50 Vgl. zu den Grenzen der Online-Therapie den Artikel von Wolfgang Korn: «Im Netz fällt der Seelen-Striptease leicht», in der Weltwoche vom 22. 2. 2001, 51. Therapieforscher weisen einhellig auf die Bedeutung des Erlebens eines Patienten und der Face-to-Face-Kommunikation im Therapieprozess hin, obgleich sich augenscheinlich viele Patienten mit standardisierten, durch bestimmte Stichwörter ausgelösten Computerantworten des Programms «Eliza» abspeisen lassen. Der Entwickler Joseph Weizenbaum, Pionier der Künstlichen Intelligenzforschung, wollte mit diesem Programm im Grunde lediglich die Grenzen der natürlichen Sprache bei der Kommunikation mit Computern aufzeigen.

51 Vgl. den einleitenden Vergleich Tier – Mensch: «So lebt das Thier *unhistorisch*: denn es geht auf in der Gegenwart, […]. Der Mensch hingegen stemmt sich gegen die große und immer größere Last des Vergangenen: diese drückt ihn nieder oder beugt ihn seitwärts, diese beschwert seinen Gang als eine unsichtbare und dunkle Bürde» (Nietzsche: UB, 249).

52 Laut Danto kann der Mensch gar nicht anders denken als historisch: «Es ist unmöglich, das Ausmaß zu überschätzen, bis zu dem unsere gewohnheitsmäßigen Weisen, uns über die Welt Gedanken zu machen, historisch sind. Dies wird schon, wenn durch nichts anderes sonst, an der ungeheuren Vielzahl von Begriffen unserer Sprache deutlich, deren Anwendung, auch wenn die Bezugsobjekte unserer gegenwärtigen Umwelt angehören, einen historischen Modus des Denkens voraussetzt» (1974, 7).

53 Mittelstrass 1987, 155. Adam Smith' Traum von einer die Einzelegoismen zum Zwecke der allgemeinen Wohlfahrt koordinierenden «invisible hand» – analog zu Hegels etwas weniger ökonomisch rechnendem «Weltgeist» – scheint damit endgültig ausgeträumt zu sein.

54 Allerdings gelingt Bubner daraufhin der Nachweis, dass letztlich auch die Beschäftigung mit Quine oder Tarski eine philosophische Auseinandersetzung mit historischen Texten darstellt, die lediglich, weil man die Philosophiegeschichte mit Frege beginnen lässt, durch die «historische Nähe» die Täuschung evoziert, man beteilige sich an einer «Debatte an der Front» (1991, 450). Wenn mich also ein Analytiker fragte: «Warum bis zu Platon und Aristoteles zurückgehen?», wäre ich gemäß Bubners Votum berechtigt – sofern der Analytiker nicht per definitionem das «Monopol rationalen Argumentierens» innehätte (ebd., 451) – zurückzufragen: «Ja, warum denn bis zu Frege?»

55 Auch Nida-Rümelin warnt vor solchen platonischen Späßen: «Philosophen können und dürfen die Rolle des Priesterstandes vergangener Zeiten nicht übernehmen» (1998, 43).

56 Detlef Horster, der die sokratischen Gespräche des Volkshochschulverbandes Niedersachsen leitet, erinnert sich an Heckmanns Stellungnahme, welche seinen Entschluss zur Sokratik begründete: «Uns wäre der Nationalsozialismus erspart geblieben, wenn die Menschen selbständig hätten denken können. Dann nämlich wäre es nicht möglich gewesen, Millionen von Menschen derartig zu bevormunden und zu gängeln» (1989, 150).

57 Lauener, der diesen Verdacht bezüglich Quine hegt, meint sich zu erinnern, ihn im Werk eines englischen Platonikers auf Hume gemünzt gelesen zu haben (vgl. 1982, 165).

58 Vgl. die gleichnamige Publikation von Rainer Funk (1978).

59 Auch Frankl insistiert mit gutem Recht darauf, dass der Mensch mehr ist als ein Computer: «Nun, als Neurologe stehe ich dafür ein, daß es durchaus legitim ist, den Computer als ein Modell zu betrachten, sagen wir, für das Zentralnervensystem. Der Fehler liegt erst im nothing but, in der Behauptung, der Mensch sei nichts als ein Computer. Der Mensch ist ein Computer; aber er ist zugleich unendlich mehr als ein Computer, dimensional mehr als ein Computer. […] Wie sich zeigt, reduziert der reductionism den Menschen nicht nur um eine ganze Dimension, sondern verkürzt ihn um nicht mehr und nicht weniger als um die Dimension des spezifisch Humanen. Wie denn überhaupt der Reduktionismus definiert werden könnte als ein scheinwissenschaftliches Vorgehen, durch das spezifisch humane Phänomene wie Gewissen oder Liebe auf subhumane Phänomene reduziert beziehungsweise von ihnen deduziert werden. Mit einem Wort, der Reduktionismus ließe sich definieren als ein Subhumanismus» (1972, 138).

Literatur

Adorno, Theodor W.: Minima Moralia, Frankfurt a. M. 1994.
Adorno, Theodor W.: Eingriffe. Neun kritische Modelle, Frankfurt a. M. 1996.
Anders, Günther: Die Antiquiertheit des Menschen, Bd. 1: Über die Seele im Zeitalter der zweiten industriellen Revolution, München 1994.
Anders, Günther: Die Antiquiertheit des Menschen, Bd. 2: Über die Zerstörung des Lebens im Zeitalter der dritten industriellen Revolution, München 1995.
Anders, Günther: Die Antiquiertheit des Menschen, Bd. 3 (unveröffentlichtes Manuskript): Sprache und Endzeit, publiziert in: Forum des Anders 1989/1990 (zitiert nach Paragraphen).
Apel, Karl-Otto: Transformation der Philosophie, Bd. 2, Frankfurt a. M. 1988.
Apel, Karl-Otto: Das Sokratische Gespräch und die gegenwärtige Transformation der Philosophie, in: Krohn, Dieter/Horster, Detlef u. a. (Hrsg.): Das sokratische Gespräch – Ein Symposion, Hamburg 1989, 55–78.
Arendt, Hannah: Vita activa oder vom tätigen Leben, München 1981.
Arendt, Hannah: Eichmann in Jerusalem. Ein Bericht von der Banalität des Bösen, München 1986.
Aristoteles: Metaphysik, Stuttgart 1992, zitiert als **Met.** nach der Bekker-Ausgabe.
Aristoteles: Nikomachische Ethik, Stuttgart 1990, zitiert als **Eth. nic.** nach der Bekker-Ausgabe.
Aristoteles: Politik, Stuttgart 1989, zitiert als **Polit.** nach der Bekker-Ausgabe.
Barloewen, Constantin von: Der Mensch im Cyberspace, München 1998.
Bauman, Zygmunt: Dialektik der Ordnung. Die Moderne und der Holocaust, Hamburg 1992.
Baumgarten, Hans Michael: Humanities und Sciences, in: Ölmüller, Willi (Hrsg.): Philosophie und Wissenschaft, Paderborn/München/Wien/Zürich 1988, 33–39.
Bayertz, Kurt: Wissenschaft, Technik und Verantwortung, in: ders. (Hrsg.): Praktische Philosophie, Hamburg 1991, 173–209.
Bell, Daniel: Die nachindustrielle Gesellschaft, Frankfurt a. M. 1985.
Bell, Daniel: Die kulturellen Widersprüche des Kapitalismus, Frankfurt a. M. 1991.
Birkerts, Sven: Die Gutenberg-Elegien. Lesen im elektronischen Zeitalter, Frankfurt a. M. 1997.

Birnbacher, Dieter: Technik, in: Martens, Ekkehard/Schnädelbach, Herbert (Hrsg.): Philosophie. Ein Grundkurs, Reinbek bei Hamburg 1991, Bd. 2, 606–640.
Böckmann, Walter: Das Sinn-System, Düsseldorf/Wien 1981.
Böhme, Gernot: Philosophie als Arbeit und Bildung, in: Schmidt, Thomas/Lohmann, Karl R. (Hrsg.): Akademische Philosophie zwischen Anspruch und Erwartungen, Frankfurt a. M. 1998, 104–118.
Borsche, Tilman: Was etwas ist, München 1990.
Brose, Karl: Nietzsche. Geschichtsphilosoph, Politiker und Soziologe, Essen 1994.
Bubner, Rüdiger: Zur Wirkung der analytischen Philosophie in Deutschland, in: Prinz, Wolfgang/Weingart, Peter (Hrsg.): Die sogenannten Geisteswissenschaften, Frankfurt a. M. 1991, 448–458.
Danto, Arthur C.: Analytische Philosophie der Geschichte, Frankfurt a. M. 1974.
Feyerabend, Paul: Erkenntnis für freie Menschen, Frankfurt a. M. 1980.
Feyerabend, Paul: Wissenschaft als Kunst, Frankfurt a. M. 1984.
Fichte, Johann G.: Erste Einleitung in die Wissenschaftslehre von 1797, in: Fichte, Immanuel H.: Sämtliche Werke, Berlin 1845/46, Bd. 1.
Fischer, Joachim: Sokratik und Politik, in: Krohn, Dieter/Horster, Detlef u. a. (Hrsg.): Das sokratische Gespräch – Ein Symposion, Hamburg 1989, 97–106.
Foucault, Michel: Die Ordnung der Dinge. Eine Archäologie der Humanwissenschaften, Frankfurt a. M. 1971.
Foucault, Michel: Überwachen und Strafen. Die Geburt des Gefängnisses, Frankfurt a. M. 1988.
Foucault, Michel: Von der Freundschaft. Michel Foucault im Gespräch, Berlin 1990.
Frankl, Viktor: Der Wille zum Sinn, Bern 1972.
Frankl, Viktor: Die Sinnfrage in der Psychotherapie, München 1992.
Freud, Sigmund: Massenpsychologie und Ich-Analyse. Die Zukunft einer Illusion, Frankfurt a. M. 1993.
Freud, Sigmund: Das Unbehagen in der Kultur, Frankfurt a. M. 1994.
Funk, Rainer: Mut zum Menschen, Stuttgart 1978.
Gehlen, Arnold: Die Seele im technischen Zeitalter, Hamburg 1957.
Gehlen, Arnold: Der Mensch. Seine Natur und seine Stellung in der Welt, Wiesbaden 1986a.
Gehlen, Arnold: Urmensch und Spätkultur, Wiesbaden 1986b.
Geier, Manfred: Das Glück der Gleichgültigen, Reinbek bei Hamburg 1997.
Gerner, Andrea: Wissenschaft und Leben, Göttingen 1994.
Geyer, Carl-Friedrich: Philosophie – Mythologie – Wissenschaft, in: Ölmüller, Willi (Hrsg.): Philosophie und Wissenschaft, Paderborn/München/Wien/Zürich 1988, 39–104.
Habermas, Jürgen: Technik und Wissenschaft als «Ideologie», Frankfurt a. M. 1969, zitiert als **TWI.**
Habermas, Jürgen: Theorie des kommunikativen Handelns, Bd. 1 und 2, Frankfurt a. M. 1988, zitiert als **TKH (1/2).**
Habermas, Jürgen: Erläuterungen zur Diskursethik, Frankfurt a. M. 1992.
Hadot, Pierre: Philosophie als Lebensform, Berlin 1991.
Harris, Marvin: Kulturanthropologie, Frankfurt a. M. 1989.

Heckmann, Gustav: Das sokratische Gespräch, Hannover 1981.
Hegel, Georg W.: Grundlinien der Philosophie des Rechts, Frankfurt a. M. 1986.
Heidegger: Sein und Zeit, Halle 1927.
Hentig, Hartmut von: Polyphem oder Argos?, in: Kocka, Jürgen (Hrsg.): Interdisziplinarität, Frankfurt a. M. 1987, 34–62.
Hoche, Hans-Ulrich: Einführung in das sprachanalytische Philosophieren, Darmstadt 1990.
Höffe, Otfried: Lexikon der Ethik, München 1997.
Horkheimer, Max/Adorno, Theodor W.: Dialektik der Aufklärung, Frankfurt a. M. 1992.
Horster, Detlef: Sokratische Gespräche in der Erwachsenenbildung, in: Krohn, Dieter/Horster, Detlef u. a. (Hrsg.): Das sokratische Gespräch – Ein Symposion, Hamburg 1989, 147–166.
Horster, Detlef: Das Sokratische Gespräch in Theorie und Praxis, Opladen 1994.
Horster, Detlef: Postchristliche Moral, Hamburg 1999.
Inglehart, Ronald: Kultureller Umbruch. Wertwandel in der westlichen Welt, Franfurt/New York 1989.
Joas, Hans: Die Entstehung der Werte, Frankfurt a. M. 1999.
Kant, Immanuel: Logik, in: Schriften zur Metaphysik und Logik, Frankfurt a. M. 1982.
Kant, Immanuel: Grundlegung zur Metaphysik der Sitten, Frankfurt a. M. 1993, zitiert als **GMS** und nach den Ausgaben A/B.
Kant, Immanuel: Kritik der reinen Vernunft, Frankfurt a. M. 1993, zitiert als **KrV** und nach den Ausgaben A/B.
Kant, Immanuel: Kritik der praktischen Vernunft, Frankfurt a. M. 1993, zitiert als **KpV** und nach den Ausgaben A/B.
Kant, Immanuel: Idee zu einer allgemeinen Geschichte in weltbürgerlicher Absicht, in: ders.: Schriften zur Anthropologie, Geschichtsphilosophie, Politik und Pädagogik 1, Frankfurt a. M. 1993, 31–50.
Kerber, Walter: Sozialethik, Stuttgart 1998.
Kierkegaard, Sören: Abschließende unwissenschaftliche Nachschrift zu den Philosophischen Brocken, Gütersloh 1988.
Kierkegaard, Sören: Entweder – Oder, München 1988, Bd. 1 und 2.
Kierkegaard, Sören: Philosophische Brocken. De omnibus dubitandum est, Gütersloh 1991.
Kocka, Jürgen: Interdisziplinarität, Frankfurt a. M. 1987.
Krämer, Hans: Integrative Ethik, Frankfurt a. M. 1995.
Krebs, Angelika: Wider philosophische Unverbindlichkeit, in: Schmidt, Thomas/Lohmann, Karl R. (Hrsg.): Akademische Philosophie zwischen Anspruch und Erwartungen, Frankfurt a. M. 1998, 133–144.
Krohn, Dieter: Das Sokratische Gespräch in Theorie und Praxis: Zur Einleitung, in: Krohn, Dieter/Horster, Detlef u. a. (Hrsg.): Das sokratische Gespräch – Ein Symposion, Hamburg 1989, 7–20.
Krüger, Lorenz: Einheit der Welt – Vielheit der Wissenschaft, in: Kocka, Jürgen (Hrsg.): Interdisziplinarität, Frankfurt a. M. 1987, 106–125.
Lauener, Henri: Willard V. Quine, München 1982.

Lenk, Hans/Maring, Matthias: Wirtschaftsethik und Technikethik aus interdisziplinärer Sicht, in: Schmidt, Thomas/Lohmann, Karl R. (Hrsg.): Akademische Philosophie zwischen Anspruch und Erwartungen, Frankfurt a. M. 1998, 72–103.

Lohmann, Karl R.: Praktische Philosophie zwischen Museumspädagogik und Orientierungswissenschaft, in: Schmidt, Thomas/Lohmann, Karl R. (Hrsg.): Akademische Philosophie zwischen Anspruch und Erwartungen, Frankfurt a. M. 1998, 46–71.

Lübbe, Hermann: Wozu Philosophie? Über einen Grund des Interesses der Wissenschaften an ihr, in: Ölmüller, Willi (Hrsg.): Philosophie und Wissenschaft, Paderborn/München/Wien/Zürich 1988, 248–294.

Luhmann, Niklas: Soziale Systeme. Grundriß einer allgemeinen Theorie, Frankfurt a. M. 1987.

Lyotard, Jean-François: Grabmal des Intellektuellen, Graz/Wien 1985.

Mack, Günther: Ethik in den Naturwissenschaften in der Spannung zwischen Utopie und Realität, in: Mieth, Dietmar/Wils, Jean-Pierre (Hrsg.): Ethik ohne Chance?, Tübingen 1991, 21–44.

Marcuse, Ludwig: Der eindimensionale Mensch, Frankfurt a. M. 1970.

Marquard, Odo: Abschied vom Prinzipiellen, Stuttgart 1991.

Martens, Ekkehard/Schnädelbach, Herbert: Zur gegenwärtigen Lage der Philosophie, in: dies. (Hrsg.): Philosophie. Ein Grundkurs, Reinbek bei Hamburg 1991, Bd. 1, 9–35.

Marx, Karl: Die Frühschriften, Stuttgart 1971.

Maslow, Abraham H.: Motivation und Persönlichkeit, Olten 1977.

Mead, George H.: Geist, Identität und Gesellschaft, Frankfurt a. M. 1993.

Meyer, Martin: Ende der Geschichte?, Wien 1993.

Meyer, Thomas: Philosophie, Pädagogik, Politik – Ihr Zusammenhang im Werk Leonard Nelsons, in: Krohn, Dieter/Horster, Detlef u. a. (Hrsg.): Das sokratische Gespräch – Ein Symposion, Hamburg 1989, 33–54.

Mieth, Dietmar/Wils, Jean-Pierre (Hrsg.): Ethik ohne Chance?, Tübingen 1991.

Mittelstrass, Jürgen: Wissenschaft als Lebensform, Frankfurt a. M. 1982.

Mittelstrass, Jürgen: Die Stunde der Interdisziplinarität?, in: Kocka, Jürgen (Hrsg.): Interdisziplinarität, Frankfurt a. M. 1987, 152–158.

Mumford, Lewis: Mythos der Maschine. Kultur, Technik und Macht, Frankfurt a. M. 1977.

Nagl, Ludwig/Heinrich, Richard (Hrsg.): Wo steht die Analytische Philosophie heute?, Wien/München 1986.

Neisser, Barbara: Leonard Nelsons Sokratische Methode im Vergleich mit der Themenzentrierten Interaktion, in: Krohn, Dieter/Horster, Detlef u. a. (Hrsg.): Das sokratische Gespräch – Ein Symposion, Hamburg 1989, 125–146.

Nelson, Leonard: Die Schule der kritischen Philosophie und ihre Methode, Hamburg 1970.

Nida-Rümelin, Julian: Praktische Philosophie zwischen Praxis und Theorie, in: Schmidt, Thomas/Lohmann, Karl R. (Hrsg.): Akademische Philosophie zwischen Anspruch und Erwartungen, Frankfurt a. M. 1998, 31–45.

Niethammer, Lutz: Posthistoire. Ist die Geschichte zu Ende?, Reinbek bei Hamburg 1989.

Nietzsche, Friedrich: Kritische Studienausgabe (KSA) in 15 Bänden, hrsg. von Giorgio Colli und Mazzino Montinari, München 1988: **GdT** (Die Geburt der Tragödie), **UB** (Unzeitgemäße Betrachtungen), **ÜZB** (Über die Zukunft unserer Bildungsanstalten),

ÜWL (Über Wahrheit und Lüge im außermoralischen Sinne) aus Bd. 1, **MA** (Menschliches, Allzumenschliches) aus Bd. 2, **Z** (Also sprach Zarathustra) aus Bd. 4, **JGB** (Jenseits von Gut und Böse) aus Bd. 5, **AC** (Der Antichrist), **EH** (Ecce Homo) aus Bd. 6.
Petermann, Thomas: Technik und menschliche Zivilisation. Zur Wirklichkeit, Theorie und Kritik der Technik, Köln 1984.
Petermann, Thomas/Westphalen, Raban: Ethik, Wissenschaft und Technik. Versuch einer Problemskizze, Köln 1985.
Platon: Sämtliche Werke in 10 Bänden, hrsg. von Karl-Heinz Hülser, Frankfurt a. M. 1991 (zitiert mit Werktitel und nach der Stephanus-Paginierung).
Plessner, Helmuth: Die Stufen des Organischen und der Mensch, Berlin/New York 1975.
Plessner, Helmuth: Anthropologie der Sinne, Gesammelte Werke Bd. 3, Frankfurt a. M. 1980.
Postman, Neil: Wir amüsieren uns zu Tode. Urteilsbildung im Zeitalter der Unterhaltungsindustrie, Frankfurt a. M. 1985.
Postman, Neil: Das Technopol. Die Macht der Technologien und die Entmündigung der Gesellschaft, Frankfurt a. M. 1992.
Putnam, Hilary: Von einem realistischen Standpunkt, Reinbek bei Hamburg 1993.
Putnam, Hilary: Für eine Erneuerung der Philosophie, Stuttgart 1997.
Raupbach-Strey, Gisela: Über den politisch-bildenden Charakter Sokratischer Gespräche, in: Krohn, Dieter/Horster, Detlef u. a. (Hrsg.): Das sokratische Gespräch – Ein Symposion, Hamburg 1989, 107–124.
Rickert, Heinrich: Kulturwissenschaft und Naturwissenschaft, Stuttgart 1996.
Ropohl, Günter: Ethik und Technikbewertung, Frankfurt a. M. 1996.
Rousseau, Jean-Jacques: Schriften zur Kulturkritik: Über Kunst und Wissenschaft (1750). Über den Ursprung der Ungleichheit unter Menschen (1755), Hamburg 1995.
Sartre, Jean-Paul: Ist der Existentialismus ein Humanismus?, Frankfurt/Berlin 1989.
Scheele, Brigitte: Emotionen als bedürfnisrelevante Bewertungsmaßstäbe, Tübingen 1990.
Scheible, Hartmut: Wahrheit und Subjekt, Bern/München 1984.
Scheler, Max: Gesammelte Werke, Bd. 8, Bonn 1980.
Schildknecht, Christiane: Philosophische Masken, Stuttgart 1990.
Schiller, Friedrich: Was heißt und zu welchem Zweck studiert man Universalgeschichte?, in: Jenaer Reden und Schriften, Heft 1, Jena 1953.
Schlothfeldt, Stephan/Schmidt, Thomas: Philosophie machen, in: Schmidt, Thomas/Lohmann, Karl R. (Hrsg.): Akademische Philosophie zwischen Anspruch und Erwartungen, Frankfurt a. M. 1998, 145–163.
Schmid, Wilhelm: Philosophie der Lebenskunst, Frankfurt a. M. 1998.
Schmidt, Thomas/Lohmann, Karl R. (Hrsg.): Akademische Philosophie zwischen Anspruch und Erwartungen, Frankfurt a. M. 1998.
Schnädelbach, Herbert: Zum Verhältnis von Diskurswandel und Paradigmenwechsel in der Geschichte der Philosophie, in: Krohn, Dieter/Horster, Detlef u. a. (Hrsg.): Das sokratische Gespräch – Ein Symposion, Hamburg 1989, 21–32.
Schnädelbach, Herbert: Kultur, in: Martens, Ekkehard/Schnädelbach, Herbert (Hrsg.): Philosophie. Ein Grundkurs, Reinbek bei Hamburg 1991, Bd. 2, 508–547.
Schnädelbach, Herbert: Philosophie, in: Martens, Ekkehard/Schnädelbach, Herbert (Hrsg.): Philosophie. Ein Grundkurs, Reinbek bei Hamburg 1991, Bd. 1, 37–75.

Schnädelbach, Herbert/ Martens, Ekkehard: Zur gegenwärtigen Lage der Philosophie, in: dies. (Hrsg.): Grundkurs Philosophie, Reinbek bei Hamburg 1991, Bd. 1, 12–35.

Schneider, Norbert: Erkenntnistheorie im 20. Jahrhundert, Stuttgart 1998.

Schulze, Gerhard: Das Projekt des schönen Lebens, in: Bellebaum, Alfred/Barheier, Klaus (Hrsg.): Lebensqualität, Opladen 1994, 13–36.

Schulze, Gerhard: Die Erlebnisgesellschaft. Kultursoziologie der Gegenwart, Frankfurt a. M. 1995.

Schulze, Gerhard: Kulissen des Glücks. Streifzüge durch die Eventkultur, Frankfurt a. M. 1999.

Searle, John: Die Konstruktion der gesellschaftlichen Wirklichkeit, Reinbek bei Hamburg 1997.

Seel, Martin: Versuch über die Form des Glücks, Frankfurt a. M. 1995.

Sennett, Richard: Verfall und Ende des öffentlichen Lebens, Frankfurt a. M. 1983.

Sennett, Richard: Der flexible Mensch, Berlin 1998.

Sloterdijk, Peter: Regeln für den Menschenpark, Frankfurt a. M. 1999.

Spaemann, Robert: Glück und Wohlwollen. Versuch über Ethik, Stuttgart 1989.

Sünner, Rüdiger: Ästhetische Szientismuskritik. Zum Verhältnis von Kunst und Wissenschaft bei Nietzsche und Adorno, Frankfurt a. M. 1986.

Taylor, Charles: Negative Freiheit? Zur Kritik des neuzeitlichen Individualismus, Frankfurt a. M. 1988.

Taylor, Charles: Quellen des Selbst, Frankfurt a. M. 1996.

Vossenkuhl, Wilhelm: Interdisziplinarität in den Geisteswissenschaften, in: Kocka, Jürgen (Hrsg.): Interdisziplinarität, Frankfurt a. M. 1987, 92–105.

Weber, Max: Gesammelte Aufsätze zur Wissenschaftslehre, Tübingen 1988.

Weber, Max: Die protestantische Ethik 1. Eine Aufsatzsammlung, Gütersloh 1991.

Weingart, Peter: Interdisziplinarität als List der Institution, in: Kocka, Jürgen (Hrsg.): Interdisziplinarität, Frankfurt a. M. 1987, 159–166.

Welsch, Wolfgang: Philosophie zwischen Weisheit und Wissenschaft, in: Ölmüller, Willi (Hrsg.): Philosophie und Wissenschaft, Paderborn/München/Wien/Zürich 1988, 115–126.

Welsch, Wolfgang: Ästhetisches Denken, Stuttgart 1993.

Welsch, Wolfgang: Grenzgänge der Ästhetik, Stuttgart 1996.

Winner, Langdon: Artifact, Ideas and Political Culture, in: Teich, Albert (Hrsg.): Technology and the Future, New York 1997, 289–299.

Wittgenstein, Ludwig: Philosophische Untersuchungen, Frankfurt a. M. 1984, zit. als **PU**.

Wittgenstein, Ludwig: Tractatus logico-philosophicus, Frankfurt a. M. 1984, zit. als **TLP**.

Wittgenstein, Ludwig: Vermischte Bemerkungen, Frankfurt a. M. 1984.

Wolf, Ursula: Die Philosophie und die Frage nach dem guten Leben, Reinbek bei Hamburg 1999.

Wuchterl, Kurt: Streitgespräche und Kontroversen in der Philosophie des 20. Jahrhunderts, Bern/Stuttgart/Wien 1997.

Zeier, Hans: Arbeit, Glück und Langeweile, Bern 1992.

Zimmerli, Walther Ch.: Was hat Ethik mit Technik zu tun?, in: Wils, Jean-Pierre/Mieth, Dietmar (Hrsg.): Ethik ohne Chance?, Tübingen 1991, 69–88.